Herausgeber

Jürgen von der Lippe, Jahrgang 1948, ist eine der bekanntesten Persönlichkeiten der deutschen Unterhaltungsbranche. Vor 48 Jahren stand er zum ersten Mal auf der Bühne, hat mehr Alben produziert als die Beatles und hat seit 41 Jahren nebenbei auch ein wenig Fernsehgeschichte geschrieben. Er hat alle wichtigen Preise bekommen, den Grimme Preis und die Goldene Kamera gleich zweimal. Neben gelegentlichen Ausflügen zum Film und auf Theaterbühnen schreibt der umtriebige Altmeister seit etlichen Jahren Bücher, die regelmäßig auf den Bestsellerlisten landen, mittlerweile sind es 15. Wenn es ihm gefällt, liest er ab und an auch mal ein Hörbuch ein – auch dafür gab es schon Preise. Nach seinem Romandebüt *Nudel im Wind* von 2019 erscheint 2022 *Sex ist wie Mehl. Geschichten und Glossen*.

Autoren

Horst Evers – Dietmar Wischmeyer – Frank Goosen – Harald Martenstein – David Sedaris – Katinka Buddenkotte – Guido Mingels – Fanny Müller – Kai Karsten – Linus Reichlin – Tilman Spengler – P.J. O'Rourke

Das witzigste Vorlesebuch der Welt

Herausgegeben von
Jürgen von der Lippe

PENGUIN VERLAG

Die Originalausgabe erschien 2009 unter dem Titel
Das witzigste Vorlesebuch der Welt bei Eichborn.

MIX
Papier | Fördert gute Waldnutzung
FSC® C014496

Penguin Random House Verlagsgruppe FSC® N001967

4. Auflage

Neumarkter Straße 28, 81673 München
Umschlaggestaltung: Bürosüd
Umschlagillustration: © Nastja Holtfreter (www.nastjaholtfreter.de)
Satz: Uhl + Massopust, Aalen
Druck und Einband: GGP Media GmbH, Pößneck
Printed in Germany
ISBN: 978-3-328-10830-6

www.penguin-verlag.de

Inhalt

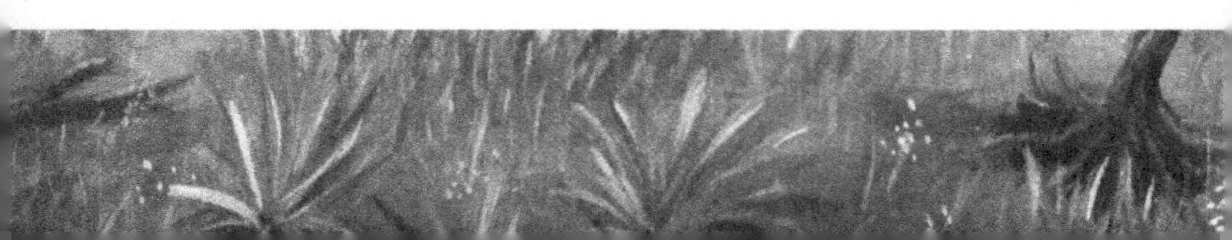

Vowort

Seit 66 Jahren lese ich. Mit Lust, mit Leidenschaft, mit Begeisterung. Seit 67 Jahren lese ich vor. »Wie das?«, höre ich Sie rufen. Nun: Mit vier Jahren kam ich zum ersten Mal ins Krankenhaus. Neben ein paar weniger wichtigen Dingen hatte ich auch das Wesentliche, das absolut Unverzichtbare dabei: den Struwwelpeter. Und daraus las ich den Mitpatienten vor.

Sie haben lange nichts bemerkt, aber irgendwann sagte einer: »Ey, warum hältst du das Buch verkehrt rum?« »Weil ich die Geschichte auswendig kann, Dumpfbacke«, hätte ich sagen sollen, das fiel mir aber nicht ein, obwohl es die Wahrheit war, und ich habe mich ein bisschen geschämt. Tatsächlich hatte meine Mutter mir die Geschichte so oft vorgelesen, dass ich jedes Wort beherrschte. Das war eigentlich mein Eintritt in dieses unseriöse Schaumreich, das sich Showbiz nennt. Tatsächlich habe ich mit neun Jahren angefangen, semiprofessionell vorzulesen, auf dem Gymnasium. In jeder letzten Stunde vor den Ferien gab es keinen Unterricht mehr, sondern ein Schüler las irgendeine Geschichte vor, und das war immer ich.

Nicht, weil ich das am besten konnte, das sowieso, sondern weil ich es unbedingt wollte.

2003 erfüllte mir der WDR einen lang gehegten Herzenswunsch: eine eigene Buchsendung. Titel: »Was liest du?« Mein Konzept: Comedy mithilfe von Büchern. Also las ich ca. 100 Bücher im Jahr, zumindest die ersten 50 Seiten, immer auf der Jagd nach solchen, die erstens gut sind und zweitens zumindest einige Stellen haben, die ein Publikum zum Lachen bringen, was den

Zuschauer dann natürlich auch für das Buch einnimmt, denn es gibt viel weniger gute lustige, als gute ernste Bücher. In der vorliegenden Sammlung finden Sie nun die besten Kurzgeschichten, Glossen, je nachdem. Kurze, abgeschlossene literarische Einheiten, die für sich wirken, ohne dass man viel erklären muss. Deswegen habe ich die vielen Romane oder auch Sachbücher nicht berücksichtigt, vielleicht ein andermal. Natürlich machen diese Leseperlen auch beim Eigenverbrauch einen Heidenspaß, aber das Besondere ist die Wirkung, die sie beim Vorlesen entfalten. Auch wenn Sie nie den Gedanken hatten, Komiker zu werden, wenn Sie sich mit diesen Geschichten vor ein Publikum setzen – egal, wie klein oder groß, werden Sie ahnen, warum Komödianten wie ich so verrückt nach diesem Beruf sind. Andere zum Lachen bringen macht nämlich süchtig. Und wenn man so vorzügliches Material hat, wie Sie so leicht kein besseres finden werden, macht es doppelt Spaß. Deswegen danke ich an dieser Stelle den Autorinnen und Autoren sehr herzlich für ihre Bereitschaft, sich hier einvernehmen zu lassen, es möge ihr Schaden nicht sein.

Und nun viel Vergnügen

Ihr Jürgen von der Lippe

Harald Martenstein

Über Sex

Mir wurde von einem Verlag ein Buch geschickt. Der Verlag heißt Rowohlt. Das Buch heißt »G. i. B. Gut im Bett«. Ich kenne die Autorin, sie war mal Auszubildende bei uns. Im Klappentext steht, dass sie inzwischen Textchefin bei *Cosmopolitan* ist, zuständig für drei verschiedene Ressorts, erstens das Ressort Sex, zweitens das Ressort Liebe, drittens das Ressort Psychologie. Ich dachte: »Sex, Liebe und den restlichen Psychokram behandeln sie in verschiedenen Abteilungen. Die *Cosmopolitan*-Redaktion hat exakt die gleiche Binnenstruktur wie das männliche Gehirn.«

Ich hatte noch nie im Leben einen Sexratgeber gelesen. Aber Bücher von Bekannten lese ich fast immer. »Gut im Bett« gehört zu den autobiografisch geprägten Büchern. »Der Blowjob mit zwei Esslöffeln Basmatireis im Mund – ein Trick, auf den eine Freundin schwört – gehört ganz oben auf meine persönliche Liste der Erotikflops.«

Ich glaube, ich kenne auch diese Freundin. Es ist eine quirlige Brünette mit Strähnchen. Sie gibt auf allen Partys mit der Basmatireisnummer an, aber wenn sie es dann versucht, laufen die Männer schreiend davon. Das weiß inzwischen jeder. Mein Verleger kennt sie auch. Er sagte: »Der Reis ist noch kochend heiß, wenn sie ihn in den Mund nimmt. Aber mit Kritik kann sie nicht umgehen.« Ich sagte: »Statt Basmati soll sie besser Uncle Ben's nehmen.«

Es ist mit das Schwerste, am Verhalten des Partners im Bett Kritik zu üben, ohne diesen anderen Menschen zu kränken. Man soll es laut »G. i. B. Gut im Bett« ungefähr so formulieren: »So wie du es jetzt machst, ist es toll. Noch besser wäre es, wenn du es mal so versuchen könntest.« Konkret: »So, mit dem kochend heißen Basmati, ist es toll. Noch besser wäre es, wenn du es mal mit lauwarmem Uncle Ben's versuchen könntest.«

Das Buch enthält eine Menge Etiketteregeln, damit es beim Sex nicht zu unhöflichem oder rüpelhaftem Verhalten kommt. Zum Beispiel: »Bei Bodenfrost liegt der Gentleman unten, da sich die Damen leicht eine Blasenentzündung holen.« Generell soll man beim Liebesspiel nicht mit positivem Feedback geizen. »Tiefes Stöhnen und ein ›Oh ja, mach weiter!‹ sind für den anderen ein wertvoller Hinweis.« Man soll zum Beispiel auch öfter mal sagen: »Dein Körper macht mich verrückt. Ich würde zu gern mal sehen, wie deine Wahnsinnsformen in einem Latexkleid zur Geltung kommen.« Das soll immer gut ankommen. Was man nicht sagen soll: »Die unaufgefordert vorgetragene Aufforderung ›Gib mir Tiernamen!‹ könnte den anderen aus dem Konzept bringen.«

Im Kapitel »Richtig fesseln« steht, dass man am besten Seile aus dem Segelshop nimmt. Jetzt denken viele, aha, Fesselspiele sind nur was für Besserverdienende. Keineswegs! »Auch mit Frischhaltefolie lassen sich raffinierte Fesselspiele inszenieren.«

Wenn es im Bett einmal schlecht gelaufen ist, soll man betont gelassen sagen: »Ich habe das Gefühl, dass dir mein Orgasmus nicht so wichtig ist.« Wenn die betreffende Person immer noch nicht begreift, kann man ihr einfach Tiernamen geben oder ein Fesselspiel inszenieren. Oder man sagt: »Ich würde zu gern mal sehen, wie deine Wahnsinnsformen draußen vor der Tür zur Geltung kommen.«

Harald Martenstein

Über Handys

Vor Weihnachten sagte das Kind sinngemäß: »Ich wünsche mir von ganzem Herzen ein Handy GX 101 von Sharp. Es kostet 250 Euro. Man bekommt es bei eBay. Mein Lebensglück hängt davon ab.« Das Kind besitzt schon seit Jahren ein Handy Marke Trium. Aus Korea. Ich selber besitze ein Siemens S 45. Es kann nicht Motorrad fahren und keine Susan-Sontag-Texte übersetzen. Es kann nicht einmal fotografieren. Es ist nur ein braves, ehrliches Handy vom Lande, das versucht, seine Arbeit zu tun.

Ich gab zur Antwort: »Wenn ein Zwölfjähriger ein teureres Handy besitzt als sein Vater, wird die natürliche, göttliche Ordnung der Dinge, wie sie seit Millionen von Jahren besteht, auf den Kopf gestellt. Wenn heute die Kinder teurere Handys besitzen als ihre Eltern, dann wird es morgen Frösche regnen, die Flüsse werden Jungfrauenblut führen statt Wasser, und den Bäumen werden Bärte aus Menschenhaar wachsen.«

Das Kind erwiderte: »All dies, was du beschrieben hast, nehme ich gerne in Kauf, Vater, sofern ich nur recht bald das GX 101 von Sharp bekomme.«

Ich ging zum Schulhof. In den Pausen ziehen alle Zwölfjährigen silberne Handys aus den Taschen, klappen sie auf, denn es sind alles aufklappbare, zeigen einander die Displays, führen Klingelgeräusche vor oder rezitieren mit der Inbrunst frisch Verliebter aus der Gebrauchsanweisung. Sie telefonieren mit den Handys nicht. Wozu auch? Zwölfjährige aus bürgerlichen Verhältnissen haben relativ wenig zu telefonieren. Sie führen keine Wochenendbeziehung, sie betreiben kein Networking, sie brauchen nicht mal den ADAC-Pannendienst. Andererseits: Eine Rolex trägt man ja auch nicht, weil man auf die Uhrzeit neugierig ist.

Das Kind bekam zu Weihnachten ein Nokia 3590i. Besser als

Trium. Billiger als 250 Euro. Es ist nicht aufklappbar. Das Kind sagte sinngemäß: »Weil du dich bisher nach besten Kräften bemüht hast, ein guter Vater zu sein, will ich dir für dieses Mal verzeihen. Auf dem Schulhof werden sie deinen Sohn mit Spott überschütten, ich aber will meines braven Vaters gedenken und alle Erniedrigungen tapfer aushalten. In der göttlichen Ordnung der Dinge aber steht geschrieben, dass bald Ostern ist. Unser Patenkind in Bolivien wird sich über das Nokia 3590i freuen. Die GX 101 von Sharp werden im Preis sinken. Zu Ostern. Das ist gewiss.«

Ich traf unseren Amerikakorrespondenten. Er legte sein Handy auf den Tisch. Es war mit Tesafilm geflickt, groß wie eine Salatgurke und schwer wie ein Kasten böhmisches Bier. Es ist ein original Siemens E 10 D, mit Dieselmotor. Der Korrespondent sagte: »Alle beneiden mich. Es fängt jetzt nämlich überall mit der Handynostalgie an.« Die schwarzen Bakelit-Telefone aus den Fünfzigern sind ja schon länger ein Hit. Bald werden sie in Korea Nostalgiehandys bauen, bei denen zur vollen Stunde ein geschnitzter Kuckuck aus dem Display heraushüpft und das Schlesierlied singt.

Wenn ich mal tot bin, bekommt mein Sohn das Siemens S 45.

Harald Martenstein

Über Porno

Mein Sohn ist in der Pubertät. Wenn er etwas großartig, gut oder hinreißend fand, sagte er bis vor Kurzem: »Das ist geil.« Das Wort »geil« bedeutete im Mittelalter »gut«. Später bedeutete es »lüstern«. Jetzt heißt »geil« wieder »gut«.

Ich habe meinen Sohn gefragt: »Was ist das Gegenteil von ›geil‹? Wie nennt ihr, in eurer jungen, taubedeckten Welt, in welcher gerade die Morgensonne der Selbstfindung aufgeht, eine Person, ein Tier oder eine Sache, die nicht großartig ist?«

Mein Sohn sagte: »Das Gegenteil von ›geil‹ heißt ›schwul‹. Ein schwuler Film ist ein Film, der nicht geil war. Schwule Schulsportschuhe. Eine schwule Mathearbeit. Der Pitbull – ein schwuler Hund. Die Klassenfahrt nach Bad Orb war schwul. Die Klassenfahrt nach Beverly Hills war geil. Oder es heißt, dieses Mädchen finde ich schwul, jenes Mädchen finde ich geil.«

In meiner Jugend ist »schwul« ein Schimpfwort gewesen. In meinen Mannesjahren wechselte »schwul« die Bedeutung. Schwule Regierungschefs priesen auf schwulen Stadtfesten in schwulstmöglicher Weise das Schwulsein. In der neuerlichen Umprägung des Wortes kommt meiner Ansicht nach nicht ein Wiederaufleben des Ressentiments gegen Homosexuelle zum Ausdruck, sondern die ewige Lust der Jugend an der Provokation. Hätten geile Regierungschefs auf dem geil-lüsternen Stadtfest in geilen Worten das Geilsein gepriesen, dann wäre in der Jugendsprache manches anders gekommen. An dem Tag aber, an dem der Ministerpräsident von Rheinland-Pfalz auf dem Parteitagspodium mit schwerem Atem und ungeordnetem Haar ins Mikrofon stöhnt: »Genossinnen und Genossen, ich bin geil, und das ist gut so«, werden in der Jugendsprache die Karten neu gemischt.

Vor einigen Wochen kehrte mein Sohn aus der Schule zurück und teilte mir mit, dass weitere Umwertungen stattgefunden hätten. »Man sagt nicht mehr ›geil‹. Nur Dreißigjährige sagen ›geil‹.«

Jetzt sagt man, zu etwas Gutem, meistens »porno«. Das Schulfest war voll porno. Der Pfarrer im Jugendgottesdienst hat porno gepredigt.

Mein Sohn sagte, das Gegenteil von »porno« bezeichne die Jugend neuerdings als »psycho«. Ein Mädchen, das gestern noch schwul war, ist heute schon psycho. In der Kombination dieser beiden Begriffe ergeben sich reizende sprachliche Effekte, zum

Beispiel: *Psycho* von Hitchcock ist ein porno Film. N. ist ein porno Typ, aber er muss jede Woche zu einem psycho Therapeuten.

Nach einigem Nachdenken wurde mir klar, dass die Gutwörter und die Schlechtwörter der Jugend meist, aber nicht ausschließlich, dem Bereich des Sexuellen entnommen werden. Dabei wird stets das gesellschaftlich Goutierte negativ besetzt, das gesellschaftlich Verpönte aber wird ins Positive gewendet. Dies ist die Entdeckung eines sozialpsychologischen Gesetzes, dies ist das Holz, aus dem Promotionen geschnitzt werden. In zehn Jahren werden die Vierzehnjährigen sagen: Die Klassenfahrt nach Bad Orb war sensibel und nachhaltig. Die Klassenfahrt nach Beverly Hills aber war pädophil.

Harald Martenstein

Über Feminismus

Eine Redakteurin rief an und sagte: »Wir machen eine Sondernummer zum Comeback des Feminismus. Deswegen muss die Kolumne kürzer sein als üblich. Sie wirkt sonst zu phallisch, ha, ha.«

Ich verstehe diese Welt nicht. Frauen sind seit Jahren auf dem Vormarsch. Immer mehr Kanzlerinnen und Anchor-Women. Der Feminismus ist eine Revolution von oben. Jetzt sagen die Frauen: »Ja, es gab für uns Fortschritte. Aber es genügt nicht.» Wie in Russland 1917! Die Menschewiken wollten Russland friedlich reformieren, aber die Bolschewiken sagten: »Es genügt nicht.« Jetzt rufen die Frauen: »Quatsch! Männer dominieren Frauen noch immer!«

Aber ich doch nicht, Kindchen. Ich werde von den Frauen dominiert. Das gibt jeder zu, der meine Lebensverhältnisse kennt. Ich habe es mir außerdem nicht ausgesucht, ein Mann zu sein. Ich habe mich, anders als Günter Grass, nicht mit fünfzehn freiwillig gemeldet. Ich bin eingezogen worden. Die Frauen rufen: »Es geht nicht um dich privat. Es geht um die Verhältnisse, um gleiche Karrierechancen.« Der Beruf ist für Männer doch der einzige Bereich, in dem sie sich noch frei entfalten dürfen. Wenn es im Alltag mehr Männerrechte gäbe, würden Männer das Interesse an Karriere weitgehend verlieren.

Ich fordere das Recht, jederzeit meine Lieblingsmusik hören zu dürfen. Ich fordere das Recht, anziehen zu dürfen, was ich möchte, auch wenn es unmöglich aussieht. Ich fordere das Recht, nicht krumm angekuckt zu werden, wenn ich ein Bier aus dem Kühlschrank hole. Ich fordere das Recht, das Fernsehprogramm mitzubestimmen. Ich fordere das Recht, nicht immer im Restaurant die Rechnung bezahlen und für jeden bizarren Stimmungswandel Verständnis haben zu müssen. Dann hätte ich auch an einer Karriere kein Interesse mehr.

Ich erkläre in aller Ruhe, wie es entstanden ist, okay? Männer sind aggressiver, weil sie Millionen von Jahren hindurch jagen mussten. Mein Gott, so ein Wildschwein kann man halt nicht durch weibliche Intuition erlegen. Die Steinzeitmänner wollten gar nicht jagen. Die hätten lieber gekocht. Männer sind bessere Köche, weil sie mutiger sind beim Würzen, den Mut haben sie auch wieder wegen der Jagd. Männer mussten jagen, weil Madame mit einem Säugling an der Brust schlecht jagen konnte.

Man muss all diese Dinge, wie bei Grass, aus der damaligen Zeit heraus verstehen. Weil sie fünf Millionen Jahre lang für die Frauen das Essen besorgt haben, sind Männer aggressiver, dies kommt ihnen bei der Karriere zugute, es wird ihnen aber zum Vorwurf gemacht.

Dann ist die Redakteurin gekommen und hat mir das beste Stück von meiner Kolumne abgeschnitten.

Harald Martenstein

Über die Rolling Stones

Mein Arzt meint, ich leide unter Depressionen. Ich sagte: »Mein Job besteht darin, lustige Kolumnen zu schreiben. Geben Sie mir die rosa Pille. Give me daddy's little helper.« Der Arzt antwortete, Depressionen seien bei Humoristen die Berufskrankheit Nummer eins, ähnlich wie der Muskelfaserriss bei den Gewichthebern. Machen Sie Pause, sagte der Arzt. Tun Sie sich was Gutes. Essen Sie Obst, trinken Sie viel Wasser. Ich sagte, Ihr Ärzte verdient zu viel. Da war er sauer.

Ich fuhr ans Meer, zu Besuch, und ein Freund, der im Gesundheitsbusiness arbeitet, erzählte, dass der Bundespräsident den Hundertjährigen nicht mehr zum Geburtstag gratuliert. Dieser Brauch wurde abgeschafft. Es gibt inzwischen einfach zu viele Hundertjährige, eine Schwemme von Onehundredsomethings, die Arbeitsbelastung für den Präsidenten wäre zu groß. Ich sagte, hey, das gibt eine tolle Story in der Zeitung, ein Porträt des oder der ersten Hundertjährigen, dem oder der Horst Köhler nicht gratuliert hat. Ist er sauer? Wählt er aus Wut PDS? Was meinen all die anderen Hundertjährigen in der Stammkneipe? Der Freund sagte, na ja, jeder zweite Hundertjährige ist leider unzurechnungsfähig. Hundert ist ein Scheißalter. Nur die Pubertät ist noch schlimmer.

Am nächsten Tag habe ich ein Konzert der Rolling Stones besucht. Statistisch gesehen kommt dieses Ereignis in meinem erwachsenen Leben genau alle sieben Jahre vor. Es war das fünfte Konzert. Bei unserem ersten Treffen, 1969 in der Frankfurter Messehalle, hat mir Mick Jagger einen Eimer Wasser über den Kopf geschüttet, weil ich in der ersten Reihe stand und weil er damit künstlerisch etwas ausdrücken wollte. Ich war zu jung, um zu begreifen, was.

Was ich an den Rolling Stones faszinierend finde, ist die Tatsache, dass sie sich nie angebiedert haben. Sie haben nie gesteigerten Wert darauf gelegt, dass man sie für sympathisch hält. Nicht, dass ich etwas gegen sympathische Menschen hätte. Es kommt nicht auf die Eigenschaft an, sondern auf das forcierte Vorzeigen. Die Rolling Stones sind ein Beweis dafür, dass man es im Leben auch dann zu etwas bringen kann, wenn man ohne das ganze andere Brimborium einfach das macht, was man kann und gerne tut, sich nicht verstellt und ansonsten den lieben Gott einen guten Mann sein lässt, denn das kann ER zweifellos am besten.

Vor dem Lied »Angie« sagte Mick Jagger auf Deutsch: »Dies Lied ist über ein deutsches Mädchen.« Die Lieder »Satisfaction« und »Sympathy for the Devil« brachten sie langsamer und softer als üblich, »You can't always get what you want« spielten sie dafür schneller, damit die Leute mitklatschen konnten, was sie dann auch taten. Mick Jagger rief: »Ihr seid eine wunderbar Publikum!« Ich dachte: Das ist ja furchtbar. Ich will meinen Eimer Wasser.

1969 war Mick Jagger vermutlich auf Heroin. Jetzt lebt er so gesund wie einst Leni Riefenstahl. Er will hundert werden. Es geht ihm gut, er isst viel Obst. Alle mögen ihn. Nur ich mag ihn nicht mehr. Und der Bundespräsident wird ihm auch nicht gratulieren.

Horst Evers

Ich war der Appendix

Ein Taxi bringt mich zur Notaufnahme vom Urbankrankenhaus. Meine ernsthafte Blinddarmerkrankung hat mir neues Selbstbewusstein verliehen. Stolz trete ich an den Aufnahmeschalter und sage:

– Guten Tag, ich bin ein Notfall.

– Ach was, wir sind hier die Notaufnahme, hier kommen nur Notfälle.

Aha. Ich hatte verstanden. Hier wehte ein anderer Wind. Hier waren die Anforderungen höher. Von der normalen Ärztin in die Notaufnahme zu kommen ist etwa so, als wenn man von der Grundschule aufs Gymnasium kommt. Die Frau an der Aufnahme musterte mich.

– Name?

– Horst E…

– Wohnort?

– Berlin, Wr…

– Telefon?

– 030…

– Krankenkasse?

– Technik…

– Beruf?

– Na ja…

– Geschlecht? Größe? Gewicht? Augenfarbe?

– Äääh …

– Gut. Hier lesen Sie es sich noch mal durch, ob alle Angaben stimmen, und dann unterschreiben.

Ich las mir das Formular durch, tatsächlich, alle Angaben zu meiner Person stimmten. Wie machte sie das bloß?

– Ähem. Kennen Sie mich irgendwoher?

– Nee, woher denn?

– Na, weil hier alle Angaben zu meiner Person richtig sind, obwohl ich die Sätze gar nicht zu Ende sprechen …

– Hören Sie, ich sitz seit fünfzehn Jahren inner Aufnahme. Da kennt man mit der Zeit seine Pappenheimer. Und Ihre Versichertenkarte, die Sie zu Hause in der linken Schreibtischschublade unter den Kontoauszügen vergessen haben, müssen Sie auch noch hierherschaffen.

Ach so, na da wusste ich doch wenigstens wieder, wo sie liegt. Ich war beeindruckt. Ein gutes Gefühl, in den Händen von echten Profis zu sein. Der Aufnahmearzt kam auch gleich zur Sache.

– Haben Sie Schmerzen?

– Ja.

– Dann legen Sie sich doch mal hin, so schlimm ist das doch noch gar nicht.

Dann drückte er auf den Blinddarm, und ich hatte das Gefühl, mein Bauch würde explodieren.

– Sehn Se, das sind Schmerzen.

Stimmte.

– Das is ja herrlich klassisch bei Ihnen, ein richtiger Lehrbuchappendix. Weil, eigentlich ist es ja gar nicht der Blinddarm, sondern der Wurmfortsatz, der Appendix. Das isser.

Dann drückte er wieder drauf.

– Toll. Einfach toll. Genau da, wo ein akuter Appendix sein soll. Sagen Sie, darf ich das meinen Studentinnen zeigen?

Ich dachte, was soll schon sein? Wenn ich doch so einen Lehrbuchappendix habe, so ein Geschenk der Natur, darf ich mich doch nicht der Wissenschaft verschließen. Was sollte schon passieren? Kurz darauf erschienen drei Studentinnen, die jede noch mal auf den Schmerzpunkt drückten. Während mir vor Schmerz die Konturen des Behandlungsraumes vor den Augen verschwammen, wurde mir allmählich klar, was schon passieren konnte. Als ich einigermaßen wieder bei Besinnung war, fasste ich mir endlich ein Herz.

– Herr Doktor, werde ich durchkommen?

Diesen Satz wollte ich schon immer mal sagen.

– Ach so'n Appendix. So schlimm ist das doch nicht. Den kratzt zur Not auch noch der Pförtner mit dem Löffel raus!

Das war ein Medizinerwitz. Medizinerhumor ist zumeist etwas sperrig und wenig erfolgreich, was allerdings auch am Publikum liegt. In der Regel todkranke Patienten, wie ich. Den Pförtner-Blinddarmwitz sollte ich übrigens in den nächsten drei Stunden bis zur Operation noch 37-mal hören. Er ist sehr beliebt im Urbankrankenhaus.

Hinter dem Vorhang tuschelten schon die Chirurgen, wer mich operieren sollte.

– Oh nee, ich will den Appendix. Bitte! Ich hab vorher 'ne Leber und 'ne Niere, da brauch ich einfach mal was Leichtes hinterher. Zur Entspannung. Lass mir den Appendix.

Irgendwie fühlte ich mich nicht richtig ernst genommen.

Die Pfleger knobelten mittels Schingschangschong aus, wer mich hochfahren muss. Der Verlierer ist stinksauer und fährt mich, um die Schwestern zu beeindrucken, freihändig hoch. Auf einem Fuß hüpfend, bugsiert er mich mit dem anderen in den dritten Stock. Insgesamt stoßen wir 17-mal gegen Wände oder Türen, was jedes Mal zu leichten Implosionen in meinem Bauch führt. Aber er schafft's, und ich bin auch ein wenig stolz, von einem so geschickten Pfleger gefahren worden zu sein.

Die Stationsschwester sieht traurig aus. Ich glaube, sie hat sogar kürzlich geweint. Vermutlich Liebeskummer. Ich frage sie, ob sie mal auf meinen Blinddarm drücken will, damit sie auf andere Gedanken kommt. Sie drückt, ich schreie auf, und für einen Moment hat sie ihren Kummer vergessen.

Drei Stunden später werde ich zum OP gefahren. Der Pfleger sagt, die OPs sind unten im Parterre, damit der Weg zum Landwehrkanal kürzer ist, wenn mal was schiefgeht. Dann lachen wir beide gelöst. Zur Belohnung fährt er mich diesmal mit den Händen.

Im OP stellt mir der Anästhesist ungefähr 200 Fragen über irgendwelche Allergien, Krankheiten oder Operationen. Von wegen, ob ich die schon mal gemacht habe. Nachdem ich 40-mal nein gesagt habe, sage ich einfach mal ja, um glaubwürdig zu bleiben. Daraufhin bricht eine relative Panik aus, und der Chirurg fragt mich, wer denn die Herztransplantation vorgenommen hätte. Ich gestehe kleinlaut, dass ich jetzt auch einmal einen Scherz gemacht hätte. Dann lache ich ansteckend, und der Chirurg weist den Anästhesisten an, mich sofort einzuschläfern.

Ich bin schon am Wegdösen, als der Chirurg mich noch mal beruhigen will.

– Keine Angst, so'n Appendix ist keine große Sache, ich habe eine große Berufserfahrung, ich stehe schon seit 30 Jahren unten an der Pforte.

Dann wird alles schwarz, und erst mal ist da gar nix mehr. Als ich einige Zeit später aus der Vollnarkose wieder aufwache, sitze ich in der U-Bahn. Noch ein abgefahrener Medizinerscherz? Entweder haben mich die Ärzte unter Vollnarkose einfach in die U-Bahn gesetzt, oder irgendwas ist wirklich schiefgelaufen.

Der Bahnhofssprecher brüllt:

– Richtung Himmelstor zurückbleiben!

Dann betritt ein Kontrolleur mit langem weißem Bart den Waggon. Die Türen schließen sich, der Zug fährt ab.

– Die Fahrkarten mal bitte!

Ich habe nur einen Zettel, auf dem »Appendix« steht.

– Wat issn ditte. Appendix is hier nich jültig. Damit könnse nich mit in'n Himmel fahrn. Wejen Appendix stirbt heute keiner mehr. Müssense wieda aussteigen. Appendix. Höhö, wär ja noch schöner, höhö!

Ich lasse mir seinen Ausweis zeigen. Er holt einen Zettel mit seinem Foto raus. Daneben steht: Ik bin Petrus, wa. Ich bin verwirrt.

– Da sind Se falsch umjestiegen. Mit Appendix können Se nich in'n Himmel.

Ich frage ihn, warum Petrus berlinert. Petrus sagt, er spricht jeden Menschen in dessen Muttersprache an. Ich sage, ich bin eigentlich aus Norddeutschland.

– Ach so, scha nu, das wusst ich nich, nee, tut mir banning leid, aber trotzdem, da müssen Se hier wieder aussteigen. Kann man goooor nix machen.

Dann wirft er mich raus.

Ich wache erneut auf. Diesmal im Aufwachraum neben dem OP. Der Anästhesist ist wieder da.

– Na, Herr Evers, auch schon wach? Wie geht's uns denn?

– Ohgaggfkzhsy …

– Wird schon wieder. Die Operation ist gut verlaufen. In drei Wochen ist Ihr Knie wieder wie neu!

– LKUJHLUHlkjilb, ich war der Appendix.

– Ich weiß, kleiner Scherz, höhö.

In diesem Moment wusste ich, ich war wieder unter den Lebenden. Bei den lustigen Medizinern vom Urbankrankenhaus.

Horst Evers

Suppt's noch?

6.30 Uhr. Der erste Morgen nach meiner Entlassung aus dem Krankenhaus. Mein jetzt neuer Narbenwetterdienst versorgt mich mit den wichtigsten Neuigkeiten: Außentemperatur

4,7° Celsius, Windstärke 0,5, Regenwahrscheinlichkeit 15 %. So eine Narbe spart einem jeden Morgen rund 30 Sekunden, weil man nicht mehr lange aus dem Fenster gucken muss, wie das Wetter ist. So hab ich wieder mehr Zeit für mich gewonnen.

6.30 Uhr, immer noch der Rhythmus aus dem Krankenhaus. Ich muss schnell aus dem Bett, denn durch meine Verletzung bin ich im Moment noch sehr, sehr langsam. Für den Weg vom Bett bis zur Küche brauch ich rund 20 Minuten. Da muss ich mich schnell auf den Weg machen, damit ich Punkt 7.00 Uhr frühstücken kann. Nur so ist gewährleistet, dass ich auch Punkt 8.15 Uhr meinen ersten Stuhlgang habe. Dies muss ich so genau wissen, da ich auch für den Weg von der Küche zur Toilette rund 20 Minuten brauche. Is schon schlimm, da ist man kaum aus dem Krankenhaus raus, und schon weiß man vor Terminen nicht mehr ein noch aus.

Gegen 10 Uhr habe ich endlich alle meine morgendlichen Erledigungen getätigt und kann wieder zurückdenken an die letzten Stunden vor der Operation. Diese Momente, als ich auf dem Stationsbett lag, wartete, dass man mich zum OP brachte, und mit den dunklen Stimmen des Jenseits meine Zwiegespräche führte:

– Hallo! Hallo, Horst! Wir sind die dunklen Stimmen des Jenseits! Wir sind gekommen, um dich zu holen! Hallo!!!

– Oh nee. Komm, lasst mich in Ruhe. Ich hab im Moment echt genug Scheiße anne Backe. Mir tut der Bauch weh, ich soll gleich operiert werden, ich kann hier jetzt nich weg.

– Horst, du brauchst dich um nichts mehr zu kümmern. Siehst du das gleißende Licht, wo dieses Licht ist, da gibt es keine Schmerzen mehr.

– Oh Scheiße, ist das hell. Das blendet ja wie Sau. Mann, mach bloß das Licht aus. Ich wollt eigentlich vor der Operation noch'n bisschen nickern.

– Horst! Bei uns kannst du ewig schlafen. Komm, geh einfach in das Licht. Steh auf und geh in das Licht, dann wird alles gut!

– Aufstehn? Bist du bekloppt? Weißt du, wie weh mir das tut? Nix. Ich bin doch froh, dass ich mal liegen bleiben kann. Ich steh doch nich freiwillig auf, wenn ich nich muss! Mal is mal Schluss mitte ewige Plackerei hier.

– Komm. Bitte. Bis zum Licht is doch nich weit. Das Stückchen kannste doch noch mal laufen.

– Nix is. Ich bleib hier schön im Bette liegen. Ich bin krank, ich muss hier nich laufen. Wenn's dir so wichtig is, frag doch'n Pfleger, ob er mich fährt. Aber ich lauf keinen Schritt mehr, kein Stück beweg ich mich.

– Bitte!!!

– Nix is!!!

– Um Gottes willen, kann das sein, dass dieser Idiot sogar zum Sterben zu faul ist?

– Tja, sieht wohl so aus, kann man nix machen, wa.

So kam es, dass wohl letzthin meine Trägheit mir das Leben gerettet hat. Dieses Erlebnis sollte all den hyperaktiven Zeitgenossen, die uns Schlappen und Kaputten ständig in den Ohren liegen, wir müssten mal den Arsch hochkriegen, eine Lehre sein. Im richtigen Moment kann so ein gesundes Phlegma Gold wert sein.

Im Krankenhaus verbrachte ich meine Zeit im Tagesaufenthaltsraum damit, den anderen Patienten bei der Erstellung der Urbankrankenhaus-Fast-Tod-Rangliste zuzuhören.

– Zwei Tage später. Zwei Tage, und ich wär tot gewesen.

– Zwei Tage. Das ja nix. Sechs Stunden warn's bei mir. Sechs Stunden später, und ab übern Jordan.

– Hahaha, Stunden. 20 Minuten hat der Arzt gesagt, 20 Minuten, und Bruder Hein hätte zugelangt, du. Aber hallo!

– Lächerlich. 20 Minuten, da hätt ich aber noch locker fünf Kinder gezeugt. Das ging um Sekunden bei mir, Bruchteile von Sekunden!

– Ach Gott. Ach Gott. Ich war ja schon zwei Tage tot: Die Ärzte haben mich überhaupt nur noch operiert, damit se nich auße Übung kommen. Die hamm vielleicht geguckt, als ich die Augen aufgeschlagen hab, hey das war ein Hallo.

Ich habe mich an diesem Wettbewerb nicht beteiligt, obwohl ich sicher die Chance auf einen Spitzenplatz gehabt hätte, so dermaßen halb tot wie ich war.

Über meinen Erinnerungen ist es 11.00 Uhr geworden. Ich muss los zur Ärztin, denn um 14.00 Uhr ist mein Termin, und bis zur Praxis sind es fast 400 Meter.

In der Rekordzeit von 2 Stunden 57 Minuten erreiche ich die Praxis. Die Ärztin freut sich, mich zu sehen.

– Und suppt's noch?

– Ja, suppt noch.

– Dann können wir die Fäden nich ziehen, wenn's noch suppt.

– Nee, suppt ja noch.

– Aber der Eiter muss ja raus, is ja richtig, wenn's suppt.

– Ja, is ja richtig, wenn's suppt, is super.

Wir lachen beide gelöst.

Den Rückweg beschließe ich zum Einkauf zu nutzen. Einkaufen mit frischer Blinddarmnarbe ist verdammt mühsam, da ich nicht nur sehr langsam bin, sondern auch nicht schwer heben darf. Deshalb kann ich immer nur ein Teil kaufen, was bedeutet, dass mich ein normaler Einkauf, also ca. eine Plastiktüte voll, ungefähr ein halbes Jahr beschäftigen würde.

Daher überlege ich mir immer schon vorher, welches Einzelteil ich kaufe, und will das dann aber auch unbedingt haben. Jetzt will ich ein Stück Kassler. Schon als ich die Frischfleischtheke erreiche, sehe ich, dass nur noch ein Stück Kassler da ist. Der Mann vor mir zeigt auf das Stück. Nein, nach all der Mühsal darf er mir nicht das letzte Stück wegnehmen, ich greife zum Äußersten. Ich ziehe mein Hemd hoch, tippe ihn an, deute auf den leicht durchgesuppten Verband und sage:

»Guck mal.« Er wird bleich, verlässt den Laden, und ich habe mein Kassler. Langsam wird mir klar, was mit dem Satz: »Krankheit als Chance« gemeint ist.

Nach dem anstrengenden, mehrstündigen Rückweg entdecke ich kurz vor meiner Haustür ein Fünf-Mark-Stück auf dem Bürgersteig.

Verdammt. Außer meinen schon erwähnten Unzulänglichkeiten bin ich im Moment auch nicht in der Lage, mich zu bücken. Bzw., selbst wenn ich irgendwie runterkäme, könnte ich mich dann vermutlich nie wieder aufrichten. Kein schöner Gedanke, so lange in gebückter Haltung auf dem Bürgersteig verharren zu müssen, bis mich ein wohlwollender Passant in die Wohnung hochträgt. Und womöglich will er dann auch noch fünf Mark dafür haben.

Ich erinnere mich an den Satz einer früheren Freundin. Als ich die einmal um die Beurteilung meines Hinterns gebeten hatte, hatte sie gesagt, nun, ich solle besser nicht zu lange in der Öffentlichkeit in gebückter Haltung stehen, es könnte sonst jemand kommen, mich satteln und mit mir davonreiten. Ein dummer, überflüssiger, absolut nicht zutreffender Scherz meiner ehemaligen Bekannten. Aber trotzdem scheue ich mich seither, mich in der Öffentlichkeit zu bücken.

Andererseits, fünf Mark sind fünf Mark. Ich will gerade leise in mich reinweinen, als ich etwa einen halben Meter entfernt einen erfreulich großen Hundehaufen entdecke. Die Rettung. Wenn ich erst in den Hundehaufen und dann auf das Fünf-Mark-Stück trete, müssten die fünf Mark eigentlich am Schuh festkleben, ich könnte dann locker damit in die Wohnung und dann in aller Ruhe …

Eine halbe Stunde später bin ich in der Wohnung und um fünf Mark reicher. Darüber hinaus ist mir bewusst geworden, dass die Weisheit, Geld stinkt nicht, so auch nicht immer gilt. Da soll einer noch sagen, Krankheit würde nicht das Bewusstsein erweitern.

Horst Evers

Gute Geschäfte

Donnerstagmorgen, ich habe furchtbare Rückenschmerzen, aber wenigstens weiß ich, warum. Weil mir ein Mann in den Rücken getreten hat, und ich habe ihn auch noch darum gebeten, und das kam so:

In Berlin gibt es zirka 60 bis 70 richtig große Kaufhäuser. Diese 60 bis 70 richtig großen Kaufhäuser verkaufen alle praktisch dasselbe, nämlich so ziemlich alles, was es überhaupt so gibt.

Wenn jetzt aber das 71. richtig große Kaufhaus eröffnet und auch noch mal dasselbe wie alle anderen verkauft, nämlich praktisch alles, rennen trotzdem so ziemlich alle Berliner da hin, und der gesamte Verkehr bricht zusammen. Nur damit sich dann alle Berliner in diesem Kaufhaus treffen und so Sachen sagen wie: »Mensch, Mensch, Mensch, hammse aber schön gemacht, das Kaufhaus, so was fehlte hier auch noch, nee, hammse schön gemacht, und die haben ja auch wirklich alles, aber alles, nur voll ist das, meine Herren, das is ja nich mehr schön, da gehen wir aber nich noch mal hin, so voll wie das is, neeneenee.«

Warum diese Berliner trotzdem zu jeder Neueröffnung wieder hinrennen, das werde ich nie verstehen. Aber was ich erst recht nicht verstehe, ist, warum ich da auch jedes Mal hinfahre.

Spreche einen Verkäufer an.

– Hee, Sie, Sie, gehörn Sie hier zum Laden?

– Sag ich nicht.

– Warum nicht?

– Weil Se ja doch nix kaufen. Am Eröffnungstag kaufen die Leute sowieso nix. Die wolln doch eh nur gaffen.

– Also gehörn Sie jetzt zum Laden?

– Hab ich doch schon gesagt, sag ich nicht.

– Ich brauche einen Anzug, wollen Sie mich nicht beraten?

– Ehrlich gesagt, nee.

– Aber ich brauche Beratung.

– Stimmt, das seh ich auch.

– Also?

– Hörn Sie, ich weiß doch, wie das läuft, Sie probiern zwanzig Anzüge an, sagen, Sie müssen sich's noch mal überlegen, und ich seh Sie nie wieder.

– Ach so, wusste gar nicht, dass Sie mich kennen, aber diesmal brauch ich wirklich einen Anzug. Ich werd mich auch schnell entscheiden.

– Gut, dann nehmen Sie den hier.

– Sollt ich den nicht noch anprobieren?

– Ach, der passt schon.

– Ich weiß nicht, vielleicht, ich geh doch mal grad in die Kabine …

– Unterstehn Sie sich, Sie bleiben hier und kaufen …

– Bin gleich wieder da.

Fünf Stunden später –

– Und außer diesen 67 Modellen haben Sie wirklich nichts anderes mehr in meiner Größe?

– Nein, ganz sicher nicht.

– Vielleicht sollte ich den ersten noch mal anprobieren.

– Wir schließen gleich.

– Hm, dann komm ich vielleicht besser morgen noch mal wieder. Am besten ganz früh, dann haben wir auch mehr Zeit.

– Nein. Sie kaufen jetzt diesen Anzug, und damit basta.

– Hören Sie, 300 Mark, das kann ich nicht so hopplahopp entscheiden, das ist viel Geld …

– Der Anzug ist runtergesetzt.

– Seit wann?

– Seit jetzt.

– Warum?

Der Verkäufer wirft den Anzug zu Boden.

– Is runtergefallen. Kostet jetzt nur noch 200 Mark.

– Na ja, 200 Mark sind 200 Mark.

– Wenn ich versehentlich drauftreten würde, wird er noch billiger.

– Aha. Was müsste denn passieren, damit ich den Anzug, na, sagen wir mal für zehn Mark bekommen würde?

– Na ja, wenn ich versehentlich drauftreten würde, während ein Kunde drinsteckt, dann bekäme der Kunde den Anzug umsonst. Jaa.

Und weil man so ein Angebot nicht jeden Tag bekommt, deshalb habe ich heute Rückenschmerzen, war trotzdem ein fairer Deal.

Dietmar Wischmeyer

Die Frau als Haustier – Der altdeutsche Ehebrocken

Eine käsige Made, so groß und fett wie zwei Mastschweine, sitzt auf einem Plastikhocker und hobelt sich die Hühneraugen mit dem Küchenmesser weg. Sieht so der Idealtypus einer Ehefrau aus? Entrüstet würden alle Männer dies verneinen. Und doch kauert nämlicher Brocken bei den meisten in der Dreizimmerwohnung und bildet damit das solide Fundament deutscher Ehegemütlichkeit. Bedauerlicherweise geht heute der Trend weg vom treuen Kaltblüter, hin zur zickigen Araberstute. Geködert vom erotischen Blendwerk, leistet sich der moderne Mann bei der Wahl seiner Gefährtin eklatante Fehlgriffe, die folgerichtig in kostspielige Trennungsszenarien münden. Lockt zu Anfang die Beistellung sexueller Dienstleistung, so bleibt nach deren alsbaldigem Versiegen in der Ehe nur noch ein verbiestertes Nörgelweib, deren Bekanntschaft sich einfach nicht mehr rechnet. Ganz anders amortisiert sich da der altdeutsche Ehebrocken. In Jahrhunderten konsequenter Auslese hat sich ein Mehrnutzungstyp herausgemendelt, der über die ganze Ehedauer eine beständige Grundversorgung sichert. Selbst wenn auch hier mit den Jahren die Kopulationsbereitschaft erlischt, so macht das nichts, da der damit aufs Engste verbundene Auslösereiz schon vorher verschwand. Geblieben aber ist ein belastbarer Voltigier-Gaul, an dem man noch Jahrzehnte seine Freude haben kann. In der Regel schmeißt er perfekt den Haushalt, hält einem –

wenn vorhanden – die ätzenden Rangen vom Leib und pflegt auch noch die eigenen bettlägerigen Eltern. Den abstrusen Hobbys des Ehemanns steht der altdeutsche Ehebrocken neutral bis wohlwollend gegenüber, und wenn die Kameraden vom Modellbahner-Club vorbeischauen, wird ohne Murren gegrillt. Männliche Erotomanen mögen die zunehmende geschlechtliche Neutralisierung ihres Ehekampfschweins bedauern, der weise Genießer sieht darin ein natürliches Bollwerk gegen Abwanderungstendenzen in Richtung Selbstfindung, italienischem Pizzabäcker oder sonstigen Trennungsgründen. Zudem lässt sich im Schatten des Brockens auch die eigene Plauze ohne stete Anfeindungen bis zu beachtlicher Größe züchten. Irdischen Elementarfreuden wie dem übermäßigen Biergenuss oder dem vierten Nackensteak in Folge muss man sich nicht verschließen, wenn sich auf der anderen Seite des Ehebettes nicht das Model lasziv räkelt, sondern nur der Brocken schnarcht. Die Königsdisziplin der altdeutschen Zweisamkeit ist die Handwerker-Ehe. Hier übernimmt der Brocken noch weitere, lebenswichtige Zusatzaufgaben: Er führt die Buchhaltung, regelt den Telefondienst mit der Kundschaft und bringt auch schon mal einen vergessenen Zementsack zur Baustelle. Nach der Arbeit gibt's Schnitzel, und die Bude ist immer picobello in Schuss. So gesehen müssten diese Männer die glücklichsten Menschen der Welt sein. Doch irgendwann kommen sie früher in der Nacht von der Schwarzarbeit zurück, und eine käsige Made, so groß und fett wie zwei Mastschweine, hobelt sich vor dem Fernseher die Hühneraugen weg. Und dann denken sie: Das kann doch nicht alles gewesen sein.

Dietmar Wischmeyer

Das Reich des Homo pullundris – Deutsche Amtsstube

Stumpfer Linolbelag, sanduhrförmiger Eternitaschenbecher, staubige Sansevierien in Seramis-Granulat, herumliegende Zeitschriften, herausgegeben von der betrieblichen Unfallkasse, Möbel vom Sperrmüll, und dazwischen schleichen – ich sag mal – Menschen herum, die so aussehen, als wollten sie gerade zum Kacken gehen oder kämen von dort. Heißa, wo sind wir? Richtig, auf einem deutschen Amtsflur. Wenn es den größtmöglichen Gegensatz zum Karneval in Rio gibt, dann z. B. hier auf der KFZ-Zulassungsstelle eines x-beliebigen Landkreises. Dauernd denkt man, der Tod müsse eine Erlösung sein für die wechselwarmen Reptilien, die pullundrig übers Linol schlurfen. Warum müssen sie hier arbeiten? Sind das alles Sexualstraftäter auf Bewährung, oder was hat sie in diese extrem lebensunfrohe Umgebung verschlagen? Und wo kann man diese hässlichen Klamotten kaufen, seitdem es die DDR und »Billig-Billig-Metzen« nicht mehr gibt: Beigefarbene Jersey-Stretchhosen, kotzegrüne Maschinenstrickpullover mit gelb umsäumtem V-Ausschnitt, Bundfalten-Bollerarsch-Jeans – wo gibt es so was noch? Manchmal blinkt ein Nummernkasten an der Wand, und man darf in einen der Verschläge einrücken, wenn man den dazu passenden Zettel rechtzeitig gezogen hat. Kieferndekor-Plastikschreibtisch, dreitausend Ansichtskarten an der Wand, rattig abgewetzter Drehsessel und, o Wunder, ein Computer, der mit Happy Hippos übersät ist wie ein Straßenköter mit Flöhen. Dahinter hockt eine sogenannte Verwaltungsfachkraft, die man irgendwo beim Aufräumen im Keller gefunden hat. Ist sie männlich, steht auf ihrem Tisch ein Steingutbecher mit Titten dran, ist sie weiblich, ein angefressener Magermilch-Joghurt. Erstaunlich, wie viel Büromöbel man auf vier Quadratmetern unterbringen kann.

Statussymbol allen Amtsschaffens ist das Ordnerkarussell oder noch besser diese Art Gefriertruhe mit rotierenden Hängeregistern. Da wühlt die Amtsperson nach sogenannten Vorgängen. Kein Computer wird jemals die Akte verdrängen, denn in ihrem Staub bleicht der Behördenhomo seinen fahlen Teint. Wir haben unterdessen auf dem Besucherstuhl Platz gefunden, einem aus Vierkantrohr und orangenem Sackleinen komponierten Zweckmöbel. Selbiges findet exakt Raum in einer Aussparung zwischen Schreibtisch und Ablagebock – unsere Beine leider nicht mehr. Minutenlang brütet das Lebewesen gegenüber in den von uns mitgebrachten Papieren, um endlich einen Befund zu äußern: »Und wo ist die Unbedenklichkeitsbescheinigung des unteren Wasserbeschaffungsverbandes?« An alles haben wir gedacht, an den Ariernachweis der Oma, das Impfzeugnis des Zwergteckels, ja sogar an den Wehrpass des Wellensittichs – ja, heißa, aber die UbBduWbV 2/7, die haben wir dummerweise vergessen. »Tutmirleid«, orakelt das bleiche Lebewesen, »müssensenomawiederkomm.« Sicher, warum nicht, kostet ja auch nur einen Urlaubstag, so 'n winziger Behördengang, da schauen wir doch gerne noch mal rein in den Primatenzoo der Acryl-Pullundristen. Unterdessen erquicken wir uns draußen am Getränkeautomaten bei Limonaden, die es sonst nirgendwo auf der Welt noch gibt: Mirinda, Rocky Cola oder den Sunkist-Saftpyramiden.

Dietmar Wischmeyer

Nur der Schlüpfer war Zeuge – InDoor-Koten

Ursache allen Übels menschlichen Zusammenseins ist die Dreizimmerwohnung, ein Pferch, entworfen, um die Kleinfamilien kostengünstig aufzustapeln. Der beengte Lebensraum zwingt die Insassen notgedrungen zu Kompromissen. Einander vom Wesen her fremde Körperfunktionen müssen in ein und demselben Raum vollzogen werden: Der Schlaf und der Beischlaf z. B. finden nur deshalb beide im Schlafzimmer statt, weil die Kontrahenten dort in der Regel bereits teilentkleidet sind. Zweiter Multifunktionsraum in der Keimzelle der Gesellschaft ist das sogenannte Badezimmer. Der Name soll beschönigend darüber hinwegtäuschen, dass hier weit weniger gebadet als ganz profan hingeschissen wird. Nun, wo sonst, entgegnet da der Praktiker, in der Küche etwa oder im Schlafraum gar? Die Generation vor uns kannte noch das »Klo auf halber Treppe«, eine Gemeinschaftseinrichtung aller am Schisse interessierten Mieter. Der Gestank blieb der eigenen Behausung fern, und Vattern hatte stets ein Argument parat für die jüngst erworbene Geschlechtskrankheit – eine feine Sache also. Die Nachkriegszeit bescherte uns die Individualisierung und den damit verbundenen Ekel vor dem Mitmenschen. Allein die Vorstellung, sich auf die angewärmte Klobrille eines Vorbesitzers platzieren zu müssen, treibt die meisten Leute in den Brechreiz. So verschwand das Klo auf halber Treppe, und der Gestank in der eigenen Wohnung wurde als gesteigerte Lebensart verkauft – dies war die Geburt der Nasszelle aus dem Geist des Fortschritts. Seither versucht die Badindustrie den Wohnungsschiss ästhetisch zu verklären. Flachspülern mit Sicht auf das Vollbrachte folgten die Tiefspüler, in denen der Fäkalschlamm sofort im Wasserbad olfaktorisch neutralisiert wurde. Kloumrandungen und Deckelauflagen aus rosa Frotteematerial machen noch heute in manchem Bad eine gute Figur. Der in zwei Metern Höhe montierte Wasserkasten Typus »Niagara« wich dem dezent hinter der Fliese murmelnden Kollegen der Neuzeit. Duftkegel aus dem Fichtenwald und Raumsprays mit der wilden Frische der Limonen kämpfen heute gegen den aasigen Gestank der Verdauungsreste im fensterlosen Bad. Während sich der Geschlechtsverkehr durch allerlei Brimborium ästhetisch überhöhen lässt, bleibt das Koten die ständige Mahnung an unsere Verwandtschaft mit dem Tier. Da helfen weder Vorspiel noch Reizwäsche – für die meisten Menschen bleibt die Entleerung eine eher unangenehme Sache. So flüchtet sich der Lifestyle-Koter ins Ambiente: Wie Fremde aus der Vorzeit stehen heute die Darmwinde in der Nasszelle aus schwarzem Marmor. Angerichtet auf gediegener Porzellanschüssel, Farbe Manhattan, wird die Analfrucht alle zehn Sekunden durch Hochdruckdüsen entfernt. Dezent illuminiert von stählernem Designergefunzel hockt der Stuhlende in seinem sündhaft teuren Kabuff. Doch gerade in diesen Momenten des Ganzbeisichselbstseins denkt er voller Sehnsucht an die Zeit zurück, da er den intimen Augenblick mit der Fliege teilen durfte.

Frank Goosen

Alle meine Tiere

In der orangenen Zeit hatte ich drei Wellensittiche, eine Schildkröte, zwei Meerschweinchen und eine sehr fette Katze, wenn auch nicht gleichzeitig.

Der erste Wellensittich hörte rätselhafterweise auf den Namen Koko und sah aus, wie Wellensittiche nun mal aussehen. In der Hauptsache war er grün, aber das Gelb auf seinem Kopf ließ auf eine schwere Lebererkrankung schließen. Koko hätte beim Wettbewerb zum faulsten Wellensittich der Welt drei Jahre hintereinander mit Abstand den ersten Platz belegt. Er war in der Lage, geschlagene fünf Stunden auf seiner vollgeschissenen Stange zu hocken und etwa so viel Aktivität zu zeigen wie ein Leguan unter Vollnarkose. Einmal am Tag durfte er aus dem Käfig, drehte zwei Runden durchs elterliche Wohnzimmer, hockte sich wieder auf seinen Platz und knabberte lustlos am Hirsemast herum, den meine Mutter ihm in den Käfig hängte. Wir hätten nie gedacht, dass Koko noch fauler hätte werden können, doch tatsächlich schaffte er es irgendwann, sich ganze drei Tage nicht von der Stelle zu rühren. Dann fiel uns auf, dass er sich auch für den Hirsemast nicht mehr interessierte. Nach weiteren drei Tagen wagte mein Vater die Vermutung, der Atem des Lebens sei aus ihm gewichen, er sei, um es mit den Worten von John Cleese zu sagen: ein Exwellensittich. Wir begruben ihn im Garten der Nachbarn, während die verreist waren.

Der zweite Wellensittich hieß auch Koko, in Erinnerung an den ersten. Und auch dieser Vogel war etwas ganz Besonderes, er war nämlich ganz besonders blöd. Mehrmals am Tag flog er gegen die Wand oder das Fenster, oder er landete im Spülwasser und konnte nur durch das beherzte Eingreifen meiner Mutter vor dem Ersaufen gerettet werden. Eines Tages jedoch war es um ihn geschehen, als er nämlich in das siedende Fett der Fritteuse flog, in der meine Mutter gerade Pommes frites zubereitete. Da ich zu dieser Zeit mit einer schweren Grippe zu Bett lag und meine Eltern glaubten, mir die Nachricht vom Tod des dämlichen Sittichs nicht zumuten zu können, kauften sie noch am selben Tage heimlich einen neuen. Was es an diesem Tag zu essen gab, weiß ich glücklicherweise nicht mehr.

Der dritte Wellensittich – von dem ich ja lange annahm, es sei noch der zweite – musste natürlich auch Koko heißen, aber er war weder faul noch blöd, sondern überaus intelligent und ziemlich aktiv, flog den ganzen Tag in der Wohnung herum und fing schon nach zwei Tagen an, mir nachzusprechen, wenn ich ihm »Koko lieb« oder »Koko blöd« vorsprach. Ich wunderte mich, dass er nicht mehr gegen die Wände und ins Spülwasser flog, aber meine Mutter sagte, er habe früher wohl nur Spaß machen wollen und sei dann erwachsen geworden.

Zu den uninteressantesten Tieren unter der Sonne gehören definitiv Schildkröten. Meine hieß Felix – der Glückliche –, hatte aber ziemliches Pech. Im Winter schüttete ich Torf in eine Holzkiste und setzte Felix hinein, wo er dann bis zum Frühjahr bewusstlos vor sich hin dämmern sollte. Vielleicht wurde es im Keller irgendwann unnatürlich warm, jedenfalls kriegte er schon im Februar Frühlingsgefühle, versuchte aus der Kiste zu klettern, fiel dabei auf den Rücken und ging ein.

Warum meine Eltern mir zu meinem achten oder neunten Geburtstag tatsächlich zwei Angorameerschweinchen schenkten, wird ewig ihr Geheimnis bleiben. Ich hatte mir kein neues Tier gewünscht, weil ich glaubte, fürs Füttern, Wässern und

Ausmisten sei ich langsam zu alt. Und jetzt hatte ich gleich zwei Viecher am Hals, die aussahen wie Wollknäuel, die man unter Strom gesetzt hatte. Entsprechend wenig Sorgfalt verwandte ich auf die Pflege der possierlichen Nager, die von meinen Eltern übrigens Max und Moritz getauft worden waren.

Max und Moritz verhielten sich bald sehr merkwürdig. Entweder waren die beiden die erste schwule Angorameerschweinchenwohngemeinschaft, oder der Zoohändler hatte meine Eltern gefoppt und ihnen ein Männchen und ein Weibchen angedreht. Kaum kamen Max und Moritz in die Pubertät, hockten sie ständig aufeinander und rammelten mit dem Tempo einer Nähmaschine. Meine Eltern hielten es für angebracht, die geilen Tierchen im Meerschweinchengehege des Tierparks auszusetzen, wo kurze Zeit später lauter neue Meerschweinchen auf die Welt kamen, die aussahen wie Wollknäuel, die man unter Strom gesetzt hatte.

Danach war erst mal Ruhe an der Haustierfront. Ein paar Jahre später jedoch hockte ein ausgehungertes Kätzchen neben unseren Mülltonnen. Mein Vater gestattete sich einen Moment der Schwäche, brachte es ins Haus, um es aufzupäppeln, es gewann das Herz meiner Mutter und zog bei uns ein. Der Tierarzt stellte fest, dass es kein »Es« war, sondern ein »Er«. Einen Namen bekam er trotzdem nicht, sondern er hieß einfach nur »der Kater«. Als er zum ersten Mal rollig wurde und eines Nachts aufgedreht wie ein Lachsack durch das Ehebett meiner Eltern raste und meinem Vater zweimal auf die noch frische Magenoperationsnarbe sprang, gestattete sich dieser einen Moment des Zorns und warf den geilen Kater aus dem Fenster. Nach einigen Tagen des promiskuitiven Herumstreunens trieb es den Kater jedoch wieder an die heimischen Futtertröge. Offenbar war er zu der Einsicht gekommen, dass es weitaus bequemer war, sich von einem Zweibeiner die Dosen mit in delikater Jelly eingelegten Köstlichkeiten öffnen zu lassen, als hinter verlausten Mäusen herzuhetzen und ihnen das pelzige Genick zu brechen.

Mein Vater meinte, der Kater könne bleiben, seine Hoden jedoch müssten weg. Am nächsten Tag wurde er kastriert und in der Folgezeit so schwer, dass mein Vater ihn wohl kaum noch aus dem Fenster hätte werfen können. Da der hodenlose Kater keinen Grund mehr sah, sich über das absolut notwendige Maß hinaus zu bewegen, hatte sich das Problem ohnehin erledigt. Mein Vater nannte ihn fortan nur noch »der späte Elvis« – und genau so starb er auch: verehrt wie eine Gottheit, aber unfähig, die Hüften zu schwingen.

Nach dem späten Elvis kam mir kein Tier mehr ins Haus.

Frank Goosen

Dancing Kings

Dann kam die Zeit, als Mädchen sich veränderten. Dienstag noch waren sie nur ein bedauerlicher Unfall der Evolution, Mittwoch schon so wichtig wie die Luft zum Atmen. Ganz unauffällig kam man ihnen in der Tanzschule näher. Auch wenn das nicht jedermanns Sache war.

»Tanzschule? Hast du sie noch alle? Bin ich schwul, oder was?« Irgendwie ließ Mücke echte Begeisterung vemissen.

»Du musst zugeben«, gab ich zu bedenken, »dass man in der Tanzschule Mädchen anfassen darf, ohne dafür aufs Maul zu bekommen.«

»Anfassen *darf*? Doch wohl eher anfassen *muss*! Schon mal was von Damenwahl gehört, der Herr? Da kriegt man immer, aber auch wirklich immer die blödesten Drecksweiber ab. Du holst dir vielleicht abends an Carola Rösler einen runter, aber tanzen darfst du mit der Wegmann.«

Jetzt wurde Mücke geschmacklos. Petra Wegmann galt allgemein als fehlgeschlagenes genetisches Experiment. Ihre Haare hatte sie schätzungsweise das letzte Mal gewaschen, als Willy Brandt noch Bundeskanzler war, sie hatte Pickel, so groß wie die rotweißen Hütchen bei den Verkehrsübungen, und wenn sie Schnupfen hatte, dann tropfte ihr der Rotz aus der Nase direkt in den Mund, weil ihr Unterkiefer vorstand wie eine offene Schublade.

Der Kurs war die Idee irgendwelcher Eltern mit viel Geld und noch mehr Dünkel, die ihre vermeintlich höheren Töchter nicht zu einer gewöhnlichen Tanzschule schicken wollten, wo junge Mädchen bekanntlich spätestens nach dem sogenannten Mittelball von den Talentscouts der Saunaclubs von Gelsenkirchen bis St. Pauli abgefischt und unter Drogen gesetzt wurden, um bis an ihr Lebensende gewerblicher Unzucht der schlimmsten Sorte nachzugehen. Womöglich kam es sogar noch schlimmer, und die Mädchen fingen auch noch das Rauchen an.

Der Kurs fand in einer alten Villa am Stadtpark statt, und die hieß auch noch »Harmonie«. Die Tanzlehrerin war eine sehr blonde Frau in den Vierzigern. An der Frau war alles blond, sogar die Zähne. Sie hatte blonde Ohren, blonde Fingernägel und blonde Lippen. Im ersten Stock der »Harmonie« war eine Art Gesellschaftsraum mit schwerer, dunkler Holztäfelung und einer verspiegelten Decke sowie einer kleinen Bühne. Die blondeste aller blonden Frauen stellte sich auf die Bühne und konnte uns so endlich in die Augen sehen, denn sie war kaum größer als eine Tulpe.

Zu Beginn jeder Stunde sollten wir ein Mädchen »auffordern«. Mücke hatte vorher gemeint, das könnte nicht schwierig sein, und er hatte uns erklärt, wie er vorzugehen gedachte. Pommes, Spüli und ich hatten leise Zweifel angemeldet, ob Mädchen es wirklich romantisch finden, wenn man ihnen sagt: »Komm her, Baby, erst machst du die Arme breit und später die Beine.«

Wir sollten uns also ein Mädchen aussuchen. Zirka vier Sekunden später standen alle Jungs vor Carola Rösler und ihren langen schwarzen Haaren, ihrer wunderbaren Nase, ihren tiefdunklen Augen und ihren wohlgeformten … Die anderen neunzehn Mädchen waren nicht amüsiert. Carola ging übrigens der Ruf voraus, etwas blöd zu sein. Die Experten waren sich weitgehend einig, dass alles, was über das Bürsten ihrer Haare hinausging, sie intellektuell überforderte. Allerdings waren die Experten sich auch darin einig, dass man mit ihr nicht gerade ein Verfahren zur Kernfusion entwickeln wollte. Fusionieren wollte man schon, und zwar kernig, aber Referate waren dabei überflüssig.

Wir mussten uns auf andere Mädchen verteilen. Wenn man Carola nicht kriegen konnte, schnappte man sich am besten sofort die am nächsten Stehende, wenn man nicht riskieren wollte, beim Tanzen ständig in eine übel riechende offene Schublade starren zu müssen. Da erwischte es in der ersten Stunde einen, der es wirklich verdient hatte, nämlich Hartmut Reck.

Hartmut Reck war, sagen wir mal: nicht beliebt. Er war ein Ass in Mathe und Physik. Solche Typen waren prinzipiell verdächtig. Hartmut trug auch im Sommer braune Cordhosen, verpetzte gerne Leute, die in der Klassenarbeit mit Spickzetteln arbeiteten, und beim Fußball konnte man ihn nicht einmal als Torpfosten gebrauchen. Er war eine gesellschaftliche Null mit einem so lächerlichen Versuch eines Oberlippenbärtchens unter der Nase, dass man den Zwang entwickeln konnte, sich im ganzen Gesicht epilieren zu lassen, nur um nicht in die Nähe von Hartmut Reck gerückt zu werden.

In den nächsten Wochen und Monaten ging es vor allem darum, einmal mit Carola Rösler zu tanzen und um Petra Wegmann möglichst herumzukommen. Dazwischen gab es Cha-Cha-Cha und Foxtrott und Walzer, und meine Tanzpartnerinnen lachten sich halb tot, weil ich immer die Anweisungen der blonden Reichs-Tanzführerin nachmurmelte: »Cha-Cha-Cha, wie-gen. Cha-Cha-Cha, wie-gen.«

»Was ist mit Tango?«, rief Mücke eines Abends der Blonden zu, als die etwas von Rumba erzählte.

»Was soll mit Tango sein?«

»Na ja«, meinte Mücke, »Tango tanzt man doch mit der Hand zwischen den Beinen der Partnerin, und ich finde, das wird langsam mal Zeit. Die Mädels können sich gar nicht mehr halten!«

Mücke blieb übrigens während der ganzen Schulzeit Single.

Die blonde Tanzpalast-Königin ließ sich nicht provozieren. »Also die Variation mit der Hand zwischen den Beinen ist mir nicht bekannt. Es mag aber regionale Eigenheiten in Argentinien geben, wo das üblich ist. Wir tanzen es meist mit dem Knie am Oberschenkel der Partnerin.«

»Nein danke«, sagte Mücke, »wenn ich da so einige Oberschenkel sehe ... Nee, da finde ich mein Knie vielleicht gar nicht wieder!« Zwanzig Mädchen stöhnten auf, und Mücke raunte mir zu: »Ich kann sie *alle* haben!«

Der Winter ging, der Frühling kam, und tatsächlich konnte ich die offene Schublade vermeiden. Allerdings kriegte ich auch nie Carola Rösler ab.

Schließlich mussten wir uns Gedanken machen, mit wem wir zum Abschlussball gehen wollten. Na ja, mit wem wir *wollten,* war klar.

»Okay«, sagte Mücke, »ich frage zuerst.«

»Wieso du?«

»Weil ich der Einzige bin, der die Cojones dafür hat.« Mücke hatte gerade angefangen, Hemingway zu lesen, und das tat ihm nicht gut.

»Mit dir geht sie sowieso nicht«, sagte Spüli.

»Ach, und wieso nicht?«

»Weil kein Mädchen bei seinem Abschlussball mit Sauereien zugelabert werden will.«

»Du hast keine Ahnung von Frauen. Die stehen drauf, sagt mein Bruder. Manche wissen es nur nicht. Und Onkel Mücke bringt ihnen das bei.«

Tagelang führten wir Gespräche wie dieses, aber keiner ging

zu Carola und fragte sie. Nicht einmal Mücke mit seinen »Cojones«. Dann kriegte ich eines Nachmittags einen Anruf von Spüli.

»Es gibt keinen Gott«, sagte er.

»Hast du das gerade herausgefunden?«

»Ja.«

»Dann ruf im Vatikan an.«

»Weißt du, mit wem Carola Rösler zum Abschlussball geht?«

»Keine Ahnung. Mit wem?«

»Hartmut Reck.«

Jahre später habe ich von Menschen gehört, die ein Nahtoderlebnis hatten. Die sagten, sie hätten ihren Körper verlassen, an der Zimmerdecke geschwebt, sich selbst auf die Fontanelle gestarrt und mit ihrer Kopfhaut geredet. Außerdem sei da ein helles weißes Licht und komische Musik gewesen. (Meistens kam dann raus, dass sie nur auf einem Pink-Floyd-Konzert gewesen waren.) So fühlte ich mich jetzt.

»Du hast recht«, sagte ich. »Es gibt keinen Gott.«

Ausgerechnet Hartmut Reck! Spüli, Pommes, Mücke und ich ertränkten unsere Trauer bei McDonald's in einem Cola-Rausch.

»Ich wollte ja gar nicht mit ihr«, sagte Mücke. »Die ist doch nur Blödheit mit Titten.«

»Ja, aber was für welche!«

Ich ging mit Nicole zum Abschlussball. Das war in Ordnung. Mit der konnte man sogar *reden,* wenn es unbedingt sein musste. Auch Spüli und Pommes trafen es nicht schlecht. Und Mücke? Mücke ließ uns lange zappeln, bis er die Bombe platzen ließ. Und als er es tat, konnten wir es nicht glauben. Wir hatten mit allem gerechnet, sogar damit, dass er Hartmut Reck von einem Auto überfahren ließ, um doch noch an Carola Rösler ranzukommen. Aber Mücke hatte etwas getan, das noch viel tollkühner war, etwas, das sich keiner von uns getraut hätte, nicht mal unter akuter Gefahr für Leib und Leben.

»Die Wegmann? Ist das dein Ernst? Und du hast sie selbst gefragt? Hast du keinen Spaß mehr am Leben, oder was?«

»Jungs«, sagte Mücke und betrachtete seine schmutzigen Fingernägel, »ihr solltet mittlerweile wissen, dass Onkel Mücke dahin geht, wo noch nie ein Mensch zuvor gewesen ist. Es ist ein dreckiger Job, aber einer muss ihn machen. Und ich sage euch: Die kann sich gar nicht leisten, zu irgendetwas Nein zu sagen!»

Tatsächlich war es natürlich so, dass keine andere mit Mücke zum Ball hatte gehen wollen.

Der Ball zwei Wochen später bescherte mir den ersten Zungenkuss und Mücke eine Anzeige wegen Erregung öffentlichen Ärgernisses. Er war mit Petra Wegmann im Garten der »Harmonie« gewesen und Anwohner hatten die Polizei gerufen, weil sie meinten, da würde illegal ein Tier geschlachtet.

Tanzen kann ich übrigens bis heute nicht.

Frank Goosen

Herrje!

Herrje, warum wollen sie morgens immer das, was du nicht hast: Milch in den Tee, Zucker in den Kaffee, steinharte Butter statt streichfähiger Margarine, einen Föhn, den Lokalteil, Diätmarmelade, Körnerbrötchen, den Bademantel und das Recht, als Erste aufs Klo zu gehen? Können sie nicht mal höflich sein und sagen, das macht nichts, wenn du keine Milch hast und keinen Zucker, ich lege die Wurst direkt aufs nährstoffarme Weizenbrötchen, ich lasse meine Haare an der Luft trocknen, lese morgens keine Zeitung, esse normal gezuckerte Konfitüre, trage lieber mein langes Hemd, das sieht sexy aus, und ich habe den Stoffwechsel vorerst eingestellt. Man muss ihnen erklären, wer W. C. Fields ist und dass Groucho Marx keinen echten Schnauzbart hatte, Lothar Matthäus ein Arschloch ist und das mit der zweiten Liga nur vorübergehend. Und die Abseitsregel werden sie nie begreifen.

Hach, ruft sie aus, als sie hereinkommt, du hast aber viele CDs, und so viele Bücher, hast du die denn alle gelesen, ist der Wein da noch gut, kannst du den Garten mitbenutzen, oh, und so viele Videos, wann guckst du das denn alles, Gott, also wenn ein Buch mehr als dreihundert Seiten hat, fange ich gar nicht erst an.

Du schleppst literweise Mineralwasser und Weißwein hinter ihr her, und sie trinkt kein Glas aus, ascht in leere Bierflaschen und hat überhaupt vorher schon mal gar nicht gefragt, ob es dir was ausmacht, wenn sie raucht. Ich darf doch, das ist alles, und dann wirft sie einen unauffällig tadelnden Blick auf die dünnen Spinnweben in der unzugänglichen Ecke über dem schwankenden Regal. Aber dieser Plüschdelfin, den du mal zum Geburtstag bekommen hast, den findet sie natürlich unheimlich süß und Christa Wolf wahnsinnig interessant, Filme von Jim Jarmusch irrsinnig, und wenn sie den Namen des Regisseurs von *Das grüne Leuchten* kennen würde, käme ihr ein sicheres »Ich liebe Eric Rohmer« über die Lippen.

Dann sitzt sie auf dem Sofa und kriegt keinen Ton raus, und alles, was dir in dieser Situation einfällt, ist dieser großartige, aber eben etwas anzügliche Witz, den du gestern gehört hast, und minutenlang überlegst du, ob du ihn erzählen sollst, lässt es erst und tust es dann doch, weil Sting so peinlich weinerlich gegen die Stille anquäkt, dass es dich schüttelt, aber die neue B. B. King wollte sie ja nicht hören, weil sie keine Platten hört von Leuten, die sie nicht kennt. Du erzählst diesen Spaß also doch, und sie sieht dich an, als hättest du auf das Grab ihrer Mutter gespuckt, und du fragst, ob sie noch etwas Mineralwasser oder Weißwein möchte, du hättest den ganzen Keller voll davon, und bevor sie antworten kann, bist du auch schon in der Küche und zeigst ihr durch die Wand den Mittelfinger und reißt einige Grimassen, die deine Aggressionen ein wenig abbauen.

Mit der Flasche in der Hand kommst du dann zurück und setzt dich ein wenig näher zu ihr und fragst sie nach ihrem Studium – sie studiert nämlich noch – und prahlst unauffällig mit deinem Abschluss und dem Thema deiner Examensarbeit, immer in der Hoffnung, sie merkt nicht, wie wenig du dich für den Mist interessierst, den sie verzapft. Du nickst und lächelst, und langsam taut sie auf, fragt dich dies und das, kann natürlich mit den Namen, die du fallen lässt, nichts anfangen, und du erwischst dich dabei, wie du über Bismarck sagst, das sei der mit dem Schnaps, und über Kohl, das sei der mit der Suppe, und zu deinem grenzenlosen Entsetzen findet sie das auch noch witzig, verschluckt sich an dem Wein und lacht sich halb kaputt. Du arbeitest dich wieder ein wenig näher heran, sie rückt nicht weg, und du denkst, entweder ist sie so blöd, dass sie es nicht merkt, oder sie ist leicht zu haben, in beiden Fällen kommt sie ins schwarze Buch; aber du machst halt weiter, es ist kurz vor zehn, der Abend ist angebrochen, was soll's, und gerade als du richtig rangehen willst, ist die CD zu Ende, und sie springt auf und sucht eine neue raus, unter Garantie eine von den fünfen, die du schon vor Monaten als absolute Fehlinvestition abgehakt hast, und als sie sich wieder setzt, ist der alte Abstand wiederhergestellt, das Ganze geht von vorne los, und du denkst daran, dass du morgen früh eigentlich nicht so spät aufstehen willst, Herrje, so viel Zeit verschwendet für nichts, warum kann man nicht eine einfache Frage stellen, eine einfache Antwort bekommen und loslegen oder es eben lassen und irgendwo noch ein Bier trinken, in der Hoffnung, interessantere Leute zu treffen. Aber nein, du musst diesen Affentanz hier durchmachen, mit einer potenziellen Fehlerquote, bei der dir schlecht wird.

Nach einer Unendlichkeit von geschmackvollen Gesprächen ist es dann endlich so weit. Sie hat zwar nicht begriffen, was der Anfang von Woody Allens *Manhattan* für dich bedeutet, vor allem die Stelle, an der das Feuerwerk über New York abbrennt. Das Tolle ist nämlich, sagst du, dass alles schwarzweiß ist, und sie sagt, *Casablanca* sei doch auch schwarzweiß, und als du sagst, *Casablanca* ist von 1942, als noch fast alle Filme schwarzweiß waren, und *Manhattan* von 1979, als die meisten Filme schon Farbe trugen, da sagt sie nur »Aha« und dass sie wahnsinnig gerne mal in Bayreuth dabei wäre. Du bist gerade dabei zu resignieren und alles auf den Moment vor dem Einschlafen zu verschieben, wie seit fünfzehn Jahren üblich, da wird SIE zutraulich, rutscht plötzlich das Rückenpolster hinunter und mutiert in eine einzige, offensiv vorgetragene Aufforderung. Aha, denkst du, ab geht die Post. Du gibst alles, und das ist nicht wenig, setzt den blitzartig vorschnellenden Ohrläppchenquirler ein, bis sie quiekt, zeigst ihr, wie toll deine Fingerkuppen über ihren Oberkörper huschen können, ohne ihren Busen zu berühren, vergisst auch nicht den überraschend eingesprungenen Hals- und Schulterknabberer, hältst deine mittleren Körperregionen noch ein wenig zurück und zeigst ihr so richtig, dass du was anderes bist als dieses ganze Gesocks, das sie sonst kennt. Und als du dann endlich mal deine schon ganz trockenen Lippen auf ihren Bauchnabel applizieren kannst und dich an ihrem Gürtel zu schaffen machst, da springt sie auf und sagt, sie müsse mal eben aufs Klo. Klar, sagst du und würdest doch am liebsten in die Kissen beißen. Na ja, denkst du aber dann, vielleicht trifft sie nur einige Vorbereitungen, auch wenn du nicht weißt, was für Vorbereitungen das sein könnten, denn wenn sie ihre Tage hat, dann willst du nicht, denn das ist eklig, also stehst du auf und gehst zur Klotür und guckst durchs Schlüsselloch, und da siehst du sie umständlich über deine Schüssel gespreizt, ohne die Brille zu berühren, denn sie traut sich natürlich nicht, sich hinzusetzen, denn du bist sicher ein rechter Schmutzfink. Irgendwie findest du das alles jetzt ein bisschen viel, setzt dich aber wieder aufs Sofa und tust so, als sei nichts gewesen, knöpfst dir lediglich noch einen Knopf am Hemd auf, damit sie endlich mal auf die Idee kommt, da hineinzugreifen. Wenn sie zurückkommt, ist natürlich ihre Bluse, die du ganz raffiniert und ganz zurückhaltend aus ihrem Hosenbund gefummelt hast, wieder in demselben verschwunden, und du fragst dich, warum geht sie nicht nach Hause und guckt *Golden Girls*, aber irgendwie hast du das Projekt noch nicht ganz abgeschrieben und fragst unschuldig, ein subtiles, vieldeutiges Lächeln auf den Lippen: »Wo waren wir stehen geblieben?«, und sie sagt nur: »Ich weiß nicht.« O Heiland, denkst du, vielleicht wäre es wirklich besser, für so was zu bezahlen, dann könntest du vorher alles genau abklären, müsstest keine Zeit mit Geplänkel verlieren, alles wäre ganz klar geregelt, und hinterher könntest du dich beschweren oder auch mal was zurückgehen lassen, danach nach Hause gehen und noch ein wenig fernsehen oder dich mit Freunden treffen, die dich sowieso immer noch am besten verstehen, aber da legt sie dir eine Hand aufs Knie, und nur eine halbe Stunde später seid ihr schon fast nackt, aber als du ihr den Slip herunterwerkelst, denkst du, dass sie doch gerade noch gepinkelt hat, und irgendwie …

Herrje, und am nächsten Morgen blockiert sie stundenlang das Badezimmer, ihre Haare verstopfen deinen Ausguss, du musst diesen uralten Föhn aus dem Kleiderschrank hervorkramen, und als du selbst dann endlich aus der Dusche kommst, hat sie nicht mal beim Bäcker gegenüber Brötchen geholt, will aber Milch in den Tee. Du hast jedoch keine Milch, weil du dieses schleimige Zeug nicht ausstehen kannst, na ja, aber du hast doch wenigstens Diätmarmelade, oder nicht? O schade, wirklich schade, jetzt bin ich doch beinahe ein bisschen enttäuscht, dann sei doch so lieb und bring mir bitte ein Körnerbrötchen mit, sag mal, wo ist eigentlich deine Butter, ach, Margarine, na ja, aber dein Bademantel steht mir doch gut, oder?

Und später, kurz bevor sie geht, endlich geht und dich wieder der Freiheit deiner schmuddeligen, schlecht ausgestatteten 46 Quadratmeter überlässt, sagt sie kurz, trocken und voller vernichtenden Verständnisses: »Du, wegen letzter Nacht, mach dir keine Gedanken, das kann doch jedem mal passieren.«

Katinka Buddenkotte

Ach, wär' ich doch beim Erdbeersekt geblieben!

In Oldenburg (Niedersachsen) gibt es eine hübsche kleine Redewendung, die eine nicht ganz ernst gemeinte Androhung von körperlicher Gewalt impliziert. Sie lautet: »Hörma, du hast gleich Geburtstach!«

Für mich stellte sich niemals die Frage, auf welche historischen Begebenheiten sich dieser hübsche Sinnspruch wohl zurückverfolgen lässt. Ich nehme einfach an, dass er zum ersten Mal zu der Stunde ausgesprochen wurde, in der auch ich das Licht der Welt erblickte. Denn meine Geburtstage hauen mich, im wahrsten Sinne des Wortes, immer wieder um.

In der dritten Klasse beispielsweise hatte ich den perfekten Geburtstagsspaß organisiert. Ich wollte an diesem Nachmittag das Herz von Stefan aus der Parallelklasse erobern, und weil Knutschen in dem Alter eklig war, musste ich mir seiner Zuneigung auf andere Weise gewiss werden. Mit zehn Packungen *Super-Dickmanns* wollte ich ihn auf die Probe stellen. Wenn er bei der Negerkuss-Schlacht einzig und allein auf mich zielen würde, wäre mir seine ewige Liebe sicher.

Es fing auch ganz traumhaft an: Nicht nur, dass Stefan mich (und zwar ausschließlich mich) einfach beworfen hätte – oh nein, er streckte mich im Garten nieder, nahm mich in den Schwitzkasten und seifte mich mit Negerküssen ein. Ich tat dasselbe, leidenschaftlich und erbarmungslos. Liz Taylor und

Richard Burton hätten noch eine Menge von uns lernen können.

Mein Glück war vollkommen, minutenlang. Dann trennte mein Vater uns mit einer Heckenschere. Meine Mutter übernahm die Feinarbeit, und seitdem trug ich einen frechen Mecki-Haarschnitt.

Abgesehen davon, dass ich mein gesamtes Geburtstagsgeld an *Brot für die Welt* spenden musste, war dieser Tag meine erste Lektion in puncto Männer und Ehrgefühl: Stefan sagte mir am nächsten Tag in der großen Pause, dass seine Mutter nicht mehr wolle, dass wir zusammen spielen. Aber das fände er dann auch nicht so schlimm, weil er Mädchen mit kurzen Haaren eh doof fände.

Als ich elf wurde, brach ich mir beim Völkerball den Arm und war selig. Ich würde einen echten Gips bekommen, und alle würden darauf unterschreiben. Leider war es ein komplizierter Bruch, der nur so behandelt werden konnte, dass ich in einen Ganzkörper-Gummischlauch gesteckt wurde. Nachts konnte ich damit nicht schlafen, und tagsüber sah es so aus, als wäre der Arm nicht nur gebrochen, sondern abgebrochen.

Die Einzige, die das toll fand, war meine Freundin Caro, die immer mit dem Schulbus fahren musste. Sie nahm mich drei Wochen lang jeden Tag mit zu sich nach Hause, weil sie mit mir als Einarmiger diskussionslos auf dem heiß begehrten Behindertensitzplatz mitfahren konnte.

Nachdem ich mich nach diesen deprimierenden Ereignissen für einige Jahre aus dem Birthday-Business ausgeklinkt hatte, wollte ich meinen 18ten wieder mal ganz groß feiern. Nach den schweren Gefechten der Pubertät waren mir immerhin vier Freunde geblieben, einer war sogar ein Typ. Meine Eltern waren zu den Nachbarn gegangen und hatten versprochen, nicht vor halb zwei wiederzukommen, damit wir ordentlich »reinfeiern« konnten.

Vielleicht lag es daran, dass ich meinen Geburtstag seit einigen Jahren nicht erwähnt hatte, denn irgendwie wollte keine rechte Stimmung aufkommen. Es war ein ganz normaler Abend, an dem sich fünf frustrierte Jugendliche die *Wetten, dass…*-Verlängerung ansahen; aber ich ahnte, dass etwas im Busch war, dass sich meine Freunde bestimmt eine sagenhafte Mitternachtsüberraschung ausgedacht hatten und es dann so richtig losgehen würde.

Und tatsächlich: Um zehn vor zwölf erhoben sich zwei meiner Freunde und sagten verschwörerisch: »Ja, wir gehen dann mal, ne?« Die beiden anderen schlossen sich an. Was waren sie doch für miserable Schauspieler! Augenzwinkernd brachte ich sie zur Tür und wünschte allen eine »gute Naaacht!«. Dann holte ich schon mal den Erdbeersekt aus dem Kühlschrank und wartete auf die große Überraschung.

Es war überwältigend. Um halb eins war immer noch keiner meiner sogenannten Freunde wiederaufgetaucht, dafür klingelte das Telefon. Es war meine Oma, die eigentlich nur wissen wollte, wo sie wohl ihr Nachthemd hingelegt habe und warum ich denn immer noch keinen Freund hätte.

Danach meldete sich niemand mehr, weder am Telefon noch an der Tür.

Wenn du in den ersten drei Stunden deines Erwachsenenlebens zwei Flaschen schal gewordenen Erdbeersekt runtergespült hast und sich deine Eltern dann auch noch darüber freuen, dass du wohl endlich alt genug bist, eine Party zu feiern, bei der nichts in die Brüche geht außer deiner Selbstachtung, kommst du auf schräge Gedanken. Der erste war: »Deine sogenannten Freunde kommen wohl nicht mehr wieder.« Der zweite: »Dann geh ich jetzt auch weg.« Der erste Gedanke war richtig, der zweite fatal.

Seit diesem vorläufigen Höhepunkt meiner jahrestäglichen Debakel waren gerade mal 364 Tage vergangen, und es hatte sich einiges in meinem Leben geändert. Statt mich im elterlichen Heim allein mit Erdbeersekt zu beschwipsen, saß ich nun mit meiner neuen Freundin Sandra in unserer Jugendherberge in Hollywood und trank Wodkabowle zum Frühstück.

Gut, wir waren nicht direkt dort, wo die Stars ein und aus gingen, aber immerhin waren Sandra und ich seit einem halben Jahr fest angestellt: sie als Hausmeisterin, ich als Klofrau.

Ich fand es irgendwie rührend, dass Sandra an meinen Geburtstag gedacht hatte, obwohl sie ihn um knapp einen Tag verfehlt hatte. Diese Gefühlsduselei, kombiniert mit der Bowle, ließ mich auch auf Sandras großartigen Vorschlag eingehen: »Lass uns doch mal Melissa besuchen, die feiert heute eine kleine Party!«

Ein scheinbar harmloses Unternehmen, in das ich nur einwilligte, weil ich Folgendes verdrängt hatte: Melissa war aus unserer Jugendherberge rausgeschmissen worden, obwohl ihr ständig wechselnder Herrenbesuch sie stets fürstlich für diese Übernachtungsmöglichkeit entlohnt hatte. Dennoch war unser Herbergsvater Costas der Meinung gewesen, dass dieses Haus kein Puff sei, zumindest kein richtiger.

Melissa war also ins Valley gezogen, was meine Freundin Sandra sehr betrübte, denn an Melissas freierfreien Tagen hatten die beiden sich gerne mal ein Bett geteilt.

Hinzu kam, dass Melissa nicht nur weit, weit weg ans andere Ende der Stadt gezogen war, sondern auch mit meinem hartnäckigsten Verehrer eine Wohnung teilte – einem Typen namens Stewart, den alle nur *Donkyschlong* nannten. Da Donkyschlong auch an öffentlich sichtbaren Stellen und auf geistigem Niveau eher einem Unpaarhufer glich, fiel seine Liebe bei mir nicht auf allzu fruchtbaren Boden. Immerhin, er vergötterte mich bedingungslos, und das allein reichte mir an jenem Tag aus, um meine letzten Kröten in eine Taxifahrt zu investieren.

Auf halbem Weg ins Valley fiel Sandra auf, dass sie ihr Portemonnaie vorsichtshalber gar nicht mitgenommen hatte. Kleiner Tipp an alle Reiselustigen unter euch: Wenn ihr mit einer liebestollen Lesbe auf dem Weg in die Arme ihrer Angebeteten seid, werdet nicht allzu zuversichtlich, wenn sie spricht: »Zurück kommen wir schon irgendwie.« Denn eigentlich meint sie an diesem Satz nur zwei Worte wirklich ernst: »irgendwie« und »kommen«.

Am Ende meiner zwanzig Dollar hielten wir vor einem Apartmentblock, der mich spontan an die vierhundert anderen Apartmentblocks erinnerte, die ihn umringten. Der Taxifahrer konnte uns auch keine weiteren Auskünfte über die Korrektheit unseres Fahrziels geben, weil er schnell wieder aus der Gegend wegwollte, wie er uns erklärte. Wir standen ratlos im Dunkeln, als wir plötzlich ein Knallen aus dem vierten Stock hörten. Es klang wie ein Pistolenschuss.

»Da muss es sein!«, rief Sandra erleichtert und zog mich zur Eingangstür. Irgendetwas hielt mich zurück.

»Sandra, das war ein … ein Gewehr, oder so?«

Wir lauschten. Noch mehr Schüsse, dann Gelächter. Sandra fand die einzig plausible Erklärung: »Das sind doch nur Knallbonbons. Komm, das wird bestimmt lustig.«

Das Flurlicht funktionierte selbstverständlich nicht, also folgten wir dem Knallen, dem Gelächter und – dem Stöhnen. Ich zog kurz in Erwägung, die vierzig Kilometer nach Hause zu laufen, aber Sandra hatte schon die Klingel gedrückt. Donkyschlong öffnete, schrie begeistert auf und schlabberte mich mit einem wodkageschwängerten Kuss aus meiner gerade wiedererlangten Nüchternheit heraus. Als ich endlich wieder sehen konnte, wünschte ich mir, blind zu sein.

Im Wohnzimmer sah es wie in einer drittklassigen Doppelgängeragentur nach einem atomaren Anschlag aus. Auf dem Boden lagen etwa zweitausend leere Bierdosen, auf diesen wiederum lagen etwa vierzig volltrunkene Geschöpfe, aus denen man wohl die Zweit-, Dritt- und Viertbesetzung der *Guns N' Roses* hätte zusammenstellen können, wären diese Geschöpfe denn noch des Stehens mächtig gewesen.

Auf dem Sofa, das wie durch ein Wunder weder schwamm

noch brannte, saßen Grandma und Grandpa Walton. Die beiden tranken ein Tässchen Tee und plauderten über die unerträgliche Hitze draußen, während sie das höllische Treiben drinnen gar nicht zu tangieren schien.

Der Hardrockpöbel war gerade damit beschäftigt, die Mikrowelle aus dem Fenster zu befördern, weil angeblich unheimliche Stimmen von ihr ausgingen. Donkyschlong versuchte mich zu beeindrucken, indem er das Eis für meinen Mojito mit einem Nachttischchen zerstieß, als ich mich fragte, was an diesem perfekten amerikanischen Alptraum noch fehlte. Sandra brachte mich schließlich darauf:

»Wo ist denn Melissa?«, quäkte sie.

Wie aufs Stichwort öffnete sich die Badezimmertür, und Melissa wankte heraus. Sie trug eine rote Lackkombi, die im Schritt so eng saß, dass sich an dieser Stelle formschön das abzeichnete, was der Amerikaner gern scherzhaft-derb als *cameltoes* bezeichnet. Das Make-up um ihren Mund war einer Schicht weißen Glibbers gewichen, das ich zu diesem Zeitpunkt noch für Pina Colada hielt. Freudestrahlend winkte sie uns mit einer alten Pferdepeitsche zu.

»Okay», rief sie, »wer ist als Nächstes dran?«

Alles, was noch grölen konnte, grölte. Grandma Walton kicherte wie ein verlegenes Schulmädchen. Sandra war auf die Knie gesunken. Ob sie das getan hatte, um für die armen Seelen zu beten oder um einen besseren Blick auf Melissas Schritt zu erhaschen, blieb ewig ungeklärt.

Es bestand Handlungsbedarf. Ich packte Donkyschlong am Schlafittchen und sprach so eindringlich auf ihn ein, wie man es mit jungen Hunden tun soll: »Erzähl mir nicht, dass Melissa hier einen nach dem anderen auspeitscht.«

Donkyschlong holte zu einer Erklärung aus, doch ein Slash-Double zu meinen Füßen kam ihm zuvor: »Doch, genau Baby, aber das Beste ist, wer nicht schreit, kriegt anschließend einen geblasen.«

Man sollte gehen, wenn's am schönsten ist.

Unglücklicherweise war Sandra bei der Erläuterung der Party-Spielregeln in tiefe Ohnmacht gefallen, und so ganz alleine wollte ich auch nicht raus zum Sterben. Melissa turnte mittlerweile halb entblößt um die Waltons herum und versuchte, sie als Kandidaten für das Badezimmer-Blase-Bingo zu gewinnen. Grandpa winkte lachend ab und sagte: »Nein, nein, Melissa, das mit der Peitsche geht mir zu sehr auf den Rücken.«

Melissa hielt mitten im Hopsen inne und rief dann, ganz perfekte Gastgeberin: »Aber Mister Stealing, Sie würde ich doch nie vorher auspeitschen. Sie sind doch *mein Vermieter*!«

Plötzlich fand ich die Idee, alleine durch ein halbes Dutzend Gang-Gebiete nach Hause zu stöckeln, irgendwie erfrischend. Ich rannte die vier Stockwerke nach unten und atmete tief durch. Gut, ich stand ohne Geld und nur mit einem Cocktailkleidchen bekleidet im zweitderbsten Viertel von Los Angeles, und es war kurz vor zwölf. Weil ich aber doch eine Art Ehrgeiz verspürte, mein neunzehntes Lebensjahr zumindest ansatzweise zu erleben, packte ich mir die entsorgte Mikrowelle auf den Rücken und taperte Richtung Westen. Ich nahm an, dass ich zumindest die erste marodierende Bande mit einem gezielten Wurf mit meiner unkonventionellen Waffe würde abwehren können.

Hundert Meter weiter lief ich gegen einen Baum. Höchst ungewöhnlich in dieser Gegend, dachte ich noch und wunderte mich nur noch ein bisschen, als der Baum anfing zu sprechen: »Hey, crazy Lady, tust du da 'ne Mikrowelle haben tun?«

Da mein Leben sowieso vorbei war, wollte ich zumindest den Baum retten. Ohne den Kopf zu heben, antwortete ich: »Hey, das ist 'ne ganz schlechte Gegend hier, da sollte man um diese Zeit nicht rumhängen.«

Der Baum streckte seine Armäste aus und hob mich aus meinen Pumps: »Crazy Lady, ich bin Big Ben, und ich bin die schlechte Gegend hier, verstanden?«

Big Bens Augen waren eng wie die Schlitze eines Kaffeeautomaten, dafür war sein Mund so groß wie mein Gesicht. Er roch nach toten weißen Teenagern.

Ich wollte meine letzten Sekunden nicht mit Sport vertun, also hing ich in seinen Armen wie ein nasser Sack und wartete, bis er mich aufessen würde. Er schüttelte mich.

»Hey, ich hab dich was gefragt gehabt. Ist das da eine Mikrowelle, die du da haben tust?«

Verwirrt und des Sterbens ungeübt tat ich etwas total Unprofessionelles. Ich fing an zu heulen und wimmerte: »Jaaaa, und du kannst sie haben, aber bitte bring mich nicht um, weil … ich hab heute Geburtstag!«

Big Ben schnaufte. Dann grinste er.

»Das tut ja mal 'nen Ding sein tun. Und den willst du ausgerechnet mit 'ner Mikrowelle feiern tun?«

Ich nickte eifrig.

»Ich tu da 'ne bessere Idee haben tun. Ich tu nämlich auch Geburtstag haben tun. Wir gehen jetzt richtig feiern tun in Big Ben's Blues Bar.«

Ich fügte mich meinem Schicksal, zum einen, weil ich Blues als Beerdigungsmusik für angebracht hielt, zum anderen, weil Big Ben mich einfach samt Mikrowelle schulterte und pfeifend durch die Straße trug.

Vor der Tür setzte er mich ab und hielt mir ein Stofftaschentuch vor den Mund. Chloroform, hatte ich es doch gewusst.

»Hier«, sagte er, »wisch dir mal durch's Gesicht, das ist völlig vollgerotzt. Tust du heute fünf werden tun, oder was?«

Als wir die Bar betraten, verstummte die Band. Zwanzig Augenpaare schwenkten herum und glotzten uns an. Big Ben grunzte.

»Hey, Leute, was sollte ich tun? Die Mikrowelle gab's nur zusammen mit der Lady hier, und außerdem hat die heute auch Geburtstag haben tun.«

Die ersten Töne von *Happy Birthday* erklangen auf einer Mundharmonika. Ein Greis tippte mich an und fragte: »Hey,

Girliebird, ich bin Little Ben, Bens Papa. Ihr zwei stoßt jetzt erst mal auf euren Geburtstag an und auf die neue Mikrowelle. Was trinkt die kleine Lady?«

Ich überlegte kurz. »Erdbeersekt.«

Big Ben hielt das für eine gute Wahl, und wir tranken noch bis in den frühen Morgen, an dem Bens Bruder Tiny Tim mich nach Hause brachte. Am nächsten Tag rief ich meine Oma an und berichtete ihr, dass ich jetzt einen wirklich netten Mann kennen gelernt hätte.

Seither mache ich mir keinen allzu großen Stress mehr an meinem Geburtstag oder Geburtstagen überhaupt. Wenn ich zu einer Abendeinladung gehe, habe ich allerdings immer eine Mikrowelle im Gepäck – ungeheuer praktisch, falls man gezwungen ist, die Party früher als geplant zu verlassen. Man wird ja nicht jünger. Never!

Katinka Buddenkotte

Lenny oder Der Mann ihrer Träume

Bis ich vierzehn war, hatte ich nicht geglaubt, dass es auch mal von Vorteil sein könnte, eine ältere Schwester zu haben. Doch dann brachte sie mir etwas bei, was mir für den Rest meines Lebens von großem Nutzen sein sollte. Denn sie tat etwas, was eine Frau nie tun sollte: Sie brachte ihren ersten Freund mit nach Hause.

An jenem bewussten Sonntag bereute ich es ebenfalls erstmalig, in einem so aufgeklärten und offenen Haus wie dem unserer Eltern aufgewachsen zu sein. Wir befanden uns alle im Wohnzimmer, meine Eltern sahen fern, ich pubertierte dazu, und mein kleiner Bruder kinderte auf dem Boden herum.

Wir hörten, wie die Wohnungstür geöffnet wurde, und vernahmen zwei Stimmen aus der Diele. Eine klang beinahe männlich. Meine Eltern sahen sich bedeutungsvoll an: Meine Mutter reagierte blitzschnell und knotete ihren Bademantel zu. Mein Vater schaute hilfeheischend nach einem Oberhemd; ich hörte zur Abwechslung mal damit auf, mir meinen Unterarm mit Texten von *The Cure* vollzukritzeln. Selbst mein Bruder schien sich des Ernstes der Lage bewusst und stellte das Sabbern ein. Fremder Mann im Anmarsch. Erster Freund von großer Tochter. Vielleicht was Ernstes. Er sollte unsere Familie nicht gleich von ihrer lässigsten Seite kennen lernen.

Meine Schwester schien ihren Lover erst noch in der Diele zu instruieren, sodass meine Restfamilie geschlagene fünf Minuten angespannt und übertrieben aufrecht sitzend abwartete, dass der Mann präsentiert werden würde. Die Tür öffnete sich einen Spaltbreit. Meine Schwester lugte ins Zimmer hinein. Hinter ihr wuselte auch etwas herum, etwas Lebendiges. Meine Schwester griff hinter sich, zog das Mensch hervor und sagte: »Das is' Lenny.«

Wir verharrten weiter in Erdmännchenmanier. Lenny war ein strähniger Pickel. Er hatte ein *Megdeath*-T-Shirt über seiner Hühnerbrust und Cowboystiefel an den Enden seiner O-Beine. Er hatte die unvermeidliche Steckdosen-Nase und wahrscheinlich auch das Mofa, das jeder erste Freund haben muss. Er war klein. Zu klein, als dass meine hünenhafte Familie ihn als »Mann« hätte deklarieren können. Bestenfalls als »Jungchen« würde er durchgehen, eher noch als »Lumpi«.

Mein Bruder brach endlich das Eis und hieß Lenny mit einem feuchten Furz willkommen. Meine Mutter versuchte ihr Grinsen zu unterdrücken und täuschte ein Lächeln vor.

»Lenny«, sagte sie schließlich, »kommt das von Leonard?«

Lenny, der schon fast wieder rückwärts durch den Raum entwischt wäre, hätte meine Schwester ihm nicht den Weg versperrt, lächelte dankbar zurück: »Nee, ich komm von Dortmund.«

Mein Vater stellte sich einfach schlafend, was nicht besonders überzeugend kam, da er immer noch aufrecht saß.

Lenny hätte jetzt eine gute Gelegenheit gehabt zu verschwinden, denn meine Schwester war vor Scham im Erdboden versunken. Aber er, das Lenny, schien sich jetzt offenbar wohler zu fühlen. Er erinnerte sich sogar daran, dass es angebracht sei, jedem die Hand zu schütteln. Unglücklicherweise fing er bei meinem Bruder damit an. Wenn man nach all den Körperflüssigkeiten gegangen wäre, die mein Bruder ihm nun übergeben hatte, hätte Lenny spätestens jetzt zur Familie gehört.

Ich verspürte einen Anflug von Mitleid für die Anwesenden. Einmal für Lenny, der versuchte, sich unauffällig die Hand an seiner domestosgebleichten Jeans abzuwischen. Dann natürlich für meine Eltern, die sich die ganze Sache irgendwie anders vorgestellt hatten. Es kamen sogar solidarische Gedanken gegenüber meiner Schwester auf: Normalerweise war ich es, die undefinierbares Zeug mit nach Hause schleppte – wobei ich mittlerweile schlau genug war, dieses so schnell wie möglich und unauffällig in mein Zimmer zu schaffen.

Meine Schwester war indessen aus ihrer Erdspalte hervorgekrochen und gliemte in meine Richtung. Ihr Blick war schwer zu deuten: Entweder sollte ich dem Lenny lieb die Hand geben oder ihn erschlagen. Ich entschied mich für ein Mittelding und erwähnte intelligenterweise, dass ich die Schwester meiner Schwester sei. Lenny verprasste daraufhin seinen letzten Bonuspunkt bei mir, als er zur längsten Rede seines Aufenthalts anhob: »Ja, das dachte ich mir. Ihr seht euch sehr ähnlich. Ihr habt beide blaue Augen und blonde Haare. Aber deine Schwester hat den größeren … Mund. Dafür hast du die größere Nase.«

Lennys letzte Stunde. Ich sah meine Schwester mit Bedauern an. Ich konnte nichts mehr für Lenny tun. Ich gab ihm die Hand und brach ihm dabei den kleinen Finger. Er sah mich erstaunt an, irgendein Urinstinkt befahl ihm, nicht zu schreien.

Meine Mutter besann sich plötzlich darauf, irgendetwas ganz Mütterliches zu tun, ganz egal, wer oder was ein Lenny war. Sie sprang auf, hechtete zur Tür und sagte: »Ich mach mal Kaffee, was?«

Lenny sah sie an, als ob er seinen Faustkeil irgendwo verlegt hätte. Mein Vater schnaufte, nur mal so. Lenny fragte: »Gibt's auch Kuchen? Oder Kakao?«

Was meine Mutter dazu bewog, meine Vorstellung noch zu toppen: »Ach ja, ich bin die Waltraut. Waltraut Buddenkotte, ja, die bin ich.«

Sie drückte Lennys Hand, ich vernahm ein erneutes Knirschen. Dann ging sie, um weg zu sein. Mein Vater schnaufte, öffnete dabei aber die Augen. Als Leitbulle musste er wohl das Allerdämlichste sagen, damit seine Autorität nicht ins Wanken geriet: »Ich bin der Mann der Frau. Der Vater von der Tochter. Von allen Kindern hier.«

Meine Schwester war wohl als Einzige gegen das *Ich-Lenny-du-hirntot*-Syndrom gewappnet. Sie packte Lenny beim Schlafittchen und sprach einen guten Satz mit gutem Sinn: »Lenny und ich wollen noch woanders hin. Wir trinken dann demnächst mal Kaffee, nicht?«

Lenny grinste und winkte, während meine Schwester ihn abtransportierte.

Schade, meine Mutter hatte das Finale verpasst. Sie kam zurück ins Zimmer, stellte das Tablett auf den Tisch und sah meinen Vater an, mit dem Blick, wie nur Eltern ihn richtig gut draufhaben: bedeutungsschwanger, suchend, etwas leidend, aber irgendwie über den Dingen stehend. Dann bekam sie den heftigsten Lachanfall seit Menschengedenken. Mein Vater folgte ihrem Beispiel, mein Bruder giggelte grundlos mit. Ich vergaß meine mühsam antrainierte Düsternis und gackerte ebenfalls.

Meine Mutter hielt schließlich inne und fragte sinnierend in den Raum: »Das war nicht ihr Ernst, oder?« Worauf mein Vater prustete: »Nee, das war ihr Lenny.«

Meine Eltern fielen sich kreischend in die Arme und rollten unter den Kaffeetisch.

Mir wurde langsam etwas unwohl. Was meine Eltern da vollführten, war kein Ausdruck der Heiterkeit mehr. Es war das Lachen der Verzweifelten. Nicht, dass ich scharf darauf war, den oder das Lenny in unser Familienleben zu integrieren, aber von meinen Eltern hätte ich erwartet, dass sie so etwas wie Haltung oder zumindest Gleichmut zeigen würden. Im vorwurfsvollen Ton, wie man ihn nur mit vierzehn gegenüber seinen Ernährern draufhat, ermahnte ich dieselben: »Was habt ihr denn erwartet? 'nen fertigen Anwalt mit Reihenhäuschen? Ihr seid solche Snobs. Snobs im Bademantel auch noch.«

Ja, im Klugscheißen und Anprangern war ich schon immer gut. Meine Eltern besannen sich ihrer Vorbildfunktion. Sie rollten wieder unter dem Tisch hervor und sahen mich reichlich beschämt an. Meine Mutter runzelte die Stirn.

»Tochter, ich hasse diesen rechthaberischen Ton an dir, besonders, wenn du recht hast. Ich muss jetzt mit deinem Vater allein reden – geh dir doch die Haare färben, oder so, ja?«

Na klar, wenn Eltern mal wirklich Spannendes bereden wollen, wird man rausgeschmissen.

Ich lauschte noch eine Weile an der Tür. Ich verstand kein Wort, aber zumindest klang ihr Raunen ziemlich schuldbewusst. Ich hatte die Badewanne erst letzte Woche mit Farbe vollgesaut, also beschloss ich, meine Schwester zu suchen. Ich musste sie davon abhalten, mit dem Lenny-Ding durchzubrennen. Sosehr sie mich auch manchmal nervte und obwohl ich unter diesen Umständen wohl auch ihren Hamster erben würde – ohne sie würde es hier ziemlich öde werden.

Ich fand sie ziemlich schnell – in der Speisekammer, wo man durch einen Luftschacht dem Gespräch unserer Eltern wesentlich besser lauschen konnte. Lenny war schon gegangen, er wollte noch an seinem Moped basteln. Sie wirkte nicht annähernd so traumatisiert, wie ich erwartet hatte. Sie lächelte mich sogar an.

»Na, das war wohl nix, was?«, bemerkte sie nüchtern.

Ich setzte mich neben sie.

»Na ja«, hob ich an, »für Papa und Mama ist das halt auch … gewöhnungsbedürftig. Bist du gar nicht traurig, dass Lenny gegangen ist?«

Ich hatte mir ein bisschen mehr Drama erhofft.

»Och«, sagte meine Schwester, »das war eh nur so eine Art Test. Eigentlich bin ich ja in Dirk verliebt. Aber der ist schon dreiundzwanzig und hat ein richtiges Motorrad. Der ist auch tätowiert und so. Ich dachte, bevor ich den hier anschleppe, versuch ich's erst mal mit Lenny und gucke, was passiert.«

In diesem Moment bewunderte ich meine Schwester zutiefst. Welche Weitsicht, welche Raffinesse. Vielleicht waren wir doch Schwestern im Geiste. Wie die allerbesten Freundinnen saßen wir auf der Kühltruhe, hörten, wie sich unsere Eltern ehrlich zerknirscht gegenseitig schworen, jedem Wesen, das ihre Töchter durch die Tür führten, mit Wohlwollen und wenigstens geheucheltem Interesse zu begegnen. Sie wollten uns mehr Freiheiten und Entfaltungsmöglichkeiten lassen. Das hörte sich doch gut an. Meine Schwester zauberte eine Flasche Amaretto hervor und ließ mich zuerst daraus trinken. Dieser Tag war voller Überraschungen und Offenbarungen. Im Gegenzug zeigte ich meiner Schwester, wie man durch unser Zimmerfenster Dinge ins Haus schmuggelte, die elterlichen Augen zunächst besser verborgen blieben.

Als Dirk drei Monate später unser Haus erstmalig durch die Tür betrat, waren meine Eltern cool wie Streetworker. Vielleicht übertrieben sie es etwas, denn mein Vater wollte plötzlich unbedingt mit ihm Motorrad fahren, und meine Mutter fragte Dirk offenherzig nach einer geeigneten Körperstelle für ein Tattoo, aber das ist eine andere Geschichte und soll ein anderes Mal erzählt werden.

Tilman Spengler

Belastungsstrukturwandel

Es ist ein Tag, es ist kein Tag, außer Gott und meinem Rücken ist nichts. Natürlich gibt es die vertraute Hölle um mich herum: die gewandten Radfahrer auf dem Bürgersteig, die meinen schleppenden Gang verfluchen, die Gören auf ihren Rollbrettern, die mich anschneiden wie Rennläufer eine Slalomstange, den Umzugspacker mit dem Kühlschrank auf der Schulter, der mich aus seinem Weg scheucht. Bereits zweimal habe ich die hundert Meter zwischen meiner Wohnung und jenem Palast zurückgelegt, der sich »Studio Körperkunst« nennt und in dem ich und andere Opfer lernen, mit den Armen zu schlackern. Ich bleibe nicht mehr unbehelligt. Mein Gang ist sozial auffällig geworden. Wer mich nicht mit aufgeschlagenem Blick anzurempeln versucht, der weicht mir mit niedergeschlagenem Blick aus, so als könnte ich plötzlich eine Pappkarte aus der Manteltasche ziehen, die mein Leid als rumänisches Zigeunerkind beschreibt.

Unsere Gesellschaft kennt keine Nachsicht mit der »unspezifischen Rückenbeschwerde« – wie wir Anonymen genannt werden. Dabei sind wir »Unspezifischen« gleichzeitig Vorhut und Tross der Bewegung. Zwei von uns kommen auf einen »Spezifischen«. Männer, denen Gott wie dem Wolf mit der Gerte auf den Rücken schlug, damit dieser in der Mitte einknickte, Männer, denen, wie es in den Psalmen heißt, »eine Last auf den Rücken« gelegt wurde, Männer, die wie Atlas den Erdball stemmen.

Vielleicht ist das Wort »unspezifisch« verantwortlich für die allgemeine Ächtung. In den Nächten, die zuvor dem Schlaf oder anderen Vergnügungen gewidmet waren, lese ich mich mittlerweile in das Schicksal meiner sozialen Kohorte ein. Es ist keine leichte Lektüre, was schon durch einen Titel wie *Arbeitsweltbezogene Prävention und Gesundheitsförderung am Beispiel Rückenschmerzen* bezeugt wird. Ich kenne den Autor dieser Studie nicht persönlich, gewiss ist er einer von uns, denn der Zusammenhang zwischen wildem Schmerz und roher Formulierung leuchtet mir spontan ein. In diesem Zustand verteilt man die Wörter sorgfältig auf viele stützende Silben und hält sie so weit wie möglich vom Körper entfernt.

So ließ auch ich mich sorgfältig auf meine rechte Seite niedergleiten und stabilisierte meinen »Stütz- und Bewegungsapparat« sanft mit den Knien, als ich auf den Begriff »Belastungsstrukturwandel« traf, welcher mir klarzumachen versuchte, was ich die ganze Zeit vermutet hatte: nämlich dass wir an der Schwelle zu einer neuen Epoche leben.

Oswald Spengler schloss aus der Struktur der abendländischen Zivilisation, dass sie zum Untergang verdammt sei. Sigmund Freud schloss aus der psychischen Struktur seiner Zeitgenossen auf den Niedergang der bürgerlichen Welt. Beide hatten auf ihre Weise recht, doch weder Freud noch Spengler bemerkten, dass sich dieses Ende auch ohne aufwendige Erkundung von Triebverhalten oder Dekadenzerscheinungen ganz einfach aus dem Ende des aufrechten männlichen Ganges diagnostizieren lässt.

Nehmen wir meine Leidensgenossen in der Turnhalle. (Ich beharre auf diesem altmodischen Wort, Begriffe wie »Fitnesscenter« wirken so grell und obszön wie die enge Wäsche, die sich dort zwischen Bizeps und Pofalte spannt.) Uns, den »Unspezifischen«, ist unsere Herkunft nicht mehr anzusehen. Manche dürften noch vor wenigen Jahren teuflische Kerle gewesen sein, Helden auf dem Exerzierplatz, Matadore des Rennrads in unebenem Gelände, Wirtschaftskapitäne in windschlüpfrigen Boliden. Und heute? Heute beschleicht uns jener angstvolle Blick, wenn wir zu einer Sitzgruppe geleitet werden, die das Gesäß unterhalb der Kniekehle empfangen will. Heute winken wir mit fahler Höflichkeit die Einladung beiseite, die uns in einen flachliegenden Sportwagen locken soll. Und auf dem Exerzierplatz würden wir als »lahme Säcke« zusammengestaucht, weil auch das wiederholte Kommando »Stillgestanden!« uns nicht aus der Haltung eines kauernden Sumo-Ringers hochbellen kann.

Natürlich sind das alles männliche Sorgen (es sind, genauso selbstverständlich, bei Weitem noch nicht alle), und man soll mir nicht einreden, sie hingen damit zusammen, dass unsere Industriegesellschaft den Übergang vom Schuften zum Sitzen noch nicht bewältigt habe. Die gestandenen Männer meiner Turngruppe haben nie geschuftet, sieht man einmal ab von sporadischem sportlichem Übereifer oder den periodischen Laufübungen mit schwerem Gepäck, zu denen der Münchner Flughafen die ihm ausgelieferte Klientel verdammt.

Sind es demnach die viel zitierten »psychomentalen Belastungen«, die in diesem Schurkenstück die Hauptrolle spielen, jenes – Verzeihung, ich gebe den sekundärliterarischen Druck nur weiter – »biopsychosoziale Modell«?

Mumpitz! Napoleon litt in der Stunde seiner größten »psychomentalen« Belastung nach Auskunft aller verlässlichen Ärzte unter Leibschneiden, hervorgerufen durch den Verzehr einer zu roh servierten Gans, nicht unter Rückenschmerzen. (Und für all die Zeit, die er im Sattel verbrachte, hätte ein heutiger Imperator eine ganze Kompanie von Chiropraktikern in seinen Dienst zwingen müssen.) Casanova, ich weiß, das ist ein anderes Thema, ein gewagter Vorgriff, aber hat man je im Zusammenhang mit Casanovas Lebensführung den Ausdruck »bedürfnisgerechtere Arbeitsregelung aufgrund psychosozialer Belastung« gehört? Ludwig Erhard zauberte unsere Auferstehung aus Ruinen, auch kein geringer Druck, wenn man an die Erwartungshaltung des Publikums denkt, doch so agil wie jener Minister/Kanzler das in seinen Fernsehauftritten zeigte, führt keiner von uns »Unspezifischen« Glas und Zigarre zum Mund.

Will sagen: Gewiss, die Vorbilder werden alle ihren Preis gezahlt haben, doch sie zahlten ihn in einer anderen Währung als jener des Rückenschmerzes. Wir werden das Rätsel an die Wirtschaft zurückreichen müssen. Oder uns auf eigene Pfade begeben.

Tilman Spengler

Tarzan

Natürlich war ich überrascht, als mich der Mann von der Filmgesellschaft fragte, ob ich »terminmäßig« imstande sei, an einem Drehbuch über Tarzan mitzuwirken. Noch mehr überrascht hätte mich nur das Angebot, in der geplanten Produktion die Hauptrolle zu übernehmen, doch das schien nicht vorgesehen zu sein.

Ich arbeitete an jenem Sommermorgen gerade an einer kleinen, möglichst packenden Erlebnisbeschreibung über das Volk der Dong, einen Stamm, der vorgeblich im Südwesten Chinas lebt und dessen touristische Erkundung ein mittelständischer Reiseunternehmer in sein Programm aufnehmen wollte. Ich erwähne die Größe dieser Firma, um klarzumachen, dass mir deren Honorarvorstellung einen Bericht aus erster Hand verbat. Eine Reise nach China ist kostspielig, und wenn es in die Stammesgebiete des Südwestens geht – das weiß ich aus eigener Erfahrung –, bedeutet sie auch noch eine gewaltige Strapaze für die Wirbelsäule. Dagegen ist die ortsansässige Staatsbibliothek für mich bequem zu Fuß zu erreichen, besitzt eine opulente Sammlung völkerkundlichen Materials aus den verschiedensten, für den Laien kaum zu überprüfenden Quellen und dazu noch eine recht preiswerte Kopierwerkstatt. Im Lesesaal sitzt man anständig. Die Stühle vor den Tischen verfügen über eine schräge Gesäßfläche, welche die Muskulatur bei der Beckenkippung unterstützt und damit eine aufrechte Haltung erlaubt. Vergessen sollte man auch nicht die Imbissbar in der Kantine des Hauses, deren Sauberkeit sich leicht mit vielen Garküchen an den staubigen Straßenrändern der Provinzen Guizhou oder Guangxi messen kann. Was hatte das mit Tarzan zu tun?

Nichts. Wirklich nichts. Jedenfalls in diesem Moment. Nur den Zufall der Zeitkoinzidenz. Den Umstand also, dass mich jener Mann von der Filmgesellschaft anrief, als ich gerade eine bewegende Szene entwerfen wollte, in der ein »fast zahnloser« Dorfältester wortreich darüber klagt, wie schwer seine Schutzbefohlenen darunter litten, ihr Brauchtum nicht mehr nach Art der Mütter vollziehen zu können. Die Mütter, hatte ich – gestützt auf einen nicht sonderlich gut verständlichen Text – behauptet, verlangen von ihren Söhnen zum Mondfest das Entwurzeln von sieben Bambusstauden mit der bloßen Hand und auf einen Streich. Wenn sie das überanstrengte oder schmerzte, durften sie das durch keinen Ton verraten. Ich versuchte, mir den Vorgang in all seiner körperlichen Härte vorzustellen. Kein Wunder, dass der alte Mann klagte, kein Wunder, dass ich mit meinem Erlebnisbericht nicht vorankam.

Der Anrufer hatte eine ölige Stimme, die zwischen verschiedenen Alterslagen und Gebrauchssprachen schmierte. Häufig bediente er sich eines Jargons, der mir sonst nur aus Telefonaten mit jungen Männern bekannt war, die ihren Opfern am späteren Abend Renditen von mehr als zweihundert Prozent *»locker und per anno«* versprechen. Allerdings redete er nicht von Schiffswerften, sondern von einer *»postscript-production«*, die aber eigentlich eine *»text-affirmation«* sei, mithin gehe es also um das *»script-doctoring«* von ein paar *»takes«*, hauptsächlich aber um Dialoge. (Ich gebe das Gehörte in der Fassung wieder, in der es damals meine Ohrmembranen dekodierten.)

Doch wie jeder einfallslose Schriftsteller war ich beglückt über erlösende Unterbrechung und zeigte mich zurückhaltend aufgeschlossen. »Soweit mir bekannt ist, redet Tarzan als Vollwaise in einer Art Affensprache«, gab ich zu bedenken, »er schreit ›¡GRR!‹ oder ›Ta-ta‹, manchmal auch ›AHH!!!‹ oder ›TRAGK‹, solche Dialoge verlangen eine linguistische Spezialbegabung, von der ich mir nicht sicher bin, ob ich sie überhaupt besitze.«

Ich sprach natürlich als literarischer und cineastischer Hazardeur. Wie im Fall der südchinesischen Volksgruppe, deren Schicksal ich gerade im Begriff stand zu erfinden, hatte ich nur eine schattenhafte Ahnung, wovon ich redete.

Als Kind durfte ich mich von den Eltern nicht mit einem Tarzan-Heftchen erwischen lassen, kaum auszudenken, was passiert wäre, hätte ich mein Taschengeld in den Besuch eines Films gesteckt, in dem der Held sich an Lianen über Sümpfe schwingt und schließlich bei Blondinen landet. *Die schönsten Sagen des klassischen Altertums* von Gustav Schwab galten in unserer Familie als der Gipfel männlichen Heldenlebens und Abenteurertums. Vermutlich legte ich auch aus diesem unerfüllten Verlangen den Hörer nicht gleich wieder auf.

»Ich rufe nur an, um Sie zu fragen, ob Sie *terminmäßig* in der Lage wären, auf unser eventuelles Angebot einzugehen«, ölte die Stimme am Telefon, diesmal im bräsigen Pensionärsdiskant, »und da Sie die Figur des Tarzan bereits so gut kennen, muss ich Sie nicht daran erinnern, dass der Held als Spross einer alten englischen Adelsfamilie auch seinen angestammten Platz im britischen Oberhaus einnahm. Jedenfalls in der Originalfassung von Edgar Rice Burroughs. Über die finanziellen Einzelheiten wird ein Mitarbeiter aus unserem Kostenstab mit Ihnen reden.«

Ich merkte, wie sich die Schlinge in meinen Hals fraß. Von

den Summen, die beim Film verdient werden, hatte ich nur Respektgebietendes gehört. »Sehr viel deutlicher als Tarzan«, protestierte ich dennoch, »redet auch kein Mitglied im britischen *House of Lords*. Die schreien auch nur ›Nay, nay‹ oder ›Humph, humph‹, soweit ich mich erinnere. Dafür brauchen Sie keinen Dialogschreiber. Im Übrigen bin ich mir auch nicht sicher, ob ich meine aktuellen Arbeiten unterbrechen kann. Eingeborene in Südwestchina. Matriarchalische Gesellschaften. Männerkulte. Ein äußerst komplizierter Stoff.«

Aber im Grunde meines Herzens wusste ich bereits, dass ich, wie es in der Branche wohl heißt, längst »eingekauft«, zumindest »optioniert« war. Als sich am folgenden Nachmittag eine resolute Frauenstimme meldete, die mir gleich mehrere Termine für eine erste Besprechung des in aller Eile neu zu fassenden Drehbuchs anbot, entschied ich mich noch für denselben Abend.

»Ich habe uns einen Tisch im Nettuno reserviert«, meldete sich die energische Stimme nach wenigen Minuten zurück, »ein hervorragendes Restaurant in der Nähe des Prinzregententheaters. Ach, Sie kennen es schon? Die Reservierung lautet auf meinen Vornamen. Ich heiße Regina, aber meine Freunde nennen mich Rega, wir treffen uns also um acht Uhr.«

Regina oder, wie ich auch bald sagte, Rega war eine kleine Person mit entschlossenen Gesichtszügen und wunderlichem Vokabular. »Sie sind der Autor, aber ich bin Ihre Dramaturgin«, sagte sie, als Giuseppe uns den ersten Espresso brachte, »ich sollte deshalb klarstellen, worum es in der Firma geht. Wir haben eine *story* entwickelt, die uns den Mythos von Tarzan neu erschließt. Aber noch ist das Ganze nicht richtig *mainstreamig*. Um es auf einen einfachen Punkt zu bringen: Wir sehen die Figur nicht als einen von der menschlichen Zivilisation ausgestoßenen Mann, wir sehen ihn vielmehr als eine Möglichkeit, Natur und Zivilisation auf eine weiche, aber entschlossene Art miteinander zu versöhnen. Das ist im *subplot* zwar enthalten, aber zu wenig entwickelt. Tarzan als moderner Mann, wenn Sie mich verstehen.« Rega griff nach der Serviette, um ihre Brillengläser zu reinigen, die der heiße Espresso leicht beschlagen hatte. Ein Gestell von Yves Saint Laurent, wie ich unterschied.

»Als Mann«, fuhr Rega fort, »der diese brutale Spannung auslebt, die sich zwischen Geist, Körper und Instinkt einstellen muss. Wir wollen, ich sage das jetzt sehr verkürzt, Szenen und Dialoge, die auf überzeugende Weise Tarzan in seiner Größe *und* in seinem Schmerz dem Publikum nahebringen. In den letzten Jahren wurde der Markt überschwemmt von Geschichten, die immer nur den sehr starken Mann oder die starke Frau fokussierten. Davon müssen wir jetzt runter, sonst sind wir nicht mehr auf dem Markt, ich meine *mainstreamig*. Der zukünftige Mann wird wieder mehr nach innen gehen, in einer irgendwie …«

»… gehärteten Sensibilität«, vollendete ich den Satz. Mein Beruf bringt es mit sich, dass ich viele Verlagsprospekte lesen muss. Dabei war mir dieser Ausdruck ob seiner nichtssagenden Doppeldeutigkeit aufgefallen. Offenbar standen alle Medien gleichzeitig unter dem Eindruck, dass es so mit dem Mann nicht weitergehen konnte.

»Gehärtete Sensibilität«, wiederholte Rega, und zum ersten Mal zeigte sich ein Lächeln auf dem angestrengten Gesicht. »Das werde ich mir merken, das müssen Sie im ersten und im zweiten *plotpoint* fokussieren. Selbstverständlich brauchen wir eine entsprechende Konstellation auch im *midpoint high*. Alles andere wäre verschenkt.« Sie schüttelte kurz den Kopf, als müsse sie sich vergewissern, dass dieser noch mit ihrem Hals verbunden war.

Verwirrt bestellte ich mir ein Glas Grappa. Um ein Haar hätte ich Giuseppe auf Englisch angeredet. Und langsam begann ich zu verstehen, warum mich mein Freund Wolf stets vor Filmdramaturgen gewarnt hatte. »Sie packen dir ständig Begriffe auf«, lautete einer seiner Aussprüche, »die lasten schwerer im Kreuz als alles, was du je aus einem Adorno-Seminar davontragen musstest. Dagegen hilft kein literarischer Zauber: Dramaturgen sind die Heckenschützen der Ästhetik.«

Wehmutsvoll dachte ich kurz auch an den Stamm der Dong in Südwestchina, die ich für einen mir noch unbekannten Tarzan und diese ebenso bestimmt wie abwegig formulierende Frau im Stich gelassen hatte. Dabei fiel mir ein Spruch ein, den ich meinem »zahnlosen Dorfältesten« in den Mund legen wollte. Ich wandelte ihn geringfügig ab: »Tarzan ist der Felsen, der wieder zum Stein werden muss«, sagte ich feierlich. Eigentlich stammt das Bild von Fels und Stein aus der japanischen Nationalhymne, einem unglücklich vertonten Gedicht aus dem 10. Jahrhundert, vielleicht müssen dort auch umgekehrt die Steine zu Felsen werden. Japanologie hatte ich nur im Nebenfach belegt. Natürlich hat dieses Lied nichts mit Tarzan zu tun, doch immerhin war mir zum zweiten Mal in unserem Gespräch eine treffend unverständliche Bemerkung gelungen. Rega wirkte erneut beeindruckt, und ich beschloss, den flüchtigen Moment auszunutzen: »Wie würden Sie sich denn den künftigen Mann vorstellen oder gar wünschen, jenes Geschöpf voll gehärteter Sensibilität?«

Die Dramaturgin setzte wieder ihre Brille ab, schloss die Augen und wiegte den kleinen Kopf, diesmal, als müsse sie sich unerwartet inTrance versetzen. »Ich habe ihn mir noch nicht *gecastet«,* sagte sie nach kurzem Nachdenken, »das kommt in einer späteren Phase. Ich sehe ihn aber ganz deutlich als eine biegsame Gestalt, die ihrem Schicksal überlegen entgegentritt. Nicht klaglos, aber auch nicht schreiend.«

Damit schienen wir wieder bei den Dialogen angelangt zu sein.

»Lassen Sie uns den modernen Tarzan fettsteißig anlegen«, schlug ich vor, »diese Formen des Hinterns existieren ja noch in Afrika, eine Art rudimentärer, tiefer Höcker, einmal als Depot für schlechte Zeiten, zum anderen als Abfederung der Wirbelsäule. Der Kerl muss ja beim Schwingen von Baum zu Baum immer wieder hart landen. Wahrscheinlich hat er auch deswegen früher so laut geschrien. Man könnte zwischendrin sogar zeigen, wie Tarzan auf einem dicken Ast Kundalini-Yoga betreibt, Sie wissen schon, die berühmte Übung der Lebensschlange, die alle Energie aus den Lenden wieder hoch zum Kopf treibt. Das wäre erotisch und würde gleichzeitig eine Art medizinischen Realismus ins Spiel bringen, der verschiedene Kulturen miteinander versöhnt: esoterisch Fernöstliches, exotische Afrikanismen und den europäischen Mann im knappen Lendenschurz aus Leopardenfell.«

»Eine widerliche Vorstellung«, rief Rega empört, »abstoßend und ein echter Quotenkiller, das ist doch genau der Mann, den wir bereits haben.«

Ich zündete mir eine Zigarette an und blies den Rauch vorsichtig zum Nachbartisch. Giuseppe brachte mir unaufgefordert noch ein Glas Grappa. Männer verstehen Geschlechtsgenossen in ihrer Bedrängnis.

»Wie würden Sie sich denn, einmal unabhängig vom Filmgeschehen, einen Mann wünschen?«

»Ich stehe auch persönlich voll hinter Tarzan«, antwortete die Dramaturgin, immer noch erregt. »Wenn ich etwas hasse, dann sind es diese Schlaffsäcke als lahme Opfer der Frauenbewegung. Diese Strudelwürmer. Diese verschachtelten Laberkisten mit Räucherstäbchen. Dieser permanent schwächelnde Typ, der sich ständig erklären muss.« Unter dem zarten Rouge auf Regas Wangen hatten sich zwei rote Punkte gebildet, die zusehends dunkler und größer wurden. »Der gebrechliche Mann ist doch keine Herausforderung mehr für Frauen wie mich. Ich will einen Mann, der sich zugleich aufrecht und katzenhaft bewegt, jawohl, ich will ihn auch ein wenig angerattet, und ich wünsche mir einen, der kurz und trocken zuschlagen kann, bevor die Situation danach schreit.« Sie griff erschrocken nach ihrer kostbaren Brille, und ich wartete gespannt auf die Reaktion ihrer Halswirbelsäule. Diesmal zuckte sie kurz mit der rechten

Schulter, als müsse sie einen Raben davonscheuchen, der sich zum Einflüstern neben ihr Ohr gesetzt hatte. »Ich rede jetzt natürlich streng privat und nicht als Dramaturgin, Sie dürfen das nicht als *guideline* für Ihre Dialoge missverstehen. Schenken Sie mir bitte eine Zigarette.«

Die Tische im Nettuno sind rustikal breit, ich musste mich daher weit vornüberbeugen, um Rega Feuer zu geben. Vor Beugungen dieser Art warnt zu Recht jeder ergonomische Ratgeber. Natürlich kam es zu dem befürchteten Resultat, der schrillen Antwort der Lendenwirbel, ich schrie zwar nicht wie der klassische Tarzan, aber ich blieb keineswegs klaglos. Nur ein sehr enger Freund hätte mein Verhalten wohlwollend als den Ausdruck von allseits »gehärteter Sensibilität« deuten können. Der aufmerksame Giuseppe brachte mir ein Glas Wasser.

»Vielleicht wird es diesen Mann Ihrer Träume nie mehr geben«, wandte ich ein, »vielleicht droht dem ganzen Geschlecht die Versteifung. Tarzan war biegsam, doch er beherrschte nur die Affensprache. Vielleicht besteht da ein Zusammenhang. Denken Sie an Arnold Schwarzenegger. Aber auch der bewegt sich wie eine Maschine. Selbst Herkules ist heutzutage nur noch als starre Rakete bekannt. Es scheint sich um einen weltweiten Prozess zu handeln. Ich habe soeben eine umfangreiche Untersuchung über westchinesische Stämme abgeschlossen, die eindeutig belegt: Auch dort haben die männlichen Rückenleiden so stark zugenommen, dass traditionelle Kulte nicht mehr durchgeführt werden können. Alle Lebensbereiche scheinen davon erfasst zu sein, wobei es am härtesten natürlich die Erotik betrifft.« Ich rutschte verlegen auf meinem Stuhl und löste damit einen erneuten, äußerst heftigen Schmerzschub aus.

»Sie haben ja die ganze Zeit nur über sich selbst geredet«, hörte ich die spöttische Stimme der Dramaturgin, nachdem ich wieder atmen konnte, »entschuldigen Sie bitte, doch darauf hätte ich wirklich schon früher kommen müssen. Wer mehr als drei Sätze lang über ein beliebiges Thema klagt, will auf das eigene Leiden aufmerksam machen. Das ist eine alte psychologische Regel. Dabei sehen Sie gar nicht so aus, als wäre früher das Von-Baum-zu-Baum-Schwingen eine Ihrer Leidenschaften gewesen.«

»Man kann auf die verschiedensten Weisen seine körperliche Perfektion einbüßen«, hielt ich ihr entgegen, Schmerz und Grappa hatten mich angriffslustig gestimmt, »Ihre Halswirbelbeschwerden stammen ja auch nicht von Näharbeiten. Aber kommen wir lieber wieder zurück zu Tarzan. Wenn Sie mich fragen, sollten Sie aus dieser Figur gleich eine Frau machen. Als Mann hat der Typ keine Zukunft. Der moderne Mann war Schöpfer und ist jetzt Opfer seines Sieges über die Natur. Alle näheren Auskünfte erteilt Ihnen jedes Rehabilitationszentrum.«

Rega schob achtlos das Glas Sambuca zur Seite, das Giuseppe ihr zum Abschied serviert hatte. »Teilen wir uns die Rechnung?«, fragte sie kühl.

Mein Artikel über die vom Untergang bedrohte Kultur der Dong in Südwestchina war ein großer Erfolg. Selbst in der Fachliteratur wurde ich wiederholt zitiert.

Tilman Spengler

Frühe Krümmung

Eine meiner kürzesten Karrieren war die als Sargträger. Sie begann im Januar 67 und endete unmittelbar nach dem 21. April desselben Jahres. Trotz dieser knappen Zeitspanne beförderte sie mein Bild auf die Titelseiten der Weltpresse. Das ist dokumentiert, doch nur wenige meiner Freunde kennen die näheren Umstände. Deshalb will ich die Geschichte hier erzählen. Sie gibt überdies eine Antwort auf die Frage, wie mein Kreuzweg angefangen hat.

Alles begann mit einem verhängnisvollen Missverständnis: Das zuständige Kreiswehrersatzamt hatte mir einen Brief geschickt, in welchem ich aufgefordert wurde, mich zu einem bestimmten Datum in einer Kaserne der Bundeswehr zur Musterung einzufinden. Damals studierte ich in Heidelberg Sinologie und Religionswissenschaften, zwei äußerst spannende Fächer, deren genauere Kenntnis mir wichtiger schien als jener »Dienst an der Waffe«, den das Schreiben des Kreiswehrersatzamtes erwähnte. Für Waffen hatte ich als zwölf- oder dreizehnjähriger Bub geschwärmt, jetzt galt meine Hingabe der östlichen Mystik. Meine Helden hießen nicht mehr Tom Prox oder Sigurd, sondern Fa Xian und Kumarajiva. Ich wählte die im Briefkopf angegebene Nummer und teilte einer Beamtenstimme mit, dass ich als praktizierender Buddhist den Kriegsdienst verweigern müsse.

Das nehme sie zur Kenntnis, antwortete die Beamtenstimme, es werde darüber ein Vermerk angelegt, doch für das von mir angestrebte Verfahren sei unbedingt eine schriftliche Einlassung erforderlich. Außerdem ändere das nichts an meiner Verpflichtung, mich zur ärztlichen Musterung in die Kaserne zu begeben.

Kennern dieser Prüfung ist bekannt, dass sich die Untersuchung allein auf das physische Erscheinungsbild der Kandidaten konzentriert. Der Geisteszustand der künftigen Soldaten wird nicht erfasst. Ich war damals spindeldürr. Vom Scheitel bis zur Sohle entsprach ich der euklidischen Definition einer Linie als der kürzesten Verbindung zwischen zwei Punkten.

»Das wird sich ändern«, sagte der joviale Arzt, der über meine Tauglichkeit urteilen musste. »Wenige werden bei uns so entlassen, wie sie eingestellt worden sind.«

Auch bei mir sollte sich dieser Satz bewahrheiten, was mit dem eingangs dargestellten Missverständnis zusammenhing. Wenige Wochen später wurde ich zu einer Sitzung einbestellt, in welcher eine übellaunige Kommission darüber zu befinden hatte, ob ich tatsächlich triftige Gewissensgründe vorbringen konnte, die mir den Waffendienst untersagten. Als ich darauf hinwies, dass ich bereits beim ersten Kontakt mit der entsprechenden Behörde meine unausräumbaren religiösen Bedenken vorgetragen hatte, kramte ein Beisitzer in den Akten. Wie ich später erfuhr, hieß der Mann Stichnoth. Er hatte einen gnomenhaften Buckel, und sein Wesen war raffgierig. Ich erkannte das an den spitzen Zähnen und dem krallenhaften Griff nach den Ordnern.

»Hier ist der Vermerk abgeheftet«, rief Stichnoth und brach plötzlich in ein meckerndes Lachen aus, »hier steht ...«, er unterbrach sich durch einen erneuten Anfall meckernder Heiterkeit, »hier steht: Tilman S. gab telefonisch zu bedenken, dass er jede Art von Leben prinzipiell für schützenswert hält, weil er praktizierender Tourist ist.«

Mit einem Schlag verlor die gesamte Kommission ihre Übelgelauntheit. Hände klatschten auf Schenkel, Brillen wurden abgesetzt, damit Taschentücher Tränen abwischen konnten, Herr Stichnoth krümmte sich vor Behagen. »Als praktizierender Tourist«, schrie er, »als praktizierender Tourist kann er keine Uniform tragen, kein Gewehr in die Hand nehmen, keinem Russen entgegentreten, denn er ist schließlich ...«, Stichnoth reckte sich hoch und hielt den Ton in der Oberlage ...

»Praktizierender Tourist«, jubelte die Kommission.

In einem Seminar über klassische Rhetorik hatte ich gelernt, dass bei öffentlichen Disputen die einmal erzeugte Stimmung stets die Oberhand gewinnt über rationale Begründungen. Es überraschte mich daher nicht, als ich einen Monat später lesen musste, Buddhismus sei kein überzeugendes Argument gegen Kriegsdienst, weshalb meinem Begehren auf Verweigerung nicht stattgegeben werden könne.

An einem kalten Herbsttag erhielt ich meine Uniform. Der schwarze Kragenspiegel identifizierte mich als Angehörigen eines Bataillons, das der Waffengattung »Schwere Pioniere« zugeordnet war.

Die wesentliche Aufgabe von Pioniereinheiten, lernte ich in

den folgenden Wochen, besteht darin, den eigenen Verbänden das Vorgehen zu erleichtern, dem Gegner hingegen das Vordringen zu erschweren. Dazu baut oder sprengt man vornehmlich Brücken, je nach Verlauf des Kampfgeschehens. Früher hießen diese Truppen *Genie*corps, was allerdings ausschließlich mit der Herkunft des Wortes Ingenieur zu tun hat und nicht mit Einfallsreichtum oder Bildungsstärke der dieser Formation unterstellten Soldaten. Im Gegenteil: Gleich zu Beginn meiner etwas beschönigend »Ausbildung« genannten Formationsperiode erklärte uns ein Feldwebel, die wesentlichen Merkmale eines tüchtigen Pioniers bestünden darin, »dumm, stark und wasserdicht« zu sein. Aus eigener Erfahrung kann ich dieser Charakterisierung wenig Abweichendes hinzufügen, denn in der Tat beschäftigte uns bis Weihnachten eine Übung, die in den entsprechenden Dienstvorschriften des Heeres als das »Bewegen schwerer Lasten« firmierte. Mal bewegten wir schwere Lasten unter den fiktiven Bedingungen eines kriegerischen »Ernstfalls«, mal bewegten wir sie im sportlichen Vorgriff auf den befürchteten, bisweilen auch herbeigesehnten »Zustand der Verteidigung«. Wir schleppten stählerne Träger und hölzerne Eisenbahnschwellen, wuchtige Zementblöcke und spitze Schiffsteile. Meistens mussten wir dazu singen. Es regnete viel in jenem Herbst, und ich hatte Heimweh nach meinen Büchern.

In dieser Zeit wurde mein Körper immer breiter. Es wuchsen die Muskeln im Nacken, in den Schulterpartien und in den Oberschenkeln. Euklid hätte bei meinem Anblick eher an die geometrische Form eines Trapezes als an die Definition einer idealen Linie gedacht. Kurz vor Weihnachten erhielt ich aus der Kleiderkammer eine neue Uniformjacke.

An meinen Einspruch gegen den Kriegsdienst dachte ich kaum noch. Das Schreiben an die Behörde kam mir vor wie eine längst verloren gegangene Botschaft an die Schule des Reinen Landes, vielleicht sogar an Buddha Amitabha persönlich. In meiner neuen Umgebung herrschten andere Götter. Sie trugen Sterne oder Balken auf den gestreiften Schulterklappen, und ihre Sprache war roh. Studenten zählten nicht zu ihren Lieblingen.

Da wir aber hierzulande in einem Rechtsstaat leben, hatte die Behörde mich nicht vergessen. Gewiss, Monate waren inzwischen verstrichen. Ich hatte währenddessen gelernt, wie man durch eine unmerkliche Krümmung im Kniegelenk die eigene Körpergröße so vermindern kann, dass ein Gewicht stärker auf den weniger erfahrenen Vorder- oder Hintermännern ruht; ich befolgte stramm Kommandos, die nach dem Brüllsignal »Auf!« oder »Ab!« ausgeführt werden mussten, und sogar die Verse unserer Lieder konnte ich fehlerfrei aufsagen.

Zunächst verständigte die Behörde meinen Kompaniechef, der mich in sein Büro bestellte. Es kam zu den üblichen Raunzereien, Vorhaltungen und Androhungen, offenbar mussten zu meinem Fall schriftliche Stellungnahmen eingeholt werden. Der Kompaniechef hasste alles Schriftliche mit Ausnahme von Bedienungsanleitungen für neue Gerätschaften, doch auch diese durften nur äußerst kurz gefasst sein, um nicht seinen Unwillen zu erregen. Wir, ich will sagen: die Kompanie hatte schon zweimal einen Transportkran ruiniert, weil der Chef sich weigerte, die Ausführungsbestimmungen über den Gebrauch des Schwenkarms sorgfältig zur Kenntnis zu nehmen. Ganz zu schweigen von jenem peinlichen Vorfall während der Hochwasserkatastrophe von 1966, als die von uns montierten Brücken gleich doppelt so lang wurden wie erforderlich, weshalb ... Doch das gehört nicht hierher.

»Haben Sie auch einmal über den Tod nachgedacht?«, fragte mich der Kompaniechef. »Schließlich haben Sie doch studiert.«

Ich schlug die Hacken meiner Stiefel zusammen und meldete, dass mir im Zuge meiner Auseinandersetzung mit der buddhistischen Philosophie das Thema »Tod« tatsächlich bereits begegnet sei.

»Sie haben bei uns nichts verloren«, sprach der Hauptmann, fast glaubte ich, ein wenig Bedauern aus seiner Stimme herauszuhören. »Sie wollen nicht schießen, also lasse ich Sie zu den Sargträgern versetzen. Den Tod kennen Sie ja, und Tragen haben Sie bei uns gelernt. Das wär's. Durchrühren und abtreten!«

Meine Uniform mit den schweren Kragenspiegeln durfte ich vorerst behalten. Die Beerdigungskompanie lag in der Nähe des Eifelgebirges und bestand aus einem locker zusammengewürfelten Haufen der verschiedensten Waffengattungen. Befehligt wurde sie von einem Major, dessen Vorfahren ihre Namen in die deutsche Militärgeschichte eingetragen hatten. Die meiste Zeit waren wir betrunken. Manchmal gab es Cola mit Rum, manchmal Cola mit Weinbrand, meistens Weinbrand mit Rum. Daher kann ich mich auch nicht erinnern, ob außer mir noch andere Buddhisten hier ihren Dienst verrichteten. Während unserer Einsätze galt die vornehmliche Sorge der deutschen Flagge und dem deutschen Helm. Beide bedeckten den Sarg, und man musste höllisch aufpassen, dass sie beim Herablassen nicht mit ins offene Grab rutschten. Wir verfügten nur über eine einzige Fahne und einen einzigen Helm.

Niemand war im Heben so gut ausgebildet wie ich. Ganz gleich, auf welchem Boden, egal auch, ob Eiche oder Fichte, ich durfte und konnte zeigen, was ich gelernt hatte. Die Kameraden folgten meinem Beispiel, unser Major, wenn nüchtern, war stolz auf mich. Anfangs trugen wir noch einfache Gefreite zu ihrer letzten Ruhestätte, bald handelte es sich schon um die höheren Dienstgrade von Unteroffizieren. Entsprechend schwerer wurden die Särge. Anfang Februar zeichnete sich ab, dass man uns in absehbarer Zeit auch Offiziere oder gar Stabsoffiziere anvertrauen würde. Der Major träumte von einem neuen Aufstieg. Er lud mich des Öfteren abends zu einem kleinen Umtrunk ein, um mit mir über das zu philosophieren, was er »die großen Zusammenhänge« nannte. Sein Lieblingsprojekt war eine Denkschrift, von der allerdings noch nicht mehr als der

Titel feststand: Sie sollte »Das stählerne Kreuz im 20. Jahrhundert« heißen.

Am 19. April starb Konrad Adenauer.

Die Meldung erreichte uns nach einem kleineren Einsatz auf dem Dorffriedhof der Nachbargemeinde. Der Major ließ uns antreten und erklärte in bewegten Worten, was dieser Tod für den Frieden, für die Zukunft der westlichen Gemeinschaft sowie für die Truppe bedeutete, die er befehligte. Offenbar hatte er inzwischen schon die vertrauliche Nachricht erhalten, dass es zu einem Staatsbegräbnis kommen werde, wie es die Republik noch nicht erlebt hatte. Er redete ein wenig wirr über Dienstgeheimnisse, die er nicht preisgeben dürfe, und die Würde des Todes. Dann ordnete er für uns alle eine strikte Alarmbereitschaft an, selbst auf den Stuben sei der Konsum berauschender Getränke strengstens untersagt.

Gegen zehn Uhr abends beorderte er mich in sein hell erleuchtetes Büro. An der Wand hinter seinem Schreibtisch hingen Militärkarten, auf denen der Verlauf aller möglichen Straßenverbindungen zwischen dem Haus des Verstorbenen und dem Kölner Dom dunkelrot markiert war.

»Wir müssen vorbereitet sein«, sagte der Major mit heiserer Stimme, »vorbereitet und entschlossen. Noch ist die genaue Route für den Leichenzug nicht festgelegt, doch die operative Bewegung muss sich auf eine Straßenlänge von mehr als hundert Kilometern einstellen. Ich habe den zuständigen Stellen unsere permanente Einsatzbereitschaft signalisiert. Vorläufig halten wir uns für einen mobilen Eingriff zur Verfügung. Man ist höheren Orts bereits auf uns aufmerksam geworden, ich habe keinen Zweifel, dass wir zum Zuge kommen. Nehmen Sie sich ein Glas, der Stoff liegt im Kühlschrank. Was wiegt eigentlich so ein Staatssarg?«

Die Frage traf mich unvorbereitet, ich murmelte etwas von schweren Hölzern, von Beschlägen aus Metall, vom Gewicht der Leiche. Die Wacholderflasche war erst zu einem Drittel geleert.

»Wir berechnen einfach das Doppelte«, sagte der Major. »Auf dem Parkplatz liegen alte Heizkörper, die füllen wir gleich mit Wasser. In einer halben Stunde lasse ich die Männer antreten. Sie bringen ihnen bei, wie man die Dinger mit Würde trägt, ich schleife ihnen den Schritt.«

Erst am frühen Morgen des nächsten Tages brach der Major die Übung »Überführung Adenauer« ab. Die meisten Kameraden waren danach nicht einmal mehr im Stande, auch nur ihre Socken auf die dafür vorgesehenen Sitzflächen der Stühle zu heben. Enge Freunde mussten ihnen die Bierflaschen an die Lippen führen.

Die nächsten zwei Tage verstrichen mit angestrengtem Warten. Uniformen wurden auf Hochglanz gebracht, Stiefel gewachst und poliert. Auf dem Exerzierplatz lagen die gefüllten Heizkörper, doch der physische Zustand der Truppe ließ den Major von weiteren Übungen absehen. »Wir sollten es als ersten und entscheidenden Erfolg verbuchen«, vertraute er mir an, »dass wir in Erwägung gezogen wurden. Und zwar höheren Ortes. Ich kenne die Lage, jetzt kann niemand an uns vorbei. Ich sage nur: Stählernes Kreuz. Ich sage nur: Wo warst du damals, wo warst du bei Adenauer?« Er lachte wissend, ein wenig zu laut, ein wenig zu unbestimmt, und an seinem Atem roch ich eine gewisse Entspannung.

Die Kunde, dass wir nicht ernsthaft gefordert waren, verbreitete sich unter der Mannschaft in Windeseile. Der Krankenstand kletterte im Stundenrhythmus, Urlaubsscheine wurden eingereicht, der Kantinenpächter persönlich schleppte die Kästen auf unsere Stuben. Viele sollten im Sommer entlassen oder in den Zivildienst überführt werden, jetzt schlug für sie eine frühe Stunde der Ausgelassenheit.

Daher war auch ich nicht mehr nüchtern, als der Major plötzlich vor mir stand. Nein, »stand« ist hier nicht das richtige Verb. Der Major pendelte vor mir wie ein angeschlagener Boxer, der erfolgreich einen Schlaghagel des Gegners ausgehalten hat.

Sein Gesicht durchzogen Äderchen, die mich an die Straßenkarte hinter seinem Schreibtisch erinnerten. Der Major schrie: »Ersatz! Hurra, Ersatz!« Dann winkte er mich an seine Seite.

Eine halbe Stunde später kannte ich das volle Ausmaß seines Glücks. Natürlich durften wir nicht persönlich Hand an den Sarg legen, jedenfalls nicht, wenn alles so ablief wie geplant. Aber wir waren zur Bereitschaft abkommandiert worden. Nicht zu irgendeiner Bereitschaft entlang der Straße, die längsten Passagen sollten ja ohnehin mit dem Schiff zurückgelegt werden (»keinen Mumm im Kreuz«, bemerkte der Major dazu verächtlich), nein, unser Einsatzort lag direkt im Zentrum.

»Sie denken jetzt an die Kölner Innenstadt«, sagte der Major, »doch ich wiederhole: direkt im Zentrum. Nämlich dort, wo die Musik spielt.«

Ich merkte ihm an, dass er gerne »Musike« gesagt hätte, in Momenten gesteigerter Erregung verfiel er leicht in eine Dialektfärbung, die der Rheinländer für preußisch hält.

Der Major legte seinen Arm auf meine Schulter. »Morgen früh stehen wir vor dem Hochaltar im Dom«, rief er. Es klang wie die Einladung zu einer Eheschließung.

Tatsächlich mussten wir uns noch in der späten Nacht in Köln einfinden. Im Kirchenschiff der Kathedrale herrschte zu dieser Zeit ein reges Treiben von uniformierten Trauerdarstellern. Der verhaltene Marschtritt wurde geprobt, daneben Sicherheitseinsätze, gedämpfte Trommelwirbel und das unauffällige Entfernen eventueller Opfer von Ohnmachtsanfällen. Es stand sogar ein Ersatzsarg zur Verfügung, den die geschmeidigen Angehörigen eines Wachbataillons so mühelos hoben und senkten, als müssten sie am nächsten Morgen das »Frühlingsopfer« von Strawinsky aufführen.

»Unser Einsatz beginnt erst um vier Uhr«, sagte der Major, »doch vorher üben wir noch.«

Wir verließen die Kirche. Die Heizkörper hatten wir nicht mitgebracht, deshalb versuchten wir, unseren Mannschaftswagen wie einen Sarg auf die Schultern zu bekommen. Leider hatte die linke Seite der Formation meine Anweisungen zum Übergang von »Hub« auf »Schub« nicht richtig behalten, wir gerieten in eine gefährliche Schräglage, zerbeulten einen Kotflügel, drückten einen Scheinwerfer ein und mussten die Übung hastig abbrechen.

Der Major schimpfte, aber ohne rechte Überzeugung.

Also bezogen wir zu der angeordneten Zeit unsere Position. Ich rechnete nicht mit irgendwelchen Komplikationen, schließlich standen wir ja nur als Ersatz vor dem Hochaltar vier Stunden Wache, spätestens um acht Uhr in der Frühe würden wir abgelöst werden, exakt zwei Stunden vor Beginn des festlichen Requiems.

Leider passierte nichts dergleichen. Wir standen, wie wir zu stehen gelernt hatten, doch es erschien kein Ersatz. Chöre intonierten Gesänge, um das Stimmvolumen auf die vorherrschende Akustik einzustimmen, der Organist gab das Seine dazu, schwarz gewandete Sicherheitsbeamte überprüften die Kirche auf Sprengstoffverstecke.

Wir standen und warteten. Es war April und kalt und feucht.

Der Dom begann sich zu füllen. Ich erblickte Charles de Gaulle, Lyndon B. Johnson und Heinrich Lübke. Sie schritten gemessen auf uns zu. Hinter ihnen näherte sich uns der Sarg. Getragen in perfekter Haltung.

Die Kameras der Weltpresse blitzten auf, Messdiener entzündeten ihre Rauchopfer.

Und genau in diesem Moment ereilte uns das Verhängnis. »Uns« bezeichnet hier mich und meine Kameraden, die wir links vor dem Hochaltar einen Flügel bildeten. So waren wir in der Lage, sowohl das Leben von Heinrich Lübke, Charles de Gaulle und Lyndon B. Johnson zu schützen als auch den Sarg jederzeit schleunigst abzutransportieren.

Aber unser äußerer Flügelmann konnte seine Blase nicht mehr beherrschen. Es handelte sich bei diesem Mann um einen gelernten Werkzeugmacher aus Duisburg, der mir stets als die Inkarnation der Ruhe erschienen war. In unserer Beerdigungskompanie schätzten wir ihn ob seiner Würde und seines strengen Profils, welches den Hinterbliebenen Respekt einflößte.

Jetzt pisste er. Wie wir alle es gelernt hatten, pisste er, ohne eine Miene zu verziehen, in seine Stiefel.

Lag es daran, dass wir sechs Stunden regungslos hatten stehen müssen? Oder war er einfach gedemütigt durch den Anblick der perfekt inszenierten Ablieferung des Sarges durch diese alberne Bataillonstänzergruppe? Im Rückblick würde ich eher die Bedingungen des Kölner Doms in Zeiten des Frühjahrs für verantwortlich erklären. Es war, wie gesagt, kalt und feucht.

Sobald das erste scharfe Geruchssignal aufgestiegen war, konnte sich keiner mehr von uns beherrschen.

Die damaligen Häupter der Staaten leben nicht mehr, deswegen weiß ich nicht, wie sie reagierten, als ihnen vom Hochaltar jene eigenartige Duftmischung aus Weihrauch und Urin entgegenschlug.

»Männer, ich war stolz auf eure Haltung«, sagte der Major, nachdem wir uns zum Sammeln wiedergefunden hatten. Meine Mutter weinte, als sie mein Foto in der Zeitung sah.

Harald Martenstein

Über Design

Ein interessantes Bauwerk ist auch die Bahnhofstoilette von Westerland auf Sylt. Sie besteht größtenteils aus Buntglas und sieht wie eine Raumkapsel aus. Statt Griffen haben die Kabinentüren Löcher. Durch dieses Loch steckt man vorsichtig den Zeigefinger hindurch, mit dem gekrümmten Finger zieht man dann die Tür zu. Die Löcher sind, vermutlich aus ästhetischen Gründen, ziemlich klein. Sie sind nichts für Dickfingerige. Dickfingerige sollen in Westerland woanders hingehen.

Ich bin dünnfingerig veranlagt. Sobald eine Toilettentür zu ist, möchte man sie verriegeln; das ist nur menschlich. Dazu gibt es in Westerland ein Trackpad, wie beim Computer. Man legt auf bestimmte Weise die Hand drauf und setzt einen Riegelmechanismus in Gang. Wie man es genau machen soll, wird einem im Text erklärt, der knapp über dem Trackpad an der Tür steht. Weil begreiflicherweise schon viele Menschen ihre Hand auf diese Stelle gelegt hatten, war der Text abgewetzt und unleserlich. Ich habe das Prinzip nicht begriffen.

Während ich in der Bahnhofstoilette von Westerland mit dem gekrümmten Zeigefinger der linken Hand die Tür zuhielt, an der immer wieder eilige Reisende rüttelten, denn es ist, vielleicht wegen ihrer wagemutigen Architektur, eine extrem gut besuchte Toilette, habe ich etwas Grundsätzliches erkannt. Von allen Künsten steht das Designen der Sexualität am nächsten.

Beides, Design und Sexualität, können Kurzweil, Freude oder sogar Erfüllung stiften. Beides kann aber auch, wenn es von verantwortungslosen Menschen auf rücksichtslose Weise ausgeübt wird, viel Not und Pein verursachen.

Die Frage, wie man eine Toilettentür verschließt, ist historisch erschöpfend beantwortet: Man nimmt einen Griff und dreht ihn um. Die Designer können sich anderen, noch ungelösten Menschheitsproblemen zuwenden, zum Beispiel dem spritzfrei zu öffnenden Plastikmilchtöpfchen. Aber Designer denken nicht so. Schlimm ist es in den Badezimmern. Jeder Reisende hat schon einmal in eingeseiftem Zustand unter einer Hoteldusche gestanden und festgestellt, dass er oder sie das Armaturendesign nicht begreift. Je teurer das Hotel, desto größer das Risiko, einem Designverbrechen zum Opfer zu fallen.

Es könnte so einfach sein. Man braucht zwei Drehhähne, einen mit einem roten, den anderen mit einem blauen Punkt. Designer denken nicht so.

Ich habe einmal mit angetrockneter Seife unter den Kleidern ein Interview mit Johannes Heesters gemacht, dem Superstar aus der Nazizeit. Die ganze Zeit dachte ich: »Damals konnte jeder Deutsche in jedem Hotel jederzeit den Heißwasserhahn aufdrehen.« So geistig nah bin ich dem Faschismus noch nie gekommen. Daran sind die verdammten Designer schuld.

Sie machen jetzt Brillen, die man nicht mehr hinterm Ohr festhakt, sondern oben am Kopf. Oder Rucksäcke mit nur einem Gurt. Bald kommen Handys, die man nicht mehr ans Ohr hält, sondern an die Nasenlöcher oder Gott weiß wohin. Sie arbeiten an Sitzmöbeln, die am Schulterblatt befestigt werden, wie ein Fallschirm.

Die einzige Erfindung, vor der die Designer echt Respekt zu haben scheinen, ist das Rad.

Harald Martenstein
Über Dresscodes

Ich habe eine Sozialbehinderung oder vielleicht Geisteskrankheit. Sie heißt Dresscodeblindheit. Neulich habe ich in unserer Zeitung zu einem Text über Liebe das Foto eines sich küssenden Paares veröffentlichen wollen. Es waren total süße junge Leute. Der Chef rief an. Er sagte: »Das sind doch Rechtsradikale da auf dem Foto.« Ich schaute noch einmal genau hin. Der junge Mann trug Normalturnschuhe, ein T-Shirt mit so einer Schwurbelschrift darauf und irgend so eine Knubbelhose und hatte eine 08/15-Modefrisur. Mein Sohn ist zwölf und war schon immer Sozialdemokrat, ich behaupte mal, er trägt ungefähr die gleichen Sachen. Wir holten unseren Experten für Rechtsradikalismus. Der Experte warf einen kurzen Blick auf das Foto und sagte: »Nazis.« Dann zeigte ich ihm ein Foto meines Sohnes. Er sagte: »Sozialdemokrat.«

So was kriege ich einfach nicht mit. Morgens ziehe ich an, was gerade im Schrank hängt und sauber ist, ich weiß aber nicht, was es bedeutet. Ich sende pausenlos Signale und kenne sie nicht. Noch dazu widersprüchliche Signale! Ich merke es immer in der Fußgängerzone. Manchmal winken mir ältere Damen verschwörerisch mit ihren Kuchengabeln zu, an anderen Tagen heben Skinheads grüßend ihre Bierdosen, wenn ich vorbeilaufe, einmal hat mir sogar ein Turbaninder mit zwei gekreuzten Fingern ein geheimnisvolles Zeichen des Einverständnisses gegeben. Es muss an der Jacke mit den Hornknöpfen gelegen haben.

Ich fände es gut, wenn die Nazis wieder braune Hemden tragen würden, wie in der alten Zeit. Egal, wie man zu den Nazis politisch steht, zumindest waren sie leicht zu erkennen. Ich fände es auch okay, wenn sie für uns mittelliberale Mainstreamleute eine eigene Hemdfarbe einführen würden, sagen wir ruhig lindgrün. Ich wüsste sofort, an welchen Tisch ich mich in der Kneipe setzen muss, wenn ich auf Diskussionen keine Lust habe.

International ist es noch komplizierter. Eine amerikanische Freundin erzählte, dass sich die Mainstream-Männer in Frankreich bis ins kleinste Detail so kleiden wie in New York die Homosexuellen. Ein schwuler Freund sei in eine französische Kleinstadt gereist und habe gedacht, er sei im Paradies gelandet, weil jeder, aber auch wirklich jeder Mann schwul war. Der Freund hatte wegen seines Irrtums viel Ärger in der kleinen Stadt.

Mir ging es ähnlich, als ich ins »90 Grad« wollte, das ist ein Club. Ich fragte einen Freund, was man anziehen muss. Er sagte: »Sei einfach du selbst.« Ich habe die Jacke mit den Hornknöpfen genommen. Der Türsteher hat mich erniedrigt, gedemütigt, verächtlich gemacht.

Wenn ich Verleger wäre, würde ich ein Buch mit Dresscodes herausbringen. Man müsste es jedes Jahr aktualisieren, wie Restaurantführer. Man würde unter »Hornknöpfe« nachschlagen, und dann stünde da: »In den USA Intellektueller. In Spanien Mitglied von Opus Dei. Im frankophonen Kanada Anhänger von verbotenen Sexualpraktiken mit Tieren. In Indien Turbanwäscher.«

Als die Freundin und ich in dem Café saßen, kam ein Herr herein. Die Freundin fing an zu lachen und sagte: »Allerhand! Dass sich der nicht schämt! In seinem Alter!« Alle im Lokal kicherten. Für mich war das ein ganz normaler alter Herr. Dresscodeblindheit ist wirklich eine Art Behinderung.

Harald Martenstein

Über Hitler

Ich höre auffällig wenige Hitlervergleiche in letzter Zeit, ist da irgendwas passiert? »Seit den Tagen des Dritten Reiches hat niemand mehr den deutschen Namen so besudelt und so viel Schaden angerichtet wie Dr. Rolf Remagen, der Investmentberater meiner Frau« – solche Einlassungen meine ich. Bei Redaktionsschluss dieser Auflage herrschte eine beinahe gespenstische Ruhe an der Hitlervergleichsfront. Die Hitlervergleiche sind doch eine deutsche Spezialität wie das Oktoberfest!

Nein, stimmt nicht ganz. Die wahre Heimstatt der Hitlervergleiche befindet sich in den USA. In den USA beschimpfen die Raucher und die Nichtraucher, die Fleischesser und die Vegetarier, wahrscheinlich auch die Tee- und die Kaffeetrinker einander gegenseitig als Nazis. »Nazi« ist in den USA ein Schimpfwort etwa des Schweregrads von »Volltrottel«, also eine Beleidigung, bei der jeder Bürger sich angesprochen fühlen darf.

Womit könnte man, sozusagen auf der Metaebene, die Hitlervergleiche vergleichen?

Hitlervergleiche sind wie Pizza. Beides können die Amerikaner sehr gut machen, obwohl es ursprünglich nicht aus Amerika stammt. Beides haben wir in Deutschland perfektioniert. Die Deutschen erfinden immer neue exotische Pizzabeläge und immer neue exotische Hitlervergleiche.

Diejenigen, die sich über Hitlervergleiche moralisch empören, kämpfen einen ehrenwerten, aber aussichtslosen Kampf. Genauso gut könnte man versuchen, RTL 2 wieder abzuschaffen.

Dieter Bohlen war mit Verona Feldbusch nur ganz kurz verheiratet. Er ist Frauen gegenüber extrem misstrauisch, hält seinen Job für das Wichtigste in seinem Leben und glaubt, dass ein Mann in seiner Position besser nicht gebunden sein sollte. Seinen anfangs gleichberechtigten Partner Thomas Anders hat er gnadenlos an die Wand gedrückt.

Hitler hat es mit Eva Braun und Franz von Papen genauso gemacht.

Franz Beckenbauer hat erklärt, dass Deutschland »für lange Zeit unschlagbar« sein werde. Beckenbauer arbeitet auf seinem Gebiet für eine deutsche Vormachtstellung in der Welt, schmiedet unablässig Zweckbündnisse und redet dabei eine Menge Unsinn.

Dies sind exakt die Methoden von Adolf Hitler.

Uschi Glas achtet mit peinlicher Genauigkeit auf gesunde Ernährung. Sie liebt Hunde und die bayerischen Berge. Sie ist erklärte Anhängerin der Monogamie, doch stehen ihre Beziehungen zum anderen Geschlecht meist unter keinem guten Stern. Politisch ist sie eindeutig im rechten Lager verortet.

Die Parallelen zu Hitler sind, gerade in diesem Fall, beinahe überdeutlich.

Wolf Biermann trägt einen eigenwilligen Oberlippenbart und ist wegen seiner nicht enden wollenden Monologe gefürchtet. Er ist ein Volkstribun, der mit seiner Rhetorik große Säle in rasende Begeisterung versetzen kann. Für Andersdenkende hat er wenig Verständnis.

Im Verhalten gibt es deutliche Gemeinsamkeiten mit Hitler.

Nelson Mandela hat wegen seiner Ansichten im Gefängnis gesessen und ist dort seinen Ideen treu geblieben. Nach der Entlassung ist er Regierungschef geworden und hat den Staat radikal umgemodelt.

Trotz aller inhaltlichen Unterschiede – bei Hitler ist es etwa genauso gelaufen.

Der CDU-Politiker Christoph Stölzl ist im Grunde eine Künstlernatur. Er kam als Quereinsteiger in die Politik und hat dank seiner Beredsamkeit schnell in einer damals vom Erfolg nicht verwöhnten Partei eine Führungsposition erobert. Seine Karriere begann in München, erst relativ spät kam er in die Hauptstadt.

Der Aufstieg Hitlers ging auffällig ähnlich vonstatten.

Haben Sie Anregungen für eigene, kreative Hitlervergleiche bekommen? Gerade im engeren Familienkreis kann fast jeder ohne viel Mühe Hitlervergleiche anstellen, es ist wirklich nicht viel schwieriger als das Pizzabacken.

Harald Martenstein

Erziehung

Kinder? Ich hasse sie. Ich bin ihr natürlicher Feind, wie ein alter Uhu der natürliche Feind jeder Feldmaus ist.

Ich hasse es, wenn sie mit ihren schokoladeverschmierten Fingerchen auf der Computertastatur herumpatschen. Es ist widerlich, ihnen beim Essen zuzuschauen. Sie machen Lärm, sie schmutzen. Sie sind penetrant, sie respektieren keine Grenzen, sie lassen nicht locker. Sie haben diese unerschöpfliche destruktive Energie.

Kinder versuchen, ihre Interessen rücksichtslos durchzusetzen. Und wenn die ganze Welt dabei kaputtgeht. Kurzum, in jedem Kind steckt ein kleiner Saddam Hussein, und ich bin General Schwarzkopf.

Damals, als wir noch kein Kind hatten, sind wir einmal mit unserer Freundin Claudia essen gegangen. Es war wohl ein schwäbisches Restaurant, ich kann mich jedenfalls an Maultaschen erinnern. Rudolph, Claudias Sohn, war damals vier. Im Restaurant nahm Rudolph den Salzstreuer und schüttete große Teile des Inhalts über meine Maultaschen. Claudia lächelte. Rudolph lachte.

Dann kroch Rudolph auf dem Boden umher, zwischen den Beinen der Gäste. Auch die Gäste lächelten, wenngleich ein wenig mühsam. Einem der Gäste wollte Rudolph einen Schuh ausziehen. Das Opfer hob hilflos seine Füße. Man kann in einem Restaurant schlecht die Schuhe auf den Tisch legen. Der Gast versuchte, Rudolph zu ignorieren. Diese Methode funktioniert bei Kindern nur selten.

Mit dem Schuh in der Hand bewegte sich Rudolph in Richtung Küche. Wir vernahmen metallische Geräusche. Es klang nach Blechtöpfen, die auf einen gefliesten Boden fallen. Jetzt stand Claudia auf. Mit dem zappelnden, lebhaft um sich schlagenden Rudolph auf dem Arm kehrte sie zum Tisch zurück und erläuterte ihr pädagogisches Konzept. Das Kind, sagte sie unter Keuchen, solle zu einem autonomen, angstfreien und selbstbewussten Charakter heranwachsen. In der Küche habe sie nur deshalb eingegriffen, weil Rudolph dort Gefahr drohe. Da passe sie natürlich auf. Sie reichte dem Tischnachbarn lächelnd seinen Schuh.

Dann sprach sie über die Italiener. Wie toll die Italiener mit ihren Kindern umgehen. So selbstverständlich und entspannt. Oder Portugal. Überhaupt, der Süden. Da dürfen die Kinder sich frei entfalten. Währenddessen blies Rudolph mit seinem Strohhalm in sein Fanta-Glas, Limonadespritzer benetzten die Südseite der Salzkruste meiner Maultaschen.

An diesem Tag schwor ich mir, niemals Vater zu werden. Ich wollte mich lieber selber frei entfalten. Ich wollte ein Leben lang ungestört Maultaschen essen und mich auf diese Weise zu einem angstfreien Charakter entwickeln. Und dieses Sprechblasenwort »Autonomie«! Die Palästinenser sollen meinetwegen autonom sein. Autonome Individuen dagegen sind Nervensägen, die sich selber wahnsinnig wichtig nehmen und rücksichtslos ihr Ding durchziehen. Hera Lind ist autonom.

Unter der Flagge der Autonomie hatten die Kinder in vielen Familien, die wir kannten, die Regierung übernommen. Ihre Bedürfnisse hatten immer Vorrang.

Selbstverständlich soll man auf die Bedürfnisse von Kindern eingehen, sagte ich mir. Aber in einem vertretbaren Maß. Ein

Kind soll Erwachsenen zum Beispiel auf gar keinen Fall Salz über die Maultaschen schütten.

Bei dem Wort »Erziehung« zucken wir immer noch zusammen, wir Gewächse der Sechziger- und Siebzigerjahre. Wenn wir eine Begebenheit aus unserer Kindheit erzählen, in der unsere Eltern vorkommen, dann erzählen wir sie meistens als Horrorgeschichte. Von Sigmund Freud haben wir gelernt: Kinder sind Opfer, Eltern sind Täter. Wir wollen deshalb nie wirklich Erwachsene werden, also Eltern, die verbieten, die an Kinder andere Maßstäbe anlegen als an sich selbst. Aus der ewigen Schlacht der Generationen – Jung gegen Alt – wollen wir desertieren, wir wollen unseren Kindern Kumpel sein, Freunde, Vertraute. Aber die Kinder suchen sich andere, echte Kumpel, in ihrem Alter. Was sie von ihren Eltern brauchen, ist wahrscheinlich etwas anderes.

Ein Kind zu haben ist manchmal die letzte Chance, erwachsen zu werden.

Justus, zweieinhalb, schlug gern zu, auch das Ziehen an fremder Leute Haaren machte ihm Spaß. Diese Phase machen sie fast alle mal durch. Justus' Eltern waren allerdings der Ansicht, dass es die Entwicklung ihres Sohnes zu einer autonomen Persönlichkeit beeinträchtigen könnte, wenn sie ihm diese Dinge allzu heftig verbieten.

Lass das mal besser, Justus, pflegte sein Vater allenfalls zu sagen. Oder er fragte misstrauisch: Sag mal, warum ziehst du denn dauernd die Julia an den Haaren? War die Julia böse zu dir?

Früher hätte Justus vielleicht große Brüder gehabt, die ihm beim Griff an ihre Haare eins reinsemmeln. Justus hätte geheult, und er hätte etwas begriffen – es gibt Grenzen, die Überschreitung dieser Grenzen kann unangenehme Folgen haben. Diese Erfahrung werden viele der vergötterten, betütelten Einzelkinder von heute erst später machen, dann, wenn sie den warmen Schoß der Kleinstfamilie verlassen.

Damian, fünf, pflegte sich auf den Boden zu werfen und zu

schreien, sobald er Widerstand gegen seine Wünsche spürte. Er machte es richtig, denn es wirkte. Damians Eltern, sanfte Mittelklassemenschen um die vierzig, besaßen kein Gegenmittel. Sie litten. Sollten sie grob werden, strafen, brüllen? Kommt nicht in Frage. Damian toben lassen, bis er erschöpft aufgibt? Damian hat eine Menge Power. Also vermieden sie es, ihn zu provozieren, und er durfte tun, was er wollte.

Beim Einkaufen trafen Damians Eltern alte Bekannte. Uns. Damian lief strahlend auf sie zu, randvoll mit Vorfreude, und trat dem fremden Mann mit aller Kraft gegen das Schienbein. Lass das mal besser, murmelte Damians Vater im üblichen verlegenen Ton. Der fremde Mann schwieg aus Feigheit. Anstatt zu sagen: »Haltet diese Höllenbrut zurück, oder ich stopfe sie in den Altglascontainer da drüben und übergieße sie mit Steaksoße!« Das wäre ein Tabubruch gewesen, vergleichbar mit dem Hissen der Reichskriegsflagge auf dem Evangelischen Kirchentag. Erwachsene haben sich über Kinder nicht zu beschweren.

Damian genoss allumfassenden Schutz, Fürsorge im Übermaß. Wenn er auf dem Spielplatz in eine Rangelei geriet, eilte seine Mutter mit Blaulicht und Sirene zu Hilfe. Dann konnte sie, die sonst so sanft war, aggressiv werden – gegen das fremde Kind, versteht sich. Für Damian gab es, in welcher Lebenssituation auch immer, niemals ein Risiko.

Eines Abends hatten seine Eltern Gäste, und Damian stopfte einem von ihnen kleine Bonbons der Marke Tic Tac ins Ohr. »Lass das mal besser«, sagte sein Vater. Der Gast lächelte höflich. Am Ende fand sich die Abendgesellschaft in der Notaufnahme eines nahe gelegenen Krankenhauses wieder, wo ein junger Arzt mit einem langen Spatel die Bonbons aus dem Gehörgang des Gastes fischte. »So was hatten wir hier noch nie«, rief der Arzt begeistert. Die Entfernung von kleinen, eingespeichelten Gegenständen aus dem Innenbereich des menschlichen Ohres sei ein noch völlig unerforschtes Gebiet der Heilkunde, da habe er endlich einmal echte Pionierarbeit leisten dürfen. Dann strich der Arzt Damian übers Köpfchen und reichte ihm ein Bonbon. »Na, wie sagt man da?«, fragte sein Vater im üblichen verlegenen Ton. Und Damian holte, in Richtung des Arztes, mit seinem rechten Bein weit aus.

Inzwischen liebe ich natürlich Kinder. Vor allem mein eigenes, die Sonne meiner mittleren Jahre. Die Liebe ist aber fast immer eine komplizierte und widersprüchliche Angelegenheit.

David war sechs, er kaute an einer Pizza und wollte uns gleichzeitig etwas über sein neues Asterix-Heft erzählen. Kleine Pizzabröckchen flogen umher, sie zogen Schlieren auf meiner Brille und wirbelten Richtung Weinglas. »Sprich nicht mit vollem Mund«, sagte ich und erstarrte im selben Moment zur Salzsäule. Wie gut ich diesen Satz aus Kindertagen kannte, und nun sagte ich ihn selber! Sprich nicht mit vollem Mund. Was war aus mir geworden? Andererseits: Besser und prägnanter als mit diesen Worten kann man es nicht ausdrücken. Und es ist eindeutig eine schlechte Sache, wenn irgendwo auf der Welt Verhältnisse herrschen, bei denen unsereinem Pizza auf der Brille klebt.

Kai Karsten

Im Freibad

12 Uhr mittags. 34 Grad. Das Leben ist kein Lolli! Jetzt muss alles ganz schnell gehen. Die Klimakatastrophe ist da, und wer nun planlos im Freien rumrennt, schmilzt. Hier ist der Plan, und er wird auch umgehend mit Routine und sogar eiskalt umgesetzt: Fenster auf Kipp. Rollläden runter. Fußwanne vor die Couch. Ventilator auf Stufe zwei. DVD mit »Baywatch« reinschieben. Plasmafernseher an. Der Strand von Malibu erhellt das im totalen Schatten liegende Wohnzimmer, Rettungsschwimmerinnen laufen in Zeitlupe auf mich zu. Der Sommer ist da! – und nichts wird mich davon abhalten, ihn zu genießen.

Piep – piep – piep. Bitte lass das Handy im Badeanzug von Pamela Anderson klingeln. Nein, die Charakterdarstellerin läuft immer noch in Zeitlupe und in 16 zu 9 auf mich zu, hält dabei nur eine Rettungsboje fest, und in ihrem Badeanzug vibriert eine ganze Menge – nur kein Handy. Wahrscheinlich hatten die damals noch gar kein Handy. Es ist mein Telefon, das da klingelt. Wenn ich nicht drangehe, denke ich die ganze Zeit darüber nach, wer angerufen hat. Spricht der Anrufer auf die Mailbox, rufe ich sofort zurück. Spricht er nicht drauf, weiß ich nicht, wer angerufen hat, und werde wahnsinnig.

»Kommst du mit mir schwimmen?«, lautet die lächerliche Frage der Anruferin. Es ist die Frau meines ehemals besten Freundes – sie haben jetzt ein gemeinsames Kind. Mein Freund ist nicht da, und sie will nicht allein mit dem Kind schwimmen gehen. »Da wirst du immer von irgendwelchen Typen in zu engen Badehosen angemacht!«

»Ich schwimme nicht.« Sollte reichen als Absage.

»Du musst ja nicht ins Wasser gehen, nur mitkommen, damit ich nicht mit Yolanda allein rumsitze.«

Yolanda ist fünf, sieht aus wie der nordkoreanische Staatspräsident in kürzer, hat aber den gleichen Charme. Sie ist eine von diesen reizenden Töchtern, die dich mit zusammengekniffenen Augen zur Begrüßung »Vollblöd-Sacknase« nennen dürfen.

Dann verwarnt werden, weil wir doch gesagt haben, dass wir den Kai nicht mehr »Doof-Arschi« nennen wollen, und selbstverständlich bei jedem so sind, den wir gut kennen und vor allem mögen.

Bei Fremden ist Yolanda anders. Blond, blauäugig, redselig. Als sie neulich allein mit Mutti im Schwimmbad war, hat sie rumerzählt, dass sie und Mami seit einem Jahr allein sind, weil Papi im Amazonas beim Goldschürfen umgekommen ist. Zwar hätten sie fünf Millionen, aber Mami sagt immer, sie braucht dringend Sex.

»Bitte komm mit, ich will nicht noch mal mit Flip-Flops um mich schmeißen müssen.«

Fast habe ich Mitleid, weil ich auch an den armen Anmacher denke, den sie neulich mit voller Kühltasche am Fuß ins Tauchbecken geworfen hat.

»Bin leider schon vergeben«, sage ich und drehe den Surroundsound von Baywatch lauter. Yolandas Mutter glaubt mich an einem See, die Mutter und das Monster gehen aber lieber in Schwimmbäder. Als plötzlich eine Stimme ruft: »Mitch, komm schnell, drüben in Zuma Beach sind Haie«, fliegt meine perfekte Tarnung auf.

Leider ist die Welt nicht reif für vernünftige Erwachsene, die bei über 30 Grad im Hochsommer einfach zu Hause bleiben dürfen. Wer zum Zweck der Abkühlung einfach nur sehen möchte, wie das so war, damals bei 28 Grad, ist gleich ein mitleiderregender sozialer Außenseiter, Sonderling, Stubenhocker. Ja, die Frau und das Kind meines Freundes schämen sich, mich überhaupt zu kennen.

Trotzdem beende ich den Anruf und sehe zu, wie Mitch Buchannon hübsche, vom Hai gejagte Ertrinkende Mund zu Mund beatmet. Die Welt kann so friedlich sein, denke ich, als Yolandas Mutter und Yolanda nun im Minutentakt mein Handy belagern. Anrufe, Kurznachrichten: »Hey, Vollblöd-Sacknase, du bist ein Stuhockarschi. LG Yo.«

Zufrieden sehe ich auf meine runtergelassenen Rollläden. Hier drinnen ist Sicherheit, da draußen toben Fünfjährige, die nicht schreiben können, aber trotzdem simsen.

Als Nächstes ruft Yolandas Vater an.

»Freund, du kannst doch nicht bei dem Wetter in deiner Wohnung hocken. Das lassen wir nicht zu, meine Familie wartet schon vor dem Haus, und du wirst jetzt runtergehen, und dann geht ihr schwimmen.«

Was willst du da machen? »Baywatch« wird ausgeschaltet, die Füße abgetrocknet. Socken und Schuhe angezogen, genauso wie Mütze und Jeans. Lange Jeans! Ich trage keine kurzen Hosen.

Der Freund ruft wieder an.

»Meine Frau steht vor deiner Wohnung und hat eine von meinen kurzen Hosen für dich dabei.«

Tatsächlich, sie steht vor der Tür. Tochter und kurze Hose stolz im Schlepptau.

»Das ist so schön, dass du doch mitkommst«, sagt die Frau meines Freundes. Um die Hüften trägt sie ein durchsichtiges Tuch, dazu ein dünnes Bikinioberteil. Sehr dünn, wie ich merke, als sie mich umarmt. Im Sommer umarme ich nicht.

Weil ich die kurze Hose anziehen soll, bitte ich die Damen, mein Zuhause zu verlassen. Keine Reaktion, also schließe ich mich kurz im Badezimmer ein.

»Hast du eine Badehose?«

»Ich schwimme nicht.«

Wenige Minuten später fahren Mutti, Yolanda und Stachelbeer-BeinArschi-mit-Socken zum SCHWIMMBAD.

»Warum nicht lieber an einen Fluss?«

»Zu verseucht.« – Ach, und was ist mit dem Sonnenmilchgehalt im großen Becken?

»See?«

»Zu überfüllt.« – Äh, im Bad siehst du die Liegewiese vor lauter Leuten nicht.

»Meer?«

»Zu weit.« – Stimmt, und außerdem zu teuer.

»Ich hasse Schwimmbäder!«

»Ist doch egal, du schwimmst ja nicht.«

Sie findet keinen Parkplatz, und das die nächste halbe Stunde. Schließlich parken wir in Sichtweite – nein, nicht vom Schwimmbad, sondern von meiner Wohnung. Es wird gelaufen. Mutter trägt das Kind. Ich das Kinderzimmer. Warum müssen Kinder, wenn sie schwimmen gehen, all ihre Spiele, Bücher und … sind das wirklich Schlittschuhe?

»Yolanda hat so eine Phase.« Das Kind hat einen Film über die Klimakatastrophe gesehen, da war es erst sehr heiß und dann ganz plötzlich kalt. Deshalb nimmt sie jetzt überall ihre Schlittschuhe mit. Gute Idee, wenn von einer Sekunde auf die andere das Schwimmbecken zufriert. Yolanda dreht die erste Runde auf Schlittschuhen im Bikini und mit einer Plastiknudel in der Hand. Wir erreichen die Kasse.

Mutter und Kind zahlen gemeinsam nicht halb so viel wie der alleinstehende Erwachsene mit den »sind-das-wirklich-Schlittschuhe?«. Der Rentner hinter mir, ehemaliger Beamter, Erbe von zwei Mehrfamilienhäusern, kommt für 50 Cent rein. Denkt denn keiner mit? Opi schwimmt jeden Tag zwei Bahnen für 50 Cent! Das hält ihn so gesund, der stirbt nie. Wenn Yolanda 20 ist, zahl ich noch dessen Rente und Yolandas Bafög. Am besten einfach weiter geradeaus laufen und den Tod im Tauchbecken suchen. Dafür muss aber erst das Drehkreuz überwunden werden. Aus dem Augenwinkel erkenne ich, wie Jugendliche links und rechts vom Gitter lässig über kniehohe Zäune hüpfen, um Eintrittsgeld zu sparen. Oder machen sie das gar nicht aus Geiz, sondern weil sie nicht – wie ich jetzt – zwischen den Hochsicherheitsgitterstäben eingeklemmt sein wollen? Als die noch nicht verrostet waren, sprich gebaut wurden, verkündete der Architekt stolz, dass garantiert keiner reinkommt, ohne die 40 Pfennig Eintritt bezahlt zu haben. Dann wurde schnell klar, das Geld, um das Schwimmbad einzuzäunen, ist alle, und seitdem kommen die meisten durch die Büsche rein. Nur unsereins bezahlt für einen Erwachsenen ohne Kind – acht Euro!

»Schuhe aus!«, brüllt mich Yolanda an. Vor uns hat plötzlich der Weg aufgehört, und der Volldepp, der damals die Hochsicherheitsdrehtür gebaut hat, nervt nun mit einem Planschbecken, das exakt so breit ist, dass du nicht drüberspringen kannst.

Alle anderen laufen mit nackten Füßen durch die Soße. Hat sich die Menschheit aus dem Altertum bis ins 21. Jahrhundert vorgearbeitet, um barfuß zu laufen? Moses, bitte teile den Strom, damit ich meine Schuhe nicht ausziehen muss. Schuhe anlassen sei im Schwimmbad voll eklig, erklären mir Mutter und Kind. In der Linken die Socken, in der Rechten die Schuhe, zwischen den Zähnen den Seesack mit Yolandas Sachen, zwinge ich meine sensiblen Füße durchs eiskalte Becken.

Mutter und Kind sind längst auf der Suche nach einem Platz. Gut voll heute. Wir haben die Wahl zwischen platt gelegener Wiese in den Bereichen zu viel Sonne, zu nah am Wasser, zu weit weg, zu laut, zu leise, zu viele Ameisen. Wo wäre es am besten? Zu Hause?

Irgendwann wird der Kram einfach hingeschmissen. Decke ausgebreitet, hingesetzt – Mutti muss jetzt erst mal eine rauchen. Auf der Wiese, die Asche in eine halb leere, schon warme Cola-Dose – es sei mir hier ein »voll eklig« erlaubt. Yolanda wird jetzt startklar gemacht. Flossen, aufblasbarer Delfin, zwei Nudeln …

Schwimmflügel, Luftmatratze. Soll das Kind vom Hochhaus geschubst werden? Das ist die Ausrüstung fürs Planschbecken?

Gemeinsam beobachten wir, wie das Kind eingehüllt in aufgeblasenem Plastik in Richtung Planschbecken rollt. Die Hitze flimmert. Die Augen werden müde. Da plötzlich Brüste. Überall. Brüste. Wo du hinguckst. Einfach so. Nackt, bedeckt, auf alle Fälle GROSS. »Reg dich nicht auf, das ist jetzt Mode«, erfahre ich von Mutti. Bitte? »Ja, früher hatten sie alle ein Tattoo überm Arsch, jetzt lassen sie sich Plastikmöpse machen.«

Mir wird schlecht. »Ich würde die ja so gern mal anfassen!« – Sofort Mund zu … halten – hab ich das gesagt? Himmel, meine Hormone spielen in der Hitze verrückt. Moment, merke gerade, es war Yolandas Mutter. Erschütternd.

Da sitzt du im Hochsommer auf einer Schwimmbadewiese, in kurzen Hosen, mit nackten Füßen, neben einer Mutter, die gerne die Brüste einer fremden Frau anfassen möchte, dabei in eine warme Cola-Dose ascht und jetzt auch noch mit dem Fuß wippt. »Hallo?« Sie hört nicht, weil der MP3-Player zu laut ist. Und wer passt aufs Kind auf? Für einen kurzen Moment entstöpselt Mutti gnädig ein Ohr, erklärt mir, wie wichtig es ist, dass Yolanda in ihrer Sozialisierungsphase selbst Grenzen erkennt. Kann es vielleicht sein, dass du einfach nur zu …, noch bevor das Wort FAUL an ihr Ohr dringen kann, säuselt Robbie Williams »Feel« in ihr Ohr, und Mutti ist ganz weg. Wieder mal stellt sich die Frage: Warum werden Erwachsene ohne Kind steuerlich mehr belastet als Erwachsene, die zwar Kinder auf die Welt bringen, sich aber dann nicht um sie kümmern? Ein toller dunkler Gedanke, der in Sekundenschnelle düstere Schatten vorm geistigen Auge aufziehen lässt – doch da steht schon ein echter Schatten über unserem Badetuch. Eine fremde Mutter bringt Yolanda zurück.

»Passen Sie mal besser auf Ihr Kind auf.« Noch bevor ich die Vaterschaft vehement zurückweisen kann, versteckt sich Yolanda hinter mir und klammert sich an mich. Wie unangenehm. Aber sicherlich verständlich. Höchstwahrscheinlich wurde Yolanda vom Kind der vor mir stehenden Person übelst getunkt. Toll, wir haben einen Notfall, und Mutti hört weiter mit geschlossenen Augen den überzeugten Junggesellen Robbie Williams. Vielen Dank. Vor mir steht eine böse, unendlich große, muskulö … oder ist das etwa das bereits beschriebene Silikon … Wie auch immer, sie steht nass im getigerten Bikini und bedauerlicherweise breitbeinig vor uns. So breit, dass du zwischendurch die Sonne sehen kannst, wenn nicht gerade wieder ein Tropfen von der Bikinihose rinnen würde.

»Sie brauchen gar nicht so zu gucken!«, schimpft sie, und gerade, als du sicher bist, dass das der schlimmste Schwimmbad-Moment deines Lebens ist, ruft sie laut: »Ich lass mir doch nicht in die Titten kneifen!«

Sie dreht wütend ab. Umliegende Blicke versuchen, mich zu töten. Yolanda kichert, entstöpselt das Ohr von Mutti und erzählt stolz, wie sich die Gummidinger anfühlen.

Danke, das reicht, jetzt einfach nach Hause gehen und »Baywatch«, nein, irgendwas anderes gucken. Auf alle Fälle weg hier. Geht nicht, das Kind kann nicht mit nassen Haaren ins Auto.

Na gut, dann vielleicht was essen. Mutti hat fürs Kind und sich jeweils einen Apfel. Sie wussten ja nicht, dass ich mitkomme. In etwa 100 Meter Entfernung steht ein Kiosk. Nur zwei Meter entfernt beginnt vor uns die Schlange. Clever warte ich, bis sich meine Begleiterinnen gestärkt haben, und murmle beim Aufstehen kurz: »Soll ich euch was mitbringen?«

»Zwei große Eis, so eine Kette, die man essen kann, Weingummi, eine Leckmuschel, kalte Cola, heiße Würstchen.«

»Ja sonst noch was?«

»Wenn sie haben, Mohrenköpfe.«

Für die nächste halbe Stunde stehe ich in der Schlange und lerne auswendig. Zwei große Ketten, nein, Eis – zum Essen – klar mit Weingummigeschmack, Leckcola und Würstchenmuschel. Noch mal nachfragen kostet mindestens 20 Plätze in der

Schlange, stelle ich fest, als ich wieder am Ende anfange. Bis ich dran bin, bete ich eine Ewigkeit meine Version des lichtreichen Rosenkranzes: Kiosk, der du mir zwei große Eis gibst. Kiosk, der du Ketten zum Essen verkaufst. Kiosk, der du Leckmuschel und Weingummi offenbarst. Kiosk, der du hoffentlich kalte Cola und heiße Wurst bietest – und nicht wieder umgekehrt.

»Tolle Idee, was«, prahlt der Typ vor mir, als er dem Männchen im Kiosk stolz seine Einkaufsliste vorliest, die er vorher im Handy einprogrammiert hat.

Dann bekommt er auch noch eine SMS mit Nachbestellung.

»Was darf's sein?«, fragt das Männchen mich dann endlich.

Schnell beginnt meine Antwort, und hoffentlich unterbricht er jetzt nicht: »Kiosk, der … ähem. Ich hätte gerne zwei große Eis, so eine Kette, die man essen kann …«

»Was für Eis? Dolomiti, Flutschfinger, Ed von Schleck, Brauner?«

Danke, alles gelöscht. Das Männchen zeigt Mitleid und Sachverstand. Er fragt, mit wem ich da sei. Mutter und Kind. Sind Sie der Vater? NEIN. Gut, dann einmal die »Der-Onkel-zahlt-Tüte«. Als ich reingucke, ist alles drin, außer meiner Leckmuschel. Männchen meint, für Leckmuschel sei ich eigentlich zu alt. Ich bestehe drauf und merke, ich bin nicht zu alt – das Ding kostet zwei Euro –, ich bin zu arm.

Mein Handy klingelt. Böse Blicke von allen Seiten. Nehme Tüte, Leckmuschel und gehe gleichzeitig ans Handy. Yolandas Mutter berichtet mir kurz, dass sie mit dem fast verhungerten Kind an einem anderen Kiosk mit 'ner ganz kurzen Schlange war und jetzt gerne nach Hause möchte.

Und das ganze Essen? Soll sich das Kind etwa überfressen, nur weil ich's mal wieder nicht auf die Reihe gebracht habe? Soll mich beeilen, das Kind müsse in spätestens 20 Minuten nach Hause, so viel Sonne schadet nur. Werfe die Tüte weg, umklammere meine Leckmuschel und stolpere auf Badelatschen zurück.

Erst einen ins Schwimmbad schleppen und dann bei 30 Grad

aussetzen. Dieser Tag hat wirklich nichts Gutes, denke ich und merke, wie die Leckmuschel in meiner Hand mir ein seltsam freudiges Gefühl gibt. Plötzlich fühle ich mich wieder wie damals als Kind. Der Sommer ist nicht zu heiß, Leckmuscheln gibt es an jedem Kiosk, nicht nur im Schwimmbad, und während ich darauf warte, dass endlich im Fernsehen was andres kommt als das Testbild, genieße ich meine Muschel. Leben, du bist gut.

Kaum gedacht, schaue ich direkt in die Hauptdüse einer modernen Wasserpistole Marke »Monster-Supersoaker-Nuclear-Spaßbadkiller«.

Mit erhobenen Händen denke ich ungläubig: Jetzt gibt es die Dinger schon mit Beinen unten dran. Erst als die Monstergun zu sprechen anfängt und sagt: »Leckmuschel oder Leben«, merke ich, hinter dem aufsetzbaren Refilltank ist doch tatsächlich ein Kind. Ein Kind mit einem Sechs-Liter-Wassertank auf dem Rücken. Gut, langfristig bekommt das Kind Haltungsschäden, aber kurzfristig?

Selbst wenn ich einfach wegrenne, kann es mich noch aus 50 Metern Entfernung ins Tauchbecken blasen. Und da bereits 20 Kinder ihre Wasserpumpguns im Tauchbecken aufgefüllt haben, drohe ich ins leere Becken zu stürzen, und deshalb gebe ich dem Kind traurig meine Muschel. Doch im Moment der Übergabe rast die Mutter heran. Ausgerechnet die Frau von vorhin, oben Silikon, unten tropfender Tanga, getigert. Sie fordert: »Lara, gib das sofort wieder zurück, da sind Keime dran!« Entschuldigung!

Lara wollte mir gerade mit 13 Düsen das Augenlicht nehmen, und jetzt kommt auch noch die Mutter und meint, ich hätte Keime an der Muschel! Muss noch erwähnt werden, dass das ganze Jugendamt den Überfall mit ansieht. Trotz Dienstzeit liegen die Herrschaften gelassen rum und stellen bei der Betrachtung der Waffe fest: »Toll, diese Wasserspritzpistolen, endlich haben Kinder die Option, ihr individuelles Gewaltpotenzial eigenständig deeskalieren zu lassen.«

Niemand hilft. Bademeister? Ach was! Mit quietschenden Adiletten schieben sie wie Bruce Willis ums Becken, tragen Sonnenbrillen, mit denen sie aussehen wie eine Stubenfliege, die gegen den Zehnmeterturm geflogen ist, und bewaffnet sind sie auch nur wie Pfarrer Kneipp. Alles, was sie haben, ist ein Megafon: »Bitte nicht vom Beckenrand reinspringen!« – der Gesamtwortschatz. Wieso tragen diese Typen ein T-Shirt mit der Abkürzung DLRG? Ja, wo ist sie denn, die Dreißig-Liter-Riesen-Gun?

Dann könnten sie auch mal zur Abwechslung sagen: »Nicht vom Beckenrand reinspringen, oder ich spritze!«

Nun ist aber wirklich keine Zeit mehr, sich über Bademeister zu ärgern, sonst ist es wie damals, als sie mich in Riccione schon mal einfach im Schwimmbad zurückgelassen haben, weil sie pünktlich zu Hause sein wollten, in München.

Entschlossen wird aus den Badelatschen geschlüpft und barfuß über die große Wiese mit allen klebrigen Kaugummis, Zigarettenstummeln – aua –, Glasscherben gerannt. Trotz der Größe des Wassertanks und der Kürze seiner Beine bleibt mir das Kind mit der Wasserpumpgun auf den Fersen.

Die ersten Badegäste schließen Wetten ab, wer wohl als Erster ins Becken fällt. Es schmerzt im Rücken, so müssen sich Demonstranten fühlen, wenn der Wasserwerfer kommt. Trotzdem würde ich jederzeit für weniger Erwachsene – und die auch nur ohne Kinder – auf die Straße gehen.

Dann der rettende Einfall! Ich lecke meine Muschel. Hastig, bis sich das klebrige Zeug aus dem Plastik löst, dann werfe ich die Muschel einfach hinter mich. Und zack, als wäre meine Verfolgerin auf 100 Legosteine gleichzeitig getreten, steigt sie auf die Leckmuschel. Schmerzverzerrt und ohne nachzudenken, wirft sie sich ins große Becken. Der Bademeister hinterher. Offenbar hatte er das Glück, genügend Baywatch-Episoden zu gucken, er zieht das Kind aus dem Wasser. Schon ist die erleichterte Mutter bei ihm und fragt: »Und wo ist die Wasserpumpgun?« Während ich – nein, ich habe Yolanda und ihre Mutter nicht mehr erreicht. Die Schwimmbadleitung hat mich festgehalten, bis das Bad geschlossen hat und auch kein Bus mehr direkt vor dem Schwimmbad wegfuhr.

Im Morgengrauen des nächsten Tages hat mich der ehemalige Freund, Mann von Mutti, Vati von Yolanda, abgeholt. Auf der Heimfahrt meint er: »Junge, du musst unbedingt öfter was mit meiner Familie machen! Im Umgang mit Kindern, ach was, mit Menschen, bist du der totale Soziopath.«

Dann beschreibt er weiter, wie lang und sonnig der Sommer noch sein werde und dass seine Familie darauf besteht, jede Woche mit mir einmal ins Schwimmbad zu gehen, damit ich endlich erträglicher und nebenbei bemerkt auch etwas braun gebrannter werde. Keine Ausreden möchte er hören, so wird es gemacht. Punkt. Dann musste ich gerührt weinen.

»Junge, Junge, nur weil wir so gut zu dir sind, musst du doch nicht weinen.«

»Doch, die Menschen sind so nett. Sogar die Bademeister – sie haben mir Schwimmbadverbot gegeben. Lebenslang!«

Horst Evers

Mehr vom Tag

Dienstagvormittag. Stehe nur in T-Shirt und Unterhose in der Wohnung meines Nachbarn und putze die Fenster. Warum tue ich das? Wie konnte es nur so weit kommen? Kurz zusammengefasst könnte man sagen: Gibt so Tage. Tatsächlich jedoch war die Geschichte etwas komplizierter.

Dienstagmorgen, 6:13 Uhr. Das Telefon klingelt. Ich schrecke auf, greife zum Wasserglas neben dem Bett, nehme einen Schluck, reiße mir den Hörer ans Ohr und versuche mich so freundlich, wie ich um diese Zeit nur kann, zu melden.

– Bääääahrr.

Nur ein Blubbern in der Leitung. Spüre, wie mir das kalte Wasser aus dem überlaufenden Ohr über Schulter, Brust, T-Shirt und Unterhose läuft. Mache das Licht an. Auf dem Nachttisch liegt der angesabberte Telefonhörer. Das mittlerweile leere Wasserglas, das ich mir immer noch ans rechte Ohr halte, macht mir gleich schlechte Laune. Führe das Telefon zum linken Ohr und versuche es noch mal:

– Bäääahhrr?

– Einen wunderschönen guten Morgen! Mit wem spreche ich?

– Häh?

– Bitte?

– Warum wollen Sie das wissen?

– Na, weil alle unsere Hörer doch wissen möchten, wer gleich 500 Euro gewinnen kann, weil er mir den Sender nennt, der ihn jeden Morgen mit dem besten und witzigsten Frühstücksradio der Stadt so wunderbar weckt.

– Ach so. Na, na, ich heiße…, na, ich…

Verdammt. Vor 8 Uhr morgens kann ich mich nie an meinen Namen erinnern. Wie oft bin ich schon aus irgendeinem Grund gegen 7 aufgewacht und hab dann stundenlang überlegt, wer ich wohl sein könnte. Der Wohnungseigner? Ein Gast? Ein Einbrecher, der während des Einbruchs überraschend eingeschlafen ist? Oder womöglich nur ein Haustier? Hund, Katze, Hamster oder so was. Das wäre mir eigentlich das Liebste gewesen, denn dann würde ich ja wohl gleich gefüttert werden. Super!

War aber nie. Spätestens um 10 musste ich dann immer wegen Durst aufstehen. Deshalb hab ich jetzt auch ein Wasserglas neben dem Bett stehen. Dann kann ich länger denken, ich bin nur das Haustier, und der drohende Tag verliert seinen Schrecken.

Aber jetzt brauche ich Informationen zu meinem Namen. Renne mit dem schnurlosen Hörer aus der Wohnung und schaue auf mein selbstgemachtes Klingelschild.

– Eppers. Ich heiße Hobst Eppers oder so ähnlich, weiß auch nicht… Mist, meine Handschrift ist wirklich kaum zu entziffern.

– Schön, Herr Eppers, heute ist Ihr Glückstag.

– Glückstag? Echt? Juhu, ich freu mich so. Glückstag.

Ein Windstoß erfasst die Wohnungstür und wirft sie ins Schloss. Stehe barfuß, mit nassem T-Shirt und Unterhose im Hausflur. Mir wird kalt. Egal, davon lass ich mir die gute Laune nicht verderben. Singe sinnlos säuselnd vor mich hin:

– Glückstag. Glückstag.

– Und jetzt, Herr Eppers, sagen Sie mir noch, welches das beste und witzigste Frühstücksradio der Stadt ist, und Sie haben 500 Euro gewonnen!

– Oh, ääh, Moment, äääh …

Klingel beim Nachbarn Sturm. Muss Zeit gewinnen.

– Der Sender, kein Problem, hör ich ja jeden Morgen, Sie sind echt super, echt, auch die Musik, Sie machen ja auch Musik, ne, aber wissen Sie wahrscheinlich ja selbst, beim Sender …

Der Nachbar öffnet. Stürze wortlos an ihm vorbei, werfe mich vors Radio und drücke die Sender durch. Sobald es eine laut pfeifende Rückkopplung gibt, hab ich gewonnen.

– Tut mir leid, Herr Eppers, Ihre Zeit ist abgelaufen.

– Nein, nein, ich hab's gleich!

– Horst, vergiss es.

– Horst? Wieso Horst? Ich denke, ich heiße Hobst.

– Nein, Horst, mach dir mal ein neues Klingelschild. Deine Handschrift ist echt unter aller Sau. Hier ist Peter.

– Peter? Seit wann bist du denn beim Radio?

– Bin ich nicht. Ich bin nur auf einmal wach geworden und konnte nicht mehr einschlafen. Da dachte ich mir, machste das Beste draus, rufste den Horst an und bringst den mal frühzeitig auf Touren. Dann hat der auch mal mehr vom Tag.

Noch saurer als ich war nur mein Nachbar. Später hat er mir dann doch Zange und Schraubenzieher geliehen, damit ich zurück in die Wohnung konnte. Aber erst nachdem ich ihm, so wie ich war, die Fenster geputzt hatte. Dabei hat er Fotos gemacht, mit denen er mich seitdem erpresst. Sieht so aus, als sollte ich von diesem Tag wirklich noch so richtig viel mehr haben.

Horst Evers

Innere Sicherheit

Es war vor zehn oder zwölf Jahren in London nach einem Theaterbesuch. Nach Ende der Vorstellung musste ich noch schnell auf die Toilette. Also ging ich auch und ließ gewohnheitsmäßig meinen Rucksack so lange vor der Sitzreihe stehen. Das war ein Fehler. Gerade hatte ich alle Vorbereitungen getroffen und auf der Brille Platz genommen, als es plötzlich von außen an die Kabinentür hämmerte:

– Open the door!

Mir fiel in meiner Not nix Besseres ein, als zurückzubrüllen:

– Is occupied.

– Security, open the door immediately!!!

Ich öffnete die Tür und sah drei bewaffnete Männer, zwei davon mit der Waffe im Anschlag. In diesem Moment lernte ich, dass die Redensart »sich vor Angst in die Hosen machen« nicht nur eine Redensart ist. Gott sei Dank saß ich ja schon auf der Toilette. Tatsächlich leerten sich beim Anblick der beiden auf mich gerichteten Waffen Darmtrakt und Blase so schnell, unkompliziert und grundlegend aus, dass bei aller Angst auch ein gewisses Glücksgefühl nicht ausblieb. Eine interessante Erfahrung. Auch für die Securitykräfte muss der Anblick des sich hilflos endlos entleerenden Touristen etwas zutiefst Anrührendes gehabt haben, woraufhin sie mich sofort als harmlos einstuften. Dennoch ermahnten sie mich später streng, nie wieder an öffentlichen Orten Taschen oder Ähnliches stehen zu lassen. Ich fand die Panik der Engländer vor Anschlägen der IRA zwar übertrieben, gab den Wachleuten aber vorsichtshalber in allem recht.

Muss allerdings zugeben, dass ich seither in Zeiten wirklich schlimmer Verdauungsbeschwerden recht gerne in Berlin mit einem leeren Aktenkoffer zum Flughafen fahre, ihn irgendwo auffällig stehen lasse, auf Toilette gehe und geduldig warte, bis mir ein Trupp bewaffneter Wachleute Erlösung bringt.

Horst Evers

YouTube und Brot

Freitagmorgen. Renne durch die Wohnung und suche meine Mütze. Will nicht ohne die Mütze raus. Es ist viel zu windig. Würde mich erkälten. Aber verdammt, wo ist sie nur?

Ach, mit diesem Suchen und Wühlen wird das nix. Setze mich an den Computer und google nach der Mütze.

Zack, da ist sie schon! Der Google-Link leitet mich weiter zu YouTube, und mit ein paar Klicks bin ich bei meinem eigenen Videostream. Seit ich mich immer beim Nachhausekommen filme und dann den kleinen Film sofort bei YouTube ins Netz stelle, spare ich viel Zeit. Zeit, die ich sonst immer fürs Suchen von Mütze, Schal, Schlüssel, Schirm oder Schuhen gebraucht habe. Ich gucke mir einfach am nächsten Morgen bei YouTube meinen Videostream vom Nachhausekommen an, und rumms! Kann ich genau sehen, wo ich alles hingeschmissen habe. Was hab ich früher nicht alles ständig gesucht, aber jetzt kann ich genauso einfach, schön und unkompliziert leben wie alle anderen auch.

Dieses YouTube ist super. Kann ich verstehen, dass Google da 1,6 Milliarden Dollar für bezahlt hat. Hätt ich auch gemacht. Aber ich hab den Moment verpasst …

Oh nein, ich hatte die Mütze beim Nachhausekommen gar nicht auf. Ich muss sie schon in der Kneipe liegen gelassen haben. Aber in welcher?

Ah, so ganz und immer hilft einem die moderne Technik eben doch nicht weiter. Irgendwann stößt sie an ihre Grenzen.

Da muss wohl heute Nacht ich alte Suchmaschine selbst noch mal ran und durch alle Kneipen gucken. Termine! Termine!

Aber jetzt muss es irgendwie anders gehen. Setze mir die Camcordertasche auf den Kopf und ziehe los.

Der Bäcker hat sich irgendwie verändert. Stimmt, er heißt plötzlich nicht mehr Leckerback, sondern Spitzenback. Na, Selbstvertrauen haben sie ja. Scheint sich aber auch auszuzahlen. Immerhin drei Leute sind vor mir in der Schlange. Und auch die Verkäuferin ist niegelnagelneu. Der Mann ganz vorne unterzieht sie gerade einem ersten ernst zu nehmenden Test:

– Guten Tag, ich möchte gerne für morgen ein Brot von gestern vorbestellen.

– Sie wollen was?

– Ein Brot von gestern vorbestellen. Für morgen.

– Das geht nicht. Das morgige Brot von gestern ist ja heute schon da. Das kann man nicht mehr vorbestellen.

– Aber morgen kostet das Brot von heute, weil's von gestern ist, doch nur noch die Hälfte.

– Ja.

– Na, und das will ich.

– Aber das geht nicht. Heute gibt es noch kein Brot, das morgen von gestern ist.

– Ja, aber da hinten liegt es doch.

– Was?

– Na das Brot, das morgen von gestern ist. Da hinten.

– Ja, aber das ist doch von heute.

– Eben, deshalb will ich's vorbestellen. Dann kostet's ja nur die Hälfte.

– Ja, ja, aber das geht nicht. Man kann Brot von gestern nicht vorbestellen. Wie stellen Sie sich das denn vor? Wenn das alle machen würden. Wo sollte ich denn das ganze Brot lagern? Den Platz hab ich hier gar nicht.

– Der Lagerplatz ist das Problem?

– Ja, genau. Ich brauch doch morgen den Platz für das Brot von morgen.

– Na ja, wenn das das ganze Problem ist, bestell ich eben jetzt für morgen ein Brot von gestern, aber nehm's heute schon mit.

Die Verkäuferin starrt ihn an. Dann starrt sie auf die Schlange, die mittlerweile bis fast auf den Bürgersteig angewachsen ist. Mit leeren Augen packt sie das Brot ein, kassiert den halben Preis und schaut zum Nächsten.

– Bitte?

– Ich würde gern für morgen sechs Brötchen von gestern vorbestellen.

Der Blick der Bäckereifachkraft wird noch leerer. Dieses Mal verzichtet sie bereits auf einen Dialog.

Dann bin ich dran. Die Verkäuferin fragt mich, ob ich eine Camcordertasche auf dem Kopf trage.

Sage:

– Ja, warum?

– Na weil … … ach, egal.

Sie schiebt mir vier Croissants rüber, murmelt:

– Is okay, stimmt so.

Ich glaube, die Verkäuferin wird nicht lange in unserer Bäckerei arbeiten.

Dietmar Wischmeyer

Der weiche Kern von Wohnmobilen – Lehrer

Gibt es eine Wiedergeburt für böse Menschen? Na klar, denn wo kämen sonst die ganzen Lehrer her? Irgendwas müssen diese Heinis in einem vorherigen Leben gründlich vergeigt haben, um es dermaßen mies zu treffen in der nächsten Runde. Als erwachsene Menschen verbringen sie sechs Stunden pro Tag mit sogenannten Jugendlichen – eine Tortur, der sich selbst die Eltern dieser Prototypen bei aller Liebe nicht aussetzen würden. Hauen sie der verkommenen Brut mal eins an den Dassel, weil sie die Anrede »Alte Frustfotze« einfach nicht mehr witzig finden, ja heißa, dann steht der Papa mit dem Kadi vor der Tür. Die wenigen Pausen im Pädagogik-Platoon verplempern sie auch noch mit ihresgleichen im Lehrerzimmer. Hier mümmelt der Philologe seine Mehrkornbemme und leckt die Wunden aus der letzten Stunde. Zwanzig Minuten blättern in Wohnmobilprospekten, dann geht's wieder in die 5a: Sebastian hat den Hausmeister kastriert, die süße Jessica die ganze Tafelkreide aufgefressen, ach du Scheiße, jede Menge Papierkrieg. Am Nachmittag legt sich der Pädagoge gern mal die GEW-Zeitschrift aufs Gesicht und ratzt im Liegestuhl. Doch nicht selten droht erneute Anwesenheitspflicht im Jugendknast. Der Direx lässt bitten zur Konferenz über Curriculums-Evaluationen im Fach weibliche Nadelarbeit an der Integrierten Gesamtschule. Woher so schnell frische Wohnmobilprospekte herkriegen, um diese Ödnis zu überleben? Die Lehrerrüden kratzen sich unterm Tisch an den Eiern, die Zippen starren in die *Brigitte*. Alle paar Wochen bricht noch ein weiterer Horrorevent ins Lehrerdasein ein: der Elternsprechtag. Dann kommen die Hersteller der missgestalteten Jugend in die Zöglingsbude und wollen was Nettes hören über ihre Zellteilungen. Also lügt der Pädagoge ihnen die Hucke voll, damit sie schnell wieder abrücken und er noch rechtzeitig zum Volleyballtraining kommt. Abwechslung ins Lehrerleben bringen bestenfalls die Ferien. Zehn Wochen im Jahr ist die Schule dicht, dann krabbelt der Erzieher in sein fahrendes Scheißhaus und wackelt nach Südfrankreich. Hier trifft er sich mit anderen Lehrern und breitet die Anträge für das Sabbatjahr und den Vorruhestand aus. Denn spätestens mit 45 ist er ausgebrannt, hat 'ne Schülerallergie oder ein sonstiges Berufsunfähigkeitszipperlein. Dann klemmt er sich die Pension untern Arm und juckelt nur noch mit dem Wohnmobil durch die Gegend. Irgendwann Mitte 50 merkt auch noch der Doofste unter ihnen, dass er ein halbes Jahrhundert seines Lebens an der Lehreranstalt vergeudet hat, dass auch sein Ehegespons aus demselben miefigen Berufe stammt, ja, dass mittlerweile die eigenen Ableger »auf Lehramt« studieren und er überhaupt keinen Menschen mehr kennt, der nicht aus der Welt der Zöglinge stammt. Spätestens dann macht sich unser Freund bereit für den Gang ins schwarze Wohnmobil und hofft, als Müllsortierer oder Katzenschlachter wiedergeboren zu werden, nur nicht mehr als Lehrer.

Dietmar Wischmeyer

Wenig Geld allein macht nicht glücklich – Wozu 'ne Million?

Ein Millionär zu sein ist noch immer die Paradiesvorstellung der Bekloppten und Bescheuerten. Haben die sich eigentlich schon mal gefragt, was sie mit den paar Mücken überhaupt anfangen können? Okay, noch mehr Chips kaufen und sogenannte Traumautos vor die Reihenbude stellen. Dann ist aber auch schon Ende im Gelände. Beim Reichsein gibt es eine gewisse Durststrecke zwischen, sagen wir mal, einer Million und einer Milliarde. Mit einer Million kannst du vor deinem Nachbarn angeben, mit einer Milliarde kannst du deinem Nachbarn sagen, er soll sich verpissen, und eine Stunde später lässt du seine hässliche Hütte abreißen. Nur der wirkliche Reichtum eröffnet einen gewissen Gestaltungsspielraum rund ums Haus. Du kannst Politiker bestechen, Tausende arbeitslos machen und so viel für Tierheime spenden, dass sich die Sozialhilfeempfänger als Katze verkleiden. Mit einer schlappen Million bist du immer noch die gleiche doofe Torfnase wie vorher, nur fetter und fauler. Du kannst dir nicht mal die Scheidung von dem Teileträger an deiner Seite leisten. Damit hast du weniger als das ärmste Schwein. Mit einer Million musst du rechnen, kalkulieren, damit du viel Zinsen bekommst und wenig Steuern bezahlst. Das heißt, du musst das gleiche verabscheuungswürdige Kriecherdasein führen wie wir alle. Du bist zu arm zum Prassen. Reich sein heißt nicht, sich einen Ferrari zu kaufen, sondern ihn zu verbrennen. Reich sein heißt nicht, mit einem Ferrari durch die City zu orgeln, sondern sich für die Spritztour mit dem Opel Astra die Straßen sperren zu lassen. Man ahnt, wie weit man mit einer Million, auch mit zwei oder drei, davon entfernt ist. Das Millionärsdasein ist lediglich die Verlängerung des irdischen Jammertals in die Fettlebe. Seitdem aber schon der Kaputte vorm Pupsi-Markt den Shrimp vertilgt und Champagner schlürft, braucht es immer mehr Fantasie, um sich über den Konsum noch von der Masse abzusondern. Und selbst wenn man gegrillte Delfin-Rosetten knabbert, irgendwann hat auch sie der Norweger in seinen Mastfjorden für eine schmale Mark produziert. Und schwuppdiwupp nagt der Proll am noblen Flipperarsch. Was dann? Eine Rolex shoppen, mit Klunkern drauf? Einen Porsche? Sandaletten aus Eidechsenleder? Alles Scheiße!! Als Millionär bist du der Arsch unter den Reichen, das Fußvolk. Warum sich also anstrengen oder warum an idiotischen Glücksspielen teilnehmen, um einer von diesen Doofen zu werden? Ich weiß es nicht! Solange ich nicht mindestens so viel Geld habe, um zum Beispiel der Telekom ihre lila Klohäuschen zwecks Verschrottung abzukaufen, so lange reicht doch der normale Facharbeiterlohn.

Dietmar Wischmeyer

Abtransport mit der beigen Minna

Wenn das dritte Bier mal wieder verlockender war als die Heimreise zur rechten Zeit – gut, dann kann man eigentlich auch noch 'n Dutzend draufsatteln, denn jetzt bringt uns das Taxi heim ins Reich der Träume. Taxen sind diese vanillepuddingfarbenen Dinger, die entweder dutzendweise rumstehen oder gar nicht. Warum, fragt sich der benebelte Gastrogänger, lungern 50 Stück vorm Bahnhof rum, aber dort, wo ich stehe, ist meilenweit keins zu sehen? Weil der Droschkenkutscher gern mit den Kollegen die ausgelesenen Fickelmagazine tauscht und deshalb deren Nähe sucht. Hat man endlich durch Glück und Unverfrorenheit einen Vanillebomber erhascht, überrascht einen beim Öffnen des Schlags zuallererst die mörderisch aufgedrehte Heizanlage. Bei 35 Grad Celsius und 99 % Luftfeuchtigkeit hockt der lenkende Hominide in seinem rollenden Regenwald. Des Ungemachs nicht genug, schleimt aus dem Blaupunkt Lüneburg der stadtübliche Dumpfbackensender seine Hitlerparade mit den Superhits der Dreißiger- und Vierzigerjahre. Und da, wo die heiteren Operettenmelodeien uns mit der Gnade einer instrumentalen Schonzeit bedenken, quäkt die Taxizentrale mit 120 Dezibel durch die Fahrgastzelle. Nur für das Mietdroschkengewerbe werden immer noch Sprechfunkgeräte mit dem Knowhow von 1923 gefertigt. Aus der Kakophonie technischer Urlaute filtert der Schwurbel am Steuer traumwandlerisch die für ihn bestimmte Botschaft heraus: »Hier Wagen 23, bin auf Höhe Güterbahnhof, muss erst noch einen Besuffski in die Kaputtensiedlung bringen. Melde mich dann.« Betäubt von dem in schwüler Heizungsluft gereiften Deoroller des Taxifahrers, begreifen wir erst nach Minuten, dass wir grade gemeint waren. Aber immer noch besser, im Auge des Chauffeurs seelenloses Ladegut zu sein, als an einen dieser Kameraden zu gelangen, die einen mit ihren neuesten Überlegungen zur Einführung der Todesstrafe vertraut machen: »Scheinasylanten und so welche, ne, an sich müsste man alle diese Brüder 'n Kopf kürzer machen.« Damit die Höhenkontrolle an der Grenze nicht so oft Alarm schlägt, oder warum? Aber Unsinn, Gelegenheit zur Widerrede hat man eh nicht. Die Droschkenlenker von der Laberfraktion blubbern wie unter Drogen tagein, tagaus den gleichen Sermon herunter, ob mit oder ohne Fahrgast. Spannend wird es noch einmal in dem Moment, da wir dem Meister am Volant unser genaues Fahrtziel in Erinnerung bringen: Birkhuhnweg 12. Der frisch eingeschleuste Iraner blättert dann während der Fahrt hoffnungsvoll im Falkplan herum, der alte teutonische Hase nickt allwissend und orgelt uns mit laufendem Taxameter zum anderen Ende der Stadt. Dort bremst er an einem gottverlassenen Droschkenplatz, kurbelt die Scheibe runter, brüllt zwei kackende Hunde und vier Kollegen an: »Samma, kennt von euch einer den Fickhuhnweg?« Acht iranische Samtaugen kucken ihn ungläubig an. Erst jetzt, nach 'ner halben Stunde Fahrt und 36 Piepen auf der Uhr, wendet sich der Kapitän der Umgehungsstraßen erstmalig an seinen Fahrgast: »Fickhuhnweg, wo soll'n das sein? – Ach, Birkhuhnweg, hinten in der Kaputtensiedlung! Hab ich mir doch gleich gedacht.« Sprach's, wendet auf der Einbahnstraße, zeigt uns noch ein wenig die Stadt bei Nacht, um das Taxameter auf 200 Piepen hochzujubeln, und entlässt den willenlosen Fahrgast gegen halb vier am Wachtelring: »Birkhuhnweg sind diese Bodenwellen, die hauen mir die Achse unterm Daimler weg, sind nur noch 'n paar hundert Meter, macht dann 256,80.« »300 und 'ne Quittung«, kapituliert der ohnmächtige Fahrgast vor so viel gelebtem Dienstleistungsstandort Deutschland.

Frank Goosen

Hochzeit mit Ginger Rogers

Es war an einem sonnigen Januarmorgen, kurz nach der Jahrtausendwende. Ich war Mitte dreißig, aber voller Hoffnung, saß am Frühstückstisch und arbeitete irgendein Feuilleton durch, da bemerkte ich, dass die Frau, der ich vor etwa anderthalb Jahren begegnet war, mir immer noch gegenübersaß. Und sie hatte etwas gesagt, das ich zuerst nicht richtig verstanden hatte. Vielleicht hatte ich es auch verstanden, im Sinne von »gehört«, aber nicht verstanden im Sinne von »begriffen«.

Ich sagte: »Könntest du das bitte noch einmal wiederholen?«

»Wenn wir eh zusammenbleiben wollen, könnten wir eigentlich auch heiraten, oder?«

»Wen sollen wir denn heiraten?«, entgegnete ich verwirrt.

»Na ja«, sagte sie, »ich dachte, ich heirate dich und du heiratest mich, dann können wir in der gleichen Wohnung wohnen bleiben.«

»Ja, aber ist heiraten denn nicht spießig?«

»Nein, das war früher.«

»Ach so.«

»Frag mal deinen Steuerberater!«

Ich stand auf, ging zum Telefon und rief meinen Steuerberater an. Bis dahin war ich immer davon ausgegangen, dass die meisten Ehen auf dem Stockholm-Syndrom basierten, also der zwanghaften Verbrüderung einer Geisel mit ihrem Kidnapper.

Nur dass in der Ehe beide beides waren. Mein Steuerberater rechnete mir vor, was ich sparen könnte, wenn ich die Frau, die bei mir wohnte, gesetzlich an mich binden würde. Das gab mir den Glauben an die Liebe zurück. Ich ging zurück in die Küche.

»Du hast recht«, sagte ich, »es ist überhaupt nicht spießig zu heiraten. Es ist sogar ziemlich cool.«

»Also, das ist gebongt. Wann sollen wir es machen?«

»Wir könnten unseren Jahrestag im August nehmen, dann muss ich mir nicht so viele Daten merken.«

»Gute Idee.«

Damit war die Sache erst einmal erledigt. Wir nahmen unser gefahrloses Leben als zusammenlebende Singles wieder auf und waren so glücklich und zufrieden, wie man es sein kann, wenn man Anfang dreißig ist und sich selbst einer versteckten Leidenschaft für Einbauküchen und Ford Mondeos verdächtigt. Dann erwischte ich meine Frau (die meine Frau noch nicht war, sondern meine Freundin, was sich in der Rückschau so ein bisschen unanständig anhört, nach Konkubine oder so) eines Nachmittags, wie sie in ihrem Zimmer auf dem Boden kniete, um sich herum unüberschaubare Stapel von Papier. Auf meine Frage, was sie da treibe, antwortete sie, sie ordne die Quittungen für unsere Steuererklärung. Unsere? Tatsächlich: Auf den zweiten Blick stellte ich fest, dass sie auch *meine* Bahnfahrkarten, Gagenabrechnungen, Buch-, Bürobedarfs- und Taxiquittungen, die ich einmal pro Woche in eine große Kiste warf und damit komplett von meiner inneren Festplatte löschte, in eine nachvollziehbare Ordnung zu bringen suchte.

»Ich weiß genau, dass dieses ganze Zeug mich an irgendetwas erinnern soll«, sagte sie, ihre Unterlippe mit den Zähnen knetend, »ich weiß nur nicht mehr, an was.«

»Du tust ja so, als wären wir verheiratet.«

»DAS war es! Heiraten? Habe ich mich nicht kürzlich mit irgendjemandem darüber unterhalten?«

»Ich glaube, mit mir«, entgegnete ich.

»Und aus welchem Grund?«

»Ich glaube, du wolltest mich ehelichen.«

»Wirklich? Das ist ja lustig.«

Mühsam rekonstruierten wir unser zurückliegendes Gespräch, ich rief noch mal meinen Steuerberater an, der mich statt einer Begrüßung gleich anschnauzte, wieso er zu der bevorstehenden Hochzeit noch nicht eingeladen worden sei, und als wir wieder wussten, was wir vereinbart hatten, kam die Sprache auf die Angelegenheit mit dem Namen.

»Ich nehme natürlich deinen Namen an«, sagte meine Freundin, meine Konkubine, meine Intensiv-Mitbewohnerin, SIE eben.

»Wie bitte?« Ich dachte, ich hätte mich verhört.

»Doppelnamen finde ich albern.«

»Du könntest doch deinen eigenen Namen einfach behalten.«

»Wie sollen dann unsere Kinder heißen?«

»Was meinst du mit Kindern?«

»Du weißt schon, diese kleinen Wesen, die einem aus dem Bauch wachsen, sehr viel Geld kosten, einen jahrzehntelang in den Wahnsinn treiben und dann in ein Altenheim abschieben.«

Ich runzelte die Stirn. »Sind die nicht verboten worden?«

»Leider nicht.«

»Ist man denn verpflichtet, welche zu machen?«

»Ja, sicher, hast du das noch nicht mitbekommen? Stand neulich in der Zeitung.«

»Muss ich überlesen haben.«

Sie wollte also wirklich meinen Namen annehmen. Das ging doch nicht. Was sollten denn meine ganzen linken Freunde sagen? Ich würde dastehen wie ein drittklassiger Pascha aus der Adenauer-Ära, der sich seine Frau auf den Rücken bindet wie ein prähistorischer Jäger seine erlegte Beute. Ich fragte die Frau, die mit mir die Steuerklasse wechseln wollte, ob sie sich das nicht noch einmal überlegen wolle, ihr Name sei doch eigentlich sehr hübsch, ich würde nie von ihr verlangen, den abzulegen, aber sie sagte, gerade *weil* ich das nicht verlangen würde, sei sie ja bereit, es zu tun. Ich versuchte, meine Strategie zu ändern, und sagte in der Hoffnung, eine entsprechende Reaktion zu erhalten, na gut, sie habe schon recht, so sei es von der Natur vorgesehen, der Mann nehme sich das Weib, auf dass es seinen Namen trage jetzt und immerdar, im Heim und am Herd, am Tisch und im Bett. Aber sie lachte nur und fragte mich, ob ich wieder an den Mottenkugeln gelutscht hätte. Ich stellte mir vor, wie ich Olaf in Berlin anrief und ihn dabei erwischte, wie er gerade seinen Erstgeborenen stillte, um ihm zu erzählen, dass ich heiraten würde, ach, und übrigens, SIE nimmt MEINEN Namen an. Völlig unmöglich. Da könnte ich ja gleich wieder im Stehen pinkeln, ohne die Brille, ach was, ohne den *Deckel* hochzuklappen! Ich machte einen letzten Versuch.

»Dann nehme ich deinen Namen an.«

Genau. Das war noch besser, als wenn sie ihren behielt! Damit würde ich mir freien Eintritt zu allen soziokulturellen Zentren der näheren Umgebung sichern. Olaf würde mir ein kenianisches Baby-Tragetuch schenken, und alle meine linken Freunde würden mich neidisch ansehen, weil ich den einen Schritt weiter gegangen war, zu dem sie nicht die Kraft gehabt hatten.

DIE FRAU jedoch machte mir einen STRICH DURCH DIE RECHNUNG.

»Bist du irre?«, sagte sie. »Ich habe keine Lust, als männermordende Amazone dazustehen, die ihren Mann nicht nur unter den Pantoffel, sondern gleich unter die Auslegeware zwingt. Wenn man die freie Wahl hat, heißt das auch, dass man sich für den Namen des Mannes entscheiden kann.«

»Findest du nicht, dass du es dir ein bisschen zu einfach machst?«

»Findest du nicht, dass du es dir ein bisschen zu schwer machst? Und mir auch?«

Wir stritten noch zwei Stunden, dann zeugten wir ein Kind.

Ein paar Wochen später gingen wir zum Standesamt und

meldeten uns zur Eheschließung an. Ein kleiner Mann mit großen Schweißflecken unter den Achseln stellte uns eine Menge komischer Fragen, wie etwa: Woraus bestehen Schnürsenkel? Was bedeutet das Ribo in Desoxyribonukleinsäure? Heißt gehen auch bleiben? Sind blaue Haare gut? Wer hat den Käse zum Bahnhof gerollt?

Und dann durften wir uns ein Familienstammbuch aussuchen. Am Bochumer Standesamt kann man wählen zwischen den Modellen »Roxana Nubuk«, »Veneto Glanz«, »Palazzo«, »Bozen« und »City«. Ich nahm das Modell »City« in die Hand und war versucht auszurufen: »Ich hätte gerne einmal das Hacksteak mit Bratkartoffeln, den Beilagensalat und eine Cola light ohne Cola«, denn das Ding sah aus wie die Speisekarte einer Pommesbude. Alle anderen waren schwarz und sahen aus, als könne man darin nur Sterbeurkunden abheften. Als ich dem Standesbeamten sagte, dass ich das witzig fände, sah er mich an, als überlege er, mir die Heiratserlaubnis wegen erwiesenen Schwachsinns zu verweigern.

Nachdem wir unseren Wunschtermin festgeklopft hatten, fingen wir mit den Listen an. Listen sind sehr wichtig für eine Hochzeit. Listen sind wichtiger als Ringe.

Man erstellt zuerst die Liste der Verwandten, die eingeladen werden *müssen.* Dann die Liste der Verwandten, die man einladen *könnte*, wenn noch Platz wäre. Dann die Liste der Verwandten, die *auf keinen Fall* eingeladen werden *dürfen*, weil sich entweder Braut oder Bräutigam in letzter Minute gegen die Ehe entscheiden könnte, weil er/sie nicht bedacht hat, welchen menschlichen Sondermüll man am Hacken haben würde.

Dann kommt die Liste der Freunde, ohne die man nicht leben, geschweige denn heiraten kann. Die ist sehr kurz. Dann kommt die Liste der Freunde, von denen man sich vorstellen kann, dass sie das Fest erotisch und/oder intellektuell bereichern könnten. Dann die Liste der Freunde, die keine mehr sind, denen man das aber nicht sagen will, weshalb man sie trotzdem einladen muss. Diese Liste ist die längste. Zum Schluss die Liste der Leute, denen man Geld schuldet.

Aus all diesen Listen gilt es, eine Festgemeinde zusammenzustellen, bei der die Wahrscheinlichkeit, dass sie sich nach der zehnten Runde Bessen Genever den Schädel einschlägt, möglichst gering ist. Doch merke: Eine Party völlig ohne Ausschreitungen ist langweilig.

Dann kam der große Tag. Verschlafen konnte man gar nicht, weil die Familie meiner Fastfrau angereist war, samt drei Jungs und einem Mädchen, die sich gegen sieben Uhr morgens neben unserem Bett aufbauten und die kongolesische Nationalhymne sangen. Vielleicht imitierten sie auch Störgeräusche einer Funkverbindung zwischen Houston und der Venus, jedenfalls war an Schlaf nicht mehr zu denken. Mir wurde plötzlich klar, dass ich in ein paar Stunden mit diesen … Kindern verwandt sein würde. Ich fragte mich, ob die Frau, die sich neben mir gerade aus dem Bettenberg wand, mir wohl ein Alibi geben würde, wenn ich das Kindszeug noch eben schnell im Garten vergrub. Ich wollte es nicht darauf ankommen lassen, stand auf, wusch mich und erfuhr beim Frühstück die komplette Lebensgeschichte von Bibi Blocksberg und Benjamin Blümchen, den Pokémons und eines Katers namens Findus, und alles in der Lautstärke, die sonst nur dreihundert gleichzeitig laufende Mähdrescher hinbekommen.

Dann stand plötzlich eine ziemlich gut aussehende Frau in einem knallroten Kleid neben mir, und ich dachte, eigentlich könnte ich sie heiraten. Ich fragte sie, sie sagte ja, und der Einfachheit halber machten wir uns gleich auf den Weg zum Rathaus.

Bisher waren meine Besuche beim Standesamt immer so verlaufen: »Nun, Herr Goosen, Sie erscheinen jetzt hier zum fünften Male und wollen heiraten, haben aber wieder keine Frau mitgebracht.« – »Na, ich riskiere doch nicht, dass die nein sagt!«

Diesmal aber lief alles glatt. Eine Erleichterung: Wir waren ausverkauft, einige mussten sogar stehen. Alle Gäste sahen lecker aus, die Stimmung war gut, nur als ich meiner attraktiven Trauzeugin am Ohrläppchen herumknabberte, zog noch einmal ein Schatten durch den Raum. Die Neffen und Nichten begannen, sich mit der Zimmerpflanze im hinteren Teil des Raumes zu befassen.

Der Standesbeamte sprach deutlich im hiesigen Idiom, was ich sehr begrüßte, nur war er auch noch ziemlich witzig, was mich durchaus verunsicherte, schließlich war ich hier der Komiker. Plötzlich sagten zwei Menschen nacheinander sehr laut »Ja«, und es machte sich allgemeine Erleichterung breit, dass ich einer von ihnen war. Im Augenwinkel sah ich, wie einer der kleinen Jungen, die jetzt meine Neffen waren, in die Zimmerpflanze pinkelte.

Dann durften wir hinausgehen und die Geldgeschenke entgegennehmen. Wer etwas anderes oder gar nichts schenkte, wurde verhauen.

Dann wurden alle verscheucht, und wir fuhren in die Flitterwochen nach Bottrop. Ach nein, es gab ja noch eine riesige Fete mit Hunderten von Gästen, in deren Verlauf ich meine Omma wiederholt von der Tanzfläche aboperieren musste, weil sie sich für Ginger Rogers hielt – und das ist sie wohl auch, aber das ist eine ganz andere Geschichte.

Frank Goosen

Was ist Schlaf?

Schlaf ist Zeitverschwendung. Wie viele sinnvolle Dinge könnten wir vollbringen, wenn wir nicht ein Drittel unseres Lebens bewusstlos dahindämmern würden! Anstatt tatkräftig daran mitzuwirken, Literatur, Musik und Wissenschaft zu neuer Blüte zu treiben, ratzen wir Nacht für Nacht vor uns hin, speicheln greisenhaft aufs Kopfkissen und erzeugen dabei nicht selten Geräusche, die bei elektrischen Geräten überdeutliche Anzeichen für schwerwiegende Funktionsstörungen wären. Auch geben wir Gase ab, die nach neuesten Forschungen hauptverantwortlich für den Treibhauseffekt sind, und dies oftmals über uns bisher unbekannte Körperöffnungen oder gar über die Epidermis (sogenannte »Hautfürze«).

Dazu kommt das erniedrigende Faktum des Ausgeliefertseins: Jeder Depp, den wir bei Tageslicht noch nicht mal ignorieren würden, kann sich nachts an uns heranschleichen und allerlei Unsinn anstellen, uns beispielsweise mit einem Edding »Es lebe Heino« auf die Stirn schreiben oder Ähnliches.

Schlaf ist nichts anderes als eine Krankheit, eine Seuche von planetarischen Ausmaßen, gegen die sich die Pest des vierzehnten Jahrhunderts wie eine leichte Sommergrippe ausnimmt. Die Krankheit Schlaf zerfällt gewissermaßen in fünf Phasen:

Phase I markiert den Übergang vom Wachzustand in die Schläfrigkeit, der Blutdruck sinkt, die Herzfrequenz verlangsamt sich auf in geschlossenen Ortschaften übliche Geschwindigkeiten. In den letzten Jahren haben Forscher eine in dieser Phase einsetzende, durch Umweltbelastungen hervorgerufene Erhöhung des Lidgewichtes beobachtet, will sagen, die Augendeckel senken sich über die Iris mit einem vor hundert Jahren nicht für möglich gehaltenen Druck von siebzehn Kilopond. In sieben bis vierzehn Zyklen pro Sekunde sendet das Hirn nun Alphawellen aus, was eine hässliche Sache ist, da diese den Intellekt des Einschlafenden auf Lothar-Matthäus-Niveau absenken – oder anheben (bei Formel-1-Fans). Gleichwohl ist der Schlafbefallene in dieser Phase noch fähig, einfache Rechenaufgaben zu übernehmen und passiv am Geschlechtsverkehr teilzunehmen. Diese Phase dauert etwa fünf bis zehn Minuten.

In *Phase II* hat das Gehirn die Nase voll von Alphawellen und versucht es zur Abwechslung mal mit Thetawellen in 3,5–7,5 Zyklen pro Minute, und das intellektuelle Niveau ist auf dem Level angelangt, wo der Patient empfänglich wird für Vorabendserien und er Schäferhunde für vollgültige Polizisten mit Pensionsanspruch hält. Es kommt zu Muskelkontraktionen, die schon mal bewirken, dass in der Nähe liegende Personen aus dem Bett gekickt und schwer verletzt werden. Diese Phase der akuten Gefährdung in der Nähe Schlafender dauert glücklicherweise nicht lange an. Nach wenigen Minuten übernehmen Deltawellen das Kommando und läuten damit die eigentliche Bewusstlosigkeit ein.

Phase III markiert ein Zwischenstadium: Die Deltawellen machen noch kaum die Hälfte des EEG aus, laufen sich gleichsam erst warm. Einige von ihnen verlassen gar den Schlafenden, stehen auf, gehen in die Küche und holen sich eine Tafel Joghurtschokolade aus dem Kühlschrank. Die geistigen Fähigkeiten des Patienten liegen nun im Bereich von Holzwolle.

In *Phase IV* laufen die Deltawellen endlich zur Hochform auf, es sind kaum Körperbewegungen möglich, und der Patient ist nicht mal zu wecken, wenn neben ihm Günter Noris und die Bigband der Bundeswehr ein Medley aus Pur-Songs und Tony-Marshall-Hits spielen. Hier spricht man von sogenanntem Kernschlaf, sonst nur in Pfirsichen anzutreffen. Der IQ pendelt sich in Fersenhöhe ein und liegt nun unter dem von Jugendlichen mit verkehrt herum aufgesetzten Baseballmützen, die gerne so schlau wären wie Holzwolle. Nach etwa einer halben bis dreiviertel Stunde kommt es zu mutwilligen Körperbewegungen und Positionsveränderungen, das heißt, der Schlafende wird nicht selten in unpassender Kleidung auf der Straße angetroffen und fragt Passanten nach dem Weg nach Flagranti, da würden immer so schöne Dinge passieren.

Dann aber geht es rund. Denn an die erholsame Phase des Kernschlafs schließt sich die *REM-Phase* an, die zu Recht auch als paradoxer Schlaf bezeichnet wird und eher dem Wachzustand ähnelt, allerdings dem bei Leguanen. Der Muskeltonus erlischt, dafür ist eine extreme Gehirntätigkeit zu beobachten, die sich allerdings auf den Versuch beschränkt, eine Antwort auf Fragen zu finden wie: »Warum tragen Jungs Baseballmützen verkehrt herum und Mädchen Schuhe, bei denen man nicht weiß: Sind das nun die Schuhe oder die Kartons, wo die drin waren?« Unter den Lidern rollen die Augen wie Flipperkugeln hin und her, allerdings ohne Punkte zu machen. Auch bleiben Freispiele die Ausnahme.

Der ganze Zyklus, von *Phase I* bis zum *REM-Schlaf,* dauert etwa neunzig Minuten, wenn nicht infolge von verletzungsbedingten Unterbrechungen nachgespielt wird. Dann geht der ganze Mist von vorne los. Dazu kommen noch Träume von Omnipotenz, Allmacht und einfallsreichem Sex, aber das ist eine ganz andere Geschichte, die ich jetzt nicht mehr erzählen kann, da dummerweise irgendjemand mir Gewichte an die Augenlider gehängt und meinen Blutdruck in den Keller gejagt hat… Ja! Jetzt spüre ich sie kommen: die Alpha-, Theta- und Deltawellen und, natürlich, die sind mir die liebsten: die Hautfürze! Gute Nacht.

Fanny Müller

Im Kino kann man was erleben

Vier Damen wollen ins Kino? – Nichts einfacher als das. Karten werden besorgt, der Film gekuckt, man geht noch ein Glas Bier trinken, und dann ab nach Hause.

Ganz falsch. Es fängt schon damit an, dass eine endlose Telefoniererei losgeht. Eins möchte was Lustiges sehen, Zwei hat lange keinen Problemfilm gekuckt, Vier hat selber genug Probleme, Drei will keinen Liebesfilm, weil ihr der Kerl gerade abgehauen ist.

Und in welches Kino soll man gehen? Eins und Drei möchten ins Abaton, weil sie direkt daneben wohnen, Vier will ins Zeise, weil sie direkt daneben wohnt, und Zwei ist alles egal, weil sie bei ihrer Mutter wohnt, seitdem es über ihr gebrannt hat.

Dann die Zeiten. Zwei und Drei wollen in die frühe Vorstellung, weil sie normal schon um neun mit einer Wärmflasche im Bett liegen, die anderen beiden wollen spät gehen, weil sie ihrer Beziehung noch das Abendbrot richten müssen. Das Dilemma wird dadurch gelöst, dass eine der Beziehungen Freikarten besorgt hat.

Eins und Drei, die die Karten abholen sollten, stehen natürlich nicht, wie verabredet, am Eingang, sondern hängen am Kiosk und trinken vorsichtshalber schon mal ein Bier. Es soll sich um einen Film mit Überlänge handeln. Vier kauft Popcorn (die andern: »Igitt«), Zwei kauft Eiskonfekt (die andern: »Igitt«),

Eins hat sich Butterbrote mitgebracht (die andern: »Igittigitt«). Drei kauft sich ein Bier (die andern: »Lass mich auch mal!«).

Dann sollen die Plätze eingenommen werden. Zwei und Drei möchten hinten sitzen, weil sie ihre Brillen nicht vergessen haben, Eins und Vier möchten vorne sitzen, weil sie ihre Brillen verlegt haben. Man sitzt in der Mitte, nachdem der Vorschlag der Brillenlosen, die anderen beiden könnten doch je nach Bedarf den Fortgang der Handlung erklären, abgeschmettert wurde.

Nun geht die Werbung los. Man rückt sich gemütlich zum Raten zurecht. Eine Schönheit hüpft auf eine Yacht. »Damenbinden!«, brüllt Drei. Drei ist dafür bekannt, dass sie gleich die Stimmung verdirbt. »Trockenfutter«, flüstert Eins. Eins ist dafür bekannt, dass ihr alles gleich peinlich ist. Jetzt fällt Drei ein dringenderes Problem ein: Was ist, wenn ihr Verflossener mit seiner Neuen im Kino auftauchen sollte? Die Beratung nimmt den Rest der Werbezeit in Anspruch und wird von den umliegenden Reihen mit Interesse verfolgt. Man einigt sich auf den spontanen Ausruf: »Da kommt das Arschloch mit der Schlampe!« Weitere Vorschläge aus dem Publikum werden wegen Vulgarität und/oder Frauenfeindlichkeit verworfen.

Nun beginnt der Film. Es ist ein chinesischer Film, und – typisch chinesisch – gleich von Anfang an stört ein eigenartiger Dauerton das verwöhnte mitteleuropäische Ohr. Vier findet, dass das Quälende dieses Geräuschs auf subtile Weise die innere Zerrissenheit des Protagonisten rüberbringt. Nach zehn Minuten stellt sich heraus, dass es die Alarmanlage des Kinos ist, die nur von der Feuerwehr ausgeschaltet werden kann. Alle Besucherinnen werden ins Foyer gescheucht. Es herrscht eine angenehme Panikstimmung. Anlass genug für unsere Damen, vier Biere am Kiosk zu bestellen, um die angegriffenen Nerven zu beruhigen. Die Feuerwehr trifft mit zwei Löschzügen ein. Es tut sich nichts. Es brennt auch gar nicht. »Hab gleich gewusst, dass das 'n Scheißfilm is«, sagt Drei, »lass uns inne Kneipe.«

Die Kneipe liegt gegenüber, ist eine In-Kneipe und hat auch richtig eine handgeschriebene Karte, die allerdings einige Fragen aufwirft. Vier arbeitet in einer Apotheke und behauptet, dass sie jede Schrift entziffern kann. Sie leiht sich eine Brille und liest vor: »Als Dessert gibt es Zitronen-Phimose.« Heutzutage wird aber auch alles recycelt. Die Bedienung wird herbeizitiert: »Wir möchten den Nachtisch. Aber nicht essen. Bloß kucken.«

Eins schämt sich so, dass sie beinahe Stücke aus dem Holztisch herausbeißt. Aber nach etlichen Runden sind doch alle vier Damen der Meinung, dass es sich um eine gelungene Veranstaltung gehandelt habe, die geradezu nach Wiederholung schreie.

Fanny Müller

Im vegetarischen Restaurant

Bevor das vegetarische Restaurant in den Alsterarkaden abbrannte, war ich häufig dort zu Gast, denn selbst zu Stoßzeiten hatte man dort seine Ruhe – die meist vereinzelt sitzenden älteren Gäste waren fortwährend in Gespräche vertieft, an denen außer ihnen sonst niemand teilnahm …

Dort hatte ich einmal ein zunächst beschämendes Erlebnis, aber dann wendete sich doch noch alles zum Guten: Als ich eines Mittags das im ersten Stock liegende Restaurant betrat, winkte mich ein mir bekannter Professor der Philosophie an seinen Tisch, aber ich lehnte ab, weil ich einen Tisch haben wollte, von dem aus ich mein nicht angekettetes Fahrrad beobachten konnte (»Trust in Allah, but watch your camel«, wie der Araber sagt). Der Professor ist zwar ein ganz netter Mensch, aber nicht unbedingt von der Sorte, mit der man eine sehr lange Bahnfahrt verbringen möchte. Oder anders gesagt: Wenn Sie ein Regisseur wären und einen Darsteller für einen verstorbenen bayerischen

Ministerpräsidenten bräuchten, dann würden Sie bei seinem Anblick Ihre Suche als beendet betrachtet haben. Kaum hatte ich nun Platz genommen, da fing er über drei Tische weg an zu toben: … typisch deutsch. Wenn man in Griechenland eine Einladung ausschlägt, kriegt man gleich ein Messer zwischen die Rippen … gegenüber materiellen Dingen sind in Deutschland gute Gespräche marginal … usw.

Es war mir schrecklich peinlich, aber da ich mich als Kosmopolitin betrachte, erhob ich mich, pilgerte an seinen Tisch, und schließlich unterhielten wir uns auch ganz friedlich über seine These: Die voll entwickelte Fähigkeit zum Neinsagen ist der einzig gültige Hintergrund des Ja, und beide geben realer Freiheit erst ihr Profil.

Später, auf der Polizeiwache hinter dem Rathausmarkt, führte ich dann noch ein anregendes Gespräch mit dem Wachhabenden über die Pflege von Phönix-Palmen, nachdem die Formalitäten wegen des gestohlenen Fahrrads erledigt waren.

Fanny Müller

Sadisten

Die einzigen Sadisten, die meiner Kenntnis nach gewerkschaftlich organisiert sind, sind Kellner und Verkäufer. Eventuell könnte man noch Frisöre dazurechnen, die nicht begreifen wollen, dass Frauen, die gerade einen Frisörladen verlassen, nicht so aussehen möchten, als würden sie gerade einen Frisörladen verlassen. Allerdings weiß ich nicht, ob sie überhaupt eine Gewerkschaft haben – IG Waschen und Legen?

Jedenfalls war ich zwischen Weihnachten und Neujahr, als es gerade so saukalt war, bei Karstadt, um nach herabgesetzten Vor-Schlussverkauf-Klamotten zu fahnden. Da sagt doch eine

Verkäuferin zu mir: »Für die stärkere Dame bitte im zweiten Stock!« Ich habe Größe 38 und war ja so was von sauer, aber letztlich musste ich ihr doch recht geben: Ich überschlug die Anzahl der Sachen, die ich anhatte, und es waren neunzehn Teile; Schuhe und Socken einfach gerechnet.

Wem ich aber überhaupt nicht recht geben konnte, das war die Verkäuferin in der Edeldrogerie, wo ich mit der Nichte kurz vor Weihnachten war, um ihr ein sündiges Parfüm zu kaufen. Das heißt, das Parfüm war nicht sündig, bloß der Preis. Die Nichte ist erst sechzehn, aber es musste was von Calvin Klein sein. Ich selbst bin ja mit meinem Kölnisch Wasser immer ganz zufrieden gewesen. Die anderen Kundinnen und auch die Nichte kriegten an der Kasse noch mehrere entzückende kleine Flakons dazugeschenkt. Ich aber nicht. Die Verkäuferin musterte mich eindringlich und sagte dann: »Und für Sie haben wir was Pflegendes!« Was sie eigentlich sagen wollte, war: »Und für Sie haben wir leider keinen neuen Kopf!« Dabei sah ich aus wie immer, also ganz normal, was man von der Verkäuferin allerdings nicht behaupten konnte. Ich sagte zu ihr, dass es für Schnepfen wie sie in der Volkshochschule schon recht preiswerte Benimmkurse gibt. Es gab dann noch allerhand Geschrei, auch mit der Filialleiterin.

Der Nichte war es peinlich, und zu Hause meinte sie, dass auch ich kein Benehmen hätte. Ich sagte ihr dann, dass jemand, der sich für achtzig Mark ein Parfüm schenken lässt, das von einem Unterhosenfabrikanten stammt, in puncto gute Kinderstube ja wohl besser die Klappe hielte. Da war sie still.

Fanny Müller

Husten

Am Abend vorher kündigte sich die ganze Sache schon an: Während einer Lesung bekam ich einen Hustenanfall.

Ich möchte jetzt mal was zu den Leuten sagen, die als Publikum mit einer solchen Situation konfrontiert sind: Ich finde, Sie sollten nicht plötzlich mucksmäuschenstill werden – das sind Sie ja sonst auch nicht bei Veranstaltungen –, sondern sich an Ihren Nachbarn wenden und ein Gespräch beginnen, vielleicht auch ein bisschen husten (Solidarität!) oder in Ihrem Täschchen kramen. Was Sie auf keinen Fall tun sollten, ist, mit vorgebeugtem Oberkörper auf Ihrem Stuhl zu sitzen und mit offenem Mund zu verfolgen, wie sich auf der Bühne jemand tothustet.

Wieder zu Hause, war meine Stimme am nächsten Morgen weg. Kein Krächzen, kein Piepsen, rein gar nichts. Meine Nachbarin Martina brachte mir gleich eine Packung Salbeitee und die Apotheken-Umschau vorbei. Der Salbeitee schmeckte nicht so gut wie ein Milchkaffee und eine Zigarette, und in der Apotheken-Umschau stand alles über Kehlkopfkrebs.

Mein HNO-Arzt wollte sich totlachen, als ich ihm einen Zettel mit meiner Diagnose überreichte. »Wenn Sie Kehlkopfkrebs haben, dann habe ich Prostata!«, sagte er väterlich zu mir. Das beruhigte mich überhaupt nicht; ich fand schon immer, dass er einen so komischen Gang hat.

Wenn man nicht sprechen kann, heißt das ja nicht, dass man gleich taub ist oder dass die Intelligenz irgendwie gelitten hat. Die Bäckereifachverkäuferin, der ich pantomimisch übermittelt hatte, was los war, zeigte auf verschiedene Brötchen und brüllte: »Das – frisch, das – gestern.« Da ging ich nur noch in den Supermarkt zum Einkaufen, für schwer behinderte Menschen das einzig Wahre. Man darf dort aber keine Nachbarn treffen. Die hören normalerweise ja gar nicht hin, was man auf ihre im

Vorübergehen »Wie geht's?«-Frage antwortet, Hauptsache, es kommt irgendein Geräusch. Bei mir kam aber keins. Das führte dann dazu, dass Frau Behrmann nicht mehr von meiner Seite wich und Sätze vorbrachte, auf die keinesfalls mit einem Kopfnicken oder -schütteln zu antworten gewesen wäre, nämlich: »Wo haben Sie sich das denn aufgesackt? Günter Kuhlbrodt soll ja in der Sauna einen Herzinfarkt gekriegt haben. Seine Frau ist auf Gran Canaria.« Auf einen mitgebrachten Block schrieb ich: »Das weiß ich nicht. Wie furchtbar. Wie schön.« Frau Behrmann starrte den Zettel an, dann mich. Sie hatte schon vergessen, was sie gesagt hatte. Inzwischen hat sie herumerzählt, dass es mich ja wohl ganz schön erwischt hätte.

Ich blieb dann einfach zu Hause, wo es aber sehr langweilig war und auch sehr teuer wurde. Fernsehen konnte ich nicht, weil ich dabei immer reden muss, sonst halte ich es nicht aus. (»Herr im Himmel! Das kann ja wohl bald nicht wahr sein!«); telefonieren ging auch nicht, da blieb mir nur das Faxgerät. Wahrscheinlich haben Sie auch ein Fax von mir bekommen, ich habe ja praktisch jedem eins geschickt. Inzwischen ist meine Stimme wieder da. Dafür habe ich eine Sehnenscheidenentzündung im rechten Arm und kann nicht mehr schreiben.

Nach Diktat verreist: *Fanny Müller*

Harald Martenstein

Das Reisen

Vor allem auf eine Sache sollte man achten, wenn man mit Kindern verreist. Man sollte sorgfältig Gegenden vermeiden, die versuchen, mit dem Prädikat »Babydorf« oder »besonders kinderfreundlich« für sich zu werben. Da ist der Wurm drin. Wir waren mal in dem sogenannten Babydorf Trebesing in Österreich. Der Wurm, der in Trebesing drin ist, besteht aus der Autobahn. Es liegt direkt neben der Autobahn, und mit »direkt« meine ich: zirka zwanzig bis dreißig Zentimeter. Ja, sie haben da eine pittoreske Lärm- und Sichtschutzwand mit Alpin-Touch hingebaut, die kann sogar jodeln und Schuhplattler tanzen, man kriegt fast nichts mit von der Autobahn, außer einem leichten Vibrieren. Trotzdem, wer will da hin?

Die Trebesinger sind babyfreundlich bis an die Grenze der Selbstaufgabe, aber manchmal kriegen sie so ein Glitzern in den Augen. Dieses Glitzern besagt: Wenn wir zwanzig Zentimeter neben dem Wolfgangsee liegen würden statt zwanzig Zentimeter neben der Autobahn, dann wären wir jetzt kein »Babydorf«, sondern ein »Millionärsdorf« oder wenigstens ein »Besserverdienendendorf« oder zumindest ein »Dorf mit super Landschaft drum herum«, und das würd uns schon ein bissel besser gefallen, gell.

Außerdem – es ist so furchtbar, all diese Leute mit den vielen Kindern. Links vibriert die Autobahn, rechts vibrieren die Babyphone, und überall ist ein Gesabber und Gegreine und Spinatausgespucke, wie man es allenfalls bei der eigenen Brut reizend findet. Im Babydorf gibt es das gleiche Problem wie im Altenheim oder bei »Gute Zeiten, schlechte Zeiten«, zu monothematisch, was die Altersstruktur betrifft. Man wird an solchen Orten alten- oder jugend- oder kinderfeindlich im Lauf der Zeit, dagegen lässt sich nichts machen.

Deswegen spielt diese Geschichte nicht im Babydorf, sondern im Griechendorf.

Die früheste Erinnerung des Kindes besteht aus einem Felsen auf Kreta, etwa vierzig Zentimeter hoch, an dem es sich im Alter von zweidreiviertel das Füßchen gestoßen hat. Das war am Strand der Gemeinde Georgiopoulos. Dabei haben wir bei der gleichen Reise eine echte Wasserschildkröte gesehen und sind in echte Lebensgefahr geraten und haben eine Menge gut aussehende ältere Damen kennen gelernt.

Die gut aussehenden älteren Damen haben uns schon beim Frühstück auf der Terrasse komisch angeschaut. Es waren, na, so sechs bis sieben, alle aus Deutschland. Einige reisten gemeinsam, andere waren alleine gekommen, jetzt waren sie ein Team. Ein gut aussehendes älteres Team, genau gesagt.

Die gut aussehende ältere Frau aus Griechenland existiert ja praktisch nicht, außer vielleicht in Athen oder Saloniki. Griechinnen sind jung und schön und tragen Miniröcke, oder sie sind alt und knorzig wie ein Olivenbaum und tragen schwarze Kutten, dazwischen gibt es nichts. Die ältere Frau in Minirock und tief ausgeschnittenem Pulli, die gesundheitsbewusst lebt und »Kim« raucht und am Strand einen Bikini in der Farbe ihres Lidschattens trägt, ist eine Errungenschaft der Industriegesellschaft, bei deren Konstruktion die Deutschen besonders erfolgreich waren, ähnlich wie beim Automobilbau.

Wir waren zu zweit, das Kind und ich. Jedes Jahr verreisen wir einmal gemeinsam. Das hat sich irgendwie so entwickelt. Auf Kreta waren wir mit zwei Rucksäcken unterwegs, einem sehr großen und einem sehr kleinen. Aber wir sind schon am zweiten Tag in Georgiopoulos hängen geblieben.

Die älteren Damen haben mir immer gute Ratschläge gegeben. Jeden Tag zwei bis drei. »Sie müssen das Kind aber auch eincremen«, sagten sie. Und: »Vergessen Sie das Hütchen nicht, wenn Sie mit dem Kind an den Strand gehen.« Dabei lächelten sie. Es war ein falsches Lächeln. Ich lächelte zurück. Die Gesichter der älteren Damen spiegelten sich auf dem Bäuchlein des Kindes, denn das Bäuchlein glänzte unter einer zwei Zentimeter dicken Ölschicht.

Viele Männer hätten gerne ein Kind oder auch zwei und haben keines, weil die Frau fehlt. Daran gibt es leider nichts zu deuteln: Ohne Frau geht in Hinsicht Fortpflanzung noch immer wenig. Wer dieses Partnersuche-Problem hat, der sollte sich einfach ein kleineres Kind ausleihen, so etwa achtzig bis einhundert Zentimeter, und mit diesem Kind eine Reise machen. Es ist erstaunlich, wie die Attraktivität des männlichen Reisenden wächst, sobald er sich in Begleitung eines kleinen Kindes befindet. Vermutlich löst die Kombination aus erwiesener Zeugungsfähigkeit plus Fürsorglichkeit in der weiblichen Zirbeldrüse eine chemische Reaktion aus. Dieses Phänomen ist bekannt. Weniger bekannt ist die Tatsache, dass sich das emotionale Verhältnis der Frau zum allein reisenden Mann mit Kind etwa ab dem fünfzigsten Geburtstag ins Gegenteil verkehrt. Sobald die Frau das Fortpflanzungsalter hinter sich lässt, sieht sie in dem allein reisenden Vater, der in aller Öffentlichkeit die traditionelle Mutterrolle übernimmt, nicht mehr den potenziellen biologischen Partner, sondern den biologischen Rivalen. Sie gibt ihm gern zu verstehen, dass er es in Sachen Mütterlichkeit nicht so gut kann wie sie. Das kränkt ihn. Denn wir Männer sind in Sachen Mütterlichkeit mittlerweile Spitzenklasse.

Wir saßen beim Frühstück. Die älteren Damen sagten: »Passen Sie auf, dass er auch genug isst! Verträgt er auch das griechische Öl? Manche Kinder haben eine Allergie dagegen. Passen

Sie aber auch auf, dass er nicht zu viel isst, das kann beim Baden gefährlich sein! Und immer an das Mützchen denken! Vergessen Sie nicht die Sandflöhe!«

Es gibt einen Terror der Hilfsbereitschaft. Irgendwann im 21. Jahrhundert wird es irgendwo in der Dritten Welt den ersten Volksaufstand gegen die Hilfsorganisationen geben. Das Volk wird sich zusammenrotten, und sie werden die Helfer der FAO, der UNICEF, von »Mèdecins sans Frontiéres« und sämtlichen anderen abgefuckten NGOs auf ihren staubigen Dritte-Welt-Straßen vor sich hertreiben, Richtung Flugplatz. Help yourself, werden sie rufen, We don't need no education, I would rather go blind, und was man sonst noch so ruft in solchen Situationen.

»Buddelzeug, Buddelzeug«, sagte das Kind. Also gingen wir zurück aufs Zimmer. Unser Hotel lag am Strand, ein paar Meter hinter den Dünen, Blick aufs Meer, sehr hübsch, und dabei wunderbar wohlfeil. Es war zehn oder elf Uhr. Eher elf. Das Buddelzeug lag auf dem Balkon. Ein rotes Eimerchen und ein gelbes Schäufelchen. Wir betraten den Balkon. In diesem Moment ging ein für die Jahreszeit ungewöhnlich heftiger Windhauch durch die südliche Ägäis. Die Balkontür flog zu. Dann herrschte wieder Windstille. Wir waren gefangen.

Unser Balkon lag zu einem Parkplatz hin. Der Parkplatz war menschenleer. Die Zikaden sangen ihr ewiges Lied. Ich klopfte gegen die Balkontür. Was hieß überhaupt »Hilfe, wir werden gebraten« auf Griechisch? Ich rief laut »Kalimera! Ochi! Jamas!«, das heißt alles nicht »Hilfe«, aber es würde die Menschen vielleicht neugierig machen und herbeilaufen lassen. In dem »Sprachführer Griechisch« unseres Reiseführers stand, was »Schuhgeschäft« und »Hafenamt« und »Bitte überprüfen Sie die Bremsen« heißt, aber so etwas Praktisches wie »Hilfe!« stand nicht darin.

Unsere Ausrüstung bestand aus zwei Badehosen, einem Plastikeimer und einem Plastikschäufelchen. Eingecremt waren wir noch nicht. Die griechische Sonne stieg und stieg. Obwohl es mir ein bisschen peinlich war, schrie ich mehrfach und mit verzweifeltem Unterton den Satz »Bitte überprüfen Sie die Bremsen« und das Wort »Schuhgeschäft« vom Balkon hinab. Doch die Rufe verhallten ungehört.

»Strand gehen«, sagte das Kind. »Setz dich mal da in die Ecke«, erwiderte ich. »jetzt darfst du vor allem keinen Sonnenbrand kriegen. Und ich muss vor allem die Ruhe bewahren.« Mit meinem Körper gab ich dem Kind Schatten. Gleichzeitig versuchte ich, mit dem Plastikschäufelchen die Balkontür zu öffnen. Man muss die Kante des Griffs vorsichtig in das Schlüsselloch einführen … nein, besser mit der Schaufel aufstemmen … oder vielleicht unten, wenn man unter dem Türschlitz nach dem Riegel angelt … griechische Siebzigerjahre-Balkontüren gegen deutsche Neunzigerjahre-Plastikschaufeln, material- und verarbeitungstechnisch war es ein Kampf der Giganten. Nicht vergessen, dem Kind während des An-der-Türe-Herumbastelns mit dem Rumpf Schatten zu geben! Und die Sonne stieg.

Am Abend, auf der Hotelterrasse, machte das Kind einen tadellosen Eindruck. Fröhlich. Weißhäutig, mit einem ganz leichten Braunstich. Es hat gar nicht mitgekriegt, in welcher Gefahr wir schwebten. Es war ja noch klein. Ich dagegen war rot verbrannt. Geschwollene Nase, tränende Augen. Der Kampf gegen die Tür hatte fast zwei Stunden gedauert, währenddessen hatte ich dem Kind Geschichten aus der griechischen Mythologie erzählt. Die Argonauten. Troja. Odysseus. Ikarus, der Junge, der zur Sonne flog.

»Sie müssen aber auch daran denken, sich selber einzucremen«, sagten die gut aussehenden älteren Damen. »Das mit dem Kind klappt ja schon recht gut.«

Es war ein Punktsieg. Aber sie werden uns nie wirklich respektieren. Niemals.

Am nächsten Tag stieß sich das Kind an dem Felsen das Füßchen, es schrie, es blutete, und ich trug es an den älteren Damen vorbei hoch in unser Zimmer, um das Füßchen zu kühlen und zu verbinden und um zu trösten und all das. Die älteren Damen sahen mich verächtlich an. Ein blutendes Kind.

Das Volk der Apachen und der weiße Mann haben Frieden geschlossen. Eines Tages wird auch Frieden herrschen zwischen Serben und Albanern. Aber zwischen den älteren Damen und den allein reisenden Vätern mit Kind wird niemals Friede sein.

Harald Martenstein

Wurst

Gott der Herr sprach: »Ihr Völker der Welt! Essen fassen!« Und Gott der Herr verteilte unter den Völkern Lebensmittel.

Zu den Franzosen sagte Gott: »Franzosen! Das Schaf sagt überall auf der Welt mais mais, das heißt auf Französisch aber aber. Die Kuh sagt mou mou, das heißt weich weich. Diese Koinzidenz finde Ich der Allerhöchste lustig. Deshalb bekommt ihr Franzosen den Käse. Tout le fromage.«

Zu den Italienern sagte Gott: »Wegen der Mafia kriegt ihr die Teigwaren.« Die Italiener sagten: »Danke schön. Aber was hat denn die Mafia mit den Teigwaren zu tun, dio mio?« Aber Gott der Herr war da schon längst beim nächsten Volk. »Ihr kriegt alles, was faulig riecht und glibbert«, sagte Gott zu den Engländern. »Das ist die Strafe für die Spice Girls, für die Ermordung von Lady Diana, für das betrügerische Wembley-Tor und was ihr sonst noch auf dem Kerbholz habt.«

»Ihr kriegt den Reis«, sprach Gott zu den Indern. »In eine Schale passen sehr viele Reiskörner hinein. Und in das Land Indien passen sehr viele Inder hinein. Gute Begründung, was?«

Und Gott der Herr näherte sich Japan. Die Japaner standen dicht an dicht und riefen: »Fisch! Gib uns Fisch, Herr! Schau mal, wir sind eine Insel, da macht Fisch Sinn!« Gott der Herr hasste die Besserwisser. Andererseits war er kein übler Kerl und konnte schlecht nein sagen. »Fisch?«, sagte er. »Na gut. Aber die Fähigkeit, Fisch zu kochen, gebe ich euch nicht. Den Kochfisch kriegen die Schweden. Ihr aber seid von nun an dazu verdammt, alle Lebewesen der See, seien sie groß oder klein, roh zu essen. Mehr noch: Ihr sollt aus allen Lebewesen des Meeres Röllchen rollen und höllisch scharfen Meerrettich dazutun, der euch den vorlauten Mund verbrennt. In tausend Jahren komme ich wieder. Mal sehen, ob euch der Fisch dann immer noch schmeckt.« Und Gott sah, dass er aus Japan schnell wegkam.

»Du, mein geliebtes Volk der Spanier, bekommst von mir dem Allerhöchsten die Krustentiere und als Zugabe stark gesüßten Wein, von dem man sich nach dem dritten Glase übergeben muss. Frag nicht, warum. Nimm es einfach hin.« Dann kam Gott der Herr zu den Deutschen. »Hm«, sprach er, »nehmt's mir nicht übel, aber ihr habt irgendwie Wurstgesichter. Soll ich euch die Wurst geben? Nein, das wäre zu naheliegend. Das wäre ein Klischee. Von mir wird zu Recht erwartet, dass ich kreativ bin.« Also gab Gott der Herr den Deutschen den Broccoli. Damit hatte niemand gerechnet. Gott der Herr freute sich über seine Idee und klatschte in die Hände, so ausgiebig, dass er Afrika bei der Ausgabe der Lebensmittel übersah.

Die Hawaii-Inseln beschenkte Gott mit prächtigen Ananasbäumen, deren Früchte golden im Wind schaukelten. Das waren die schönsten Früchte der Welt. Doch ein Jammern und Wehklagen ging durch Hawaii. »Wir sind Seefahrer«, riefen die Hawaiianer, »wir können nicht gut klettern.« Daraufhin sagte Gott: »Wer nicht will, der hat schon.« Und er vergrub die Ananas in der Erde, denn es gab Tage, an denen er einfach nicht nein sagen konnte. Wenn die Menschen heute vom goldenen Zeitalter sprechen, dann meinen sie die Zeit, als die Ananas noch auf den Bäumen wuchs.

Die Wurst aber hat Gott der Herr den Polen gegeben, weil die Polen, im Gegensatz zu den Deutschen, für wenig Geld Autos reparieren, Wohnungen streichen und Spargel stechen. »An euch habe ich ein Wohlgefallen. Ihr braucht was Kräftiges, ihr braven, fleißigen Polen«, sprach Gott.

Polnische Wurst enthält nahrhaftes Fett, würzige Chemikalien, verschiedene Säugetiere, zwei Prozent Kerbtierflügel und keinerlei Vitamine. Ja – genau so muss eine gute Wurst schmecken. Kinder lieben polnische Wurst. Zum Dank für die Wurst wurden die Polen ein besonders gottesfürchtiges Volk, und alle paar Jahrhunderte reparieren sie für ganz wenig Geld den Himmel.

Harald Martenstein

Über das Alter

Ja gut, ich habe ein bisschen Angst vor dem Alter. Vor einer bestimmten Sache habe ich besonders viel Angst. Ich möchte nicht gern eine Windel tragen. Obwohl, ich weiß ja gar nicht, wie es ist. An das Windeltragen als Säugling kann man sich in der Regel nicht mehr erinnern. Man würde aber nie auf die Idee kommen, dass für so einen Säugling das Windelwechseln eine demütigende Sache ist, im Gegenteil, man sagt, das ist ein Säugling, da gehört die Windel dazu wie das Katzenklo zur Katze. Beide, der Säugling und die Katze, werden trotzdem für süß gehalten.

Mich werden sie nicht für süß halten. Ich bin als Greis bestimmt sehr unangenehm.

Ich werde im Heim sitzen. Ich kann mir nicht vorstellen, dass mein Sohn mich zu sich nimmt. Er ist ein guter Sohn, aber er ist auch klug und mag es bequem, deswegen wird er es nicht tun. Ich werde im Heim sitzen und die Pfleger tyrannisieren. Ich werde ständig das Essen zurückgehen lassen, weil ich glaube, eine Stubenfliege hat sich auf den Teller gesetzt. Seit meiner Kindheit kann ich von einem Teller, auf dem eine Stubenfliege gesessen hat, nichts essen. Das ist eine Marotte von mir. Die Pfleger werden irgendwann genug haben von meiner Marotte und mich zwingen, trotzdem den Fliegenbrei zu essen. Ein Pfleger hält den Kopf fest, der andere füllt Brei ein. Ich werde, während der Fliegenbrei mein Kinn hinabrinnt, rufen: »Ich war Kolumnist! Ich verlange Respekt!«, aber sie werden nur lachen. Ich werde rufen: »Ich habe Ludwig Erhard interviewt!«, bis die anderen Alten die Pfleger rufen, und die Pfleger schieben mich dann mit meinem Rollstuhl in die Besenkammer, damit die anderen in Ruhe fernsehen können. Die Pfleger werden sauer auf mich sein, weil ich sie dauernd auf Trab halte. Beim Windelwechseln werden sie mich unauffällig, aber fest in den Po zwicken, um es mir heimzuzahlen. Wenn ich dann jammere und zetere, werde ich kalt geduscht.

Einmal im Monat kommt mein Sohn. Seine Lebensgefährtin hasst mich, weil ich immer noch nicht gestorben bin und das gesamte Erbe für die Heimkosten draufgeht. Ansonsten ist das natürlich ein süßes Mädchen, und ich bin sehr froh für meinen Sohn. Er bringt mir eine Flasche meines Lieblingsweins mit. Ich weine vor Rührung. Nachdem er gegangen ist, nehmen mir die Pfleger die Flasche wieder weg und flößen mir lachend Fencheltee ein. Alle zwei Monate wird eine ehemalige Lebensgefährtin von mir aus der Toskana, der Uckermark oder von sonstwo anrufen, aber wegen der Beruhigungsmittel, die ich von den verfluchten Pflegern bekomme, werde ich Unsinn reden; ich werde fragen: »Regiert Ludwig Erhard immer noch bei euch in der Toskana?« Die Lebensgefährtinnen werden denken, der Arme ist völlig dement, und werden nicht mehr anrufen, stattdessen schicken sie Fencheltee, obwohl ich überhaupt nicht dement bin, nur sediert.

Klar, ich habe schon ein bisschen Angst vor dem Alter.

Horst Evers

Clever reisen

»Also, die Bahn!!! Für mich sind das alles Verbrecher! Alle, wie sie da sind! Alle! Von wegen Bahn-Card, halber Preis, das ist doch nur eine raffinierte Werbelüge, um davon abzulenken, dass in Wirklichkeit alle, die keine Bahn-Card haben, eigentlich den doppelten Preis bezahlen! Aber nicht mit mir. Ich weiß mich zu wehren!«

Frederic war in seinem Element. Sein Element und liebstes Gesprächsthema war, wie immer: wie der clevere Frederic den fiesen Geschäftemachern und Halsabschneidern allüberall durch seine überragende Intelligenz immer wieder ein Schnippchen schlägt.

»Wenn ich beispielsweise von Berlin nach Hannover muss, kaufe ich immer nur eine Karte bis Wolfsburg und schlafe dann im Zug überraschend unmittelbar vor Wolfsburg ein. Wenn dann hinter Wolfsburg der Schaffner durch unser Abteil geht, schrecke ich auf und schreie: »Oje, oje, in Wolfsburg, da musste ich doch raus. Oje, oje.« Der Schaffner tröstet mich, sagt, ich soll einfach von Hannover aus zurückfahren, er drückt ein Auge zu, ich fahre von Wolfsburg bis Hannover umsonst und hab ganz schön Geld gespart. Paar Mark zwar nur, aber das läppert sich.«

Interessanter Plan. In zwei Tagen musste auch ich nach Hannover. Frederics Bahnplan schien erprobt, was sollte da schon schiefgehn? Und so cool und ausgefuchst wie Frederic war ich ja wohl schon lange. Am nächsten Tag kaufte ich mir eine Karte nach Wolfsburg.

Die ganze Nacht vor meiner Abfahrt tat ich kein Auge zu. Viel zu aufgeregt war ich aufgrund meines unmittelbar bevorstehenden großen Coups. In der U-Bahn auf dem Weg zum Bahnhof bewahrte ich mein Pokerface. Niemand in meinem Wagen hatte auch nur die geringste Ahnung, mit welch brillant kriminellem Genie sie da U-Bahn fuhren.

Lässig bestieg ich am Bahnhof Zoo den Zug und überreichte dem Schaffner meinen Fahrschein.

– Sie fahren bis Wolfsburg?

– Ganz genau.

– Das ist ja prima. He, komm mal her.

Er winkte einen kleinen Jungen heran.

– Das Kind reist allein und muss auch nach Wolfsburg. Hier Junge, der nette Mann kümmert sich bestimmt um dich und passt auf, dass du in Wolfsburg mit ihm aussteigst.

Mein wasserdichter Plan bekam plötzlich undichte Stellen. Der Schaffner war zufrieden und zog von dannen. Das Kind begann zu plappern.

– Ich heiße Torben, und du?

– Sag ich nicht. Aber wenn du willst, kannst du mich ruhig: der große dumme Mann nennen.

– Okay. Meine Eltern holen mich am Bahnhof ab. Was machst du in Wolfsburg?

– Auf den Zug nach Hannover warten.

– Aber dieser Zug fährt doch auch nach Hannover!

– Ich weiß.

– Bist du traurig?

– Geht so.

– Na, da ist es ja gut, dass der Schaffner mich zu dir gebracht hat. Da kann ich dich ja vielleicht ein bisschen aufheitern.

– Ich bin schon lustig genug… Hör zu, ich sag dir kurz vor

Wolfsburg Bescheid, damit du da aussteigst; und du lässt mich hier im Zug schlafen. Okay?

– Aber dann verpasst du Wolfsburg.

– Ich glaube nicht, dass ich da was verpasse.

– Aber der Schaffner hat gesagt, du steigst mit mir in Wolfsburg aus und passt auf mich auf.

– Das ist mir egal.

– Gut, dann geh ich zum Schaffner und …

– Du gehst nicht zum Schaffner!

– Nur wenn du mit mir aussteigst.

– Na gut, wir werden ja sehen, wer sich durchsetzt.

Als wir dann in Wolfsburg aussteigen, sind keine Eltern am Bahnhof.

– Und? Wo sind jetzt deine Rabeneltern?

– Ich weiß nicht, vielleicht warten sie am Bahnhof in Gifhorn.

– Gifhorn?

– Da wohnen wir. Bringst du mich da hin?

– Den Teufel werd ich tun. Ich bring dich jetzt zur Bahnhofsaufsicht, da kannst du ein paar Stunden bleiben, und wenn sich deine Eltern dann immer noch nicht gemeldet haben, kommst du in ein schönes Heim, wo du mit vielen anderen spielen kannst.

Der Kleine fängt an zu weinen. Die anderen Passanten bleiben stehen und beobachten uns.

– Immer sagst du, ich soll ins Heim, Papa.

– Nenn mich nicht Papa.

– Doch, Papa. Dabei bin ich dir nur nachgefahren, damit du nicht wieder alles Geld vertrinkst und Mama die ganze Nacht weint.

Die Passanten bilden einen Kreis um uns.

– Hör jetzt bitte auf.

– Nein, bitte hau mich nicht!

Die Menschenmenge wird zu einer Zusammenrottung und

beginnt tieftonig zu grummeln. Obwohl ich mich nicht wie der Klügere fühle, gebe ich nach, drücke Torben, so fest ich nur kann, an mich und beginne zu weinen. Dazu brauch ich mich nicht mal zu verstellen.

Auch unser Regionalzug fährt über Gifhorn nach Hannover. Na immerhin. Unser Zug hat nur 25 Minuten Verspätung, sodass wir gerade mal eine Stunde warten müssen. Das ist Glück.

Der Regionalzugschaffner ist für einen Norddeutschen überraschend redselig.

– Soso, von Wolfsburg kommen Sie?

– Na ja, genau genommen von Berlin.

Er grinst.

– Verstehe, kenn ich, solche hamm wir oft. Und kurz vor Wolfsburg konnten Sie einfach nicht einschlafen, was?

So viel zu Frederics brillantem, geheimem Supertrick. Klar, war auch viel Pech bei. Trotzdem bin ich mittlerweile skeptisch, ob ich auch seinen zweiten Supertrick, durch den einmaligen Erwerb einer gebrauchten Wachschutzuniform nebst Schäferhund-Attrappe jahrelang BVG-Gebühren sparen, unbedingt ausprobieren sollte.

Horst Evers

Als Deutscher auf Reisen

Grundsätzlich habe ich gar nichts gegen das Verreisen. Nein, ich fahre eigentlich sogar ganz gern ins Ausland. Auch wenn es nicht immer leicht für mich ist, also für mich als Deutschen.

Für meine Generation war es nie ganz einfach, sich im Ausland als Deutsche zu erkennen zu geben. Die meisten Bewohner des benachbarten Auslands rümpfen doch die Nase, wenn man zugibt, Deutscher zu sein, und wenn man doch mal von jemandem mit offenen Armen, überschwänglich freudig begrüßt wird, muss man immer befürchten, dass derjenige vermutlich ein Faschist ist.

In meiner Jugend war mir das immer peinlich, weshalb ich im Ausland regelmäßig behauptet habe, ich sei Schwede. Zwar kann ich kein Schwedisch, aber fast alle Schweden sprechen Englisch. Ich bin damit ziemlich gut gefahren, nur dreimal gab's ein paar Probleme. Vor zwölf Jahren, als ich nach einer Woche Prag derart von meiner schwedischen Identität überzeugt war, dass ich dies auch bei der Ausreise angab, gleichzeitig meinen deutschen Pass vorzeigte und daraufhin zwölf Stunden an der Grenze festgehalten und verhört wurde. Meine damaligen Mitreisenden sind deshalb bis heute etwas sauer auf mich. Vor acht Jahren in Paris bat mich ein Kellner, für drei Schweden an einem anderen Tisch zu dolmetschen. Damals wollte ich den Schwindel schon gestehen, bemerkte aber noch rechtzeitig, dass die drei anderen Schweden aus Kaiserslautern kamen. Verwandte Seelen. Und dann war da meine, privat gesehen, größte Enttäuschung im letzten Jahr, mein Urlaub in Norwegen, als ich feststellen musste, dass die Norweger gar nichts gegen Deutsche haben, aber Schweden nicht ausstehen können.

Horst Evers

Rheine

»In Rheine...«, sagte der Mann in der Regionalbahn, »in Rheine...«, und ich hörte zu, »in Rheine...«, und ich war gespannt, was er über Rheine Erschütterndes wusste, »in Rheine...«, und ich dachte, ob da wohl noch was kommt, »in Rheine...«, und ich beschloss zu zählen, wie viele Anläufe für seinen Satz er wohl noch nehmen würde, »in Rheine...«, und ich staunte: sechs. »In Rheine... da is doch nix los. Wennde was erleben willst, dann musste nach Münster fahren. Da is was los!« Und ich dachte: Ah ja, wennde was erleben willst, musste nach Münster fahren? Oh mein Gott. Ich fuhr also nach Rheine, und ich erwartete nichts. Gar nichts. Aber dann:

Im Restaurant. Zwei Tische weiter sitzt eine Familie. Mutter, Vater und ein zirka vierjähriges Kind. Die Kellnerin steht auch da und erwartet die Bestellung. Die Familie hat Streit. Das Kind weigert sich, die Kinderspaghetti zu bestellen, will eine reguläre Portion Makkaroni mit Pilzsauce. Der Vater ist wütend.

– Und dann isst du wieder nur die Hälfte. Nimm die Kinderspaghetti, die schaffst du.

Das Kind bleibt bockig.

– Ich hab aber keine Lust auf diese blöden Spaghetti. Ich will Makkaroni.

– Die Nudeln schmecken alle gleich, nur die Form ist anders.

– Gar nicht.

– Aber doch.

– Ich will die Makkaroni!

– Nein.

– Doch.

– Nein!

– Doch!

– Nein!!!

– Doch!!!

– Nein!!!!!!!

– Doooooooooooooo …

– Na gut. Aber wehe, du isst deinen Teller nicht leer. Das musst du jetzt mal begreifen. Was man sich bestellt, das muss man auch aufessen. Sonst gibt's Ärger, ist das klar?

Die Kellnerin geht jetzt lächelnd dazwischen.

– Ich denke, wir kriegen das schon hin.

Dann nimmt sie die restlichen Bestellungen auf, Pizza für die Mutter, Pasta Mista für den Vater, und verschwindet grinsend in der Küche.

Eine Viertelstunde später bringt sie das Essen: eine adrette, gut überschaubare Kinderportion Makkaroni, Pizza für die Mutter und für den Vater einen gigantischen Teller, nein, eine Platte, quasi ein riesiges Tablett turmhoch gefüllt mit Nudeln jedweder Couleur. Nicht ohne eine gewisse Kraftanstrengung stellt sie den halben Kubikmeter Nudeln vor ihm ab. Dann strahlt sie ihn an:

– So, und schön den Teller leer essen!

Glucksend geht sie zurück. Mutter und Kind, das halbe Restaurant lachen los. Der Vater starrt auf sein Nudelgebirge. Er sagt nichts. Dann jedoch bekommt sein Gesicht plötzlich einen entschlossenen Zug. Er greift zur Gabel und beginnt sein Martyrium.

Die anderen Gäste beobachten ihn. Stühle werden gerückt, um einen besseren Blick auf den Mann und seine Nudeln zu bekommen.

Stunden vergehn. Nudel für Nudel arbeitet sich der Mann voran. Sein Tempo ist langsamer geworden. Dennoch führt er nach wie vor stetig, fast schon mechanisch, eine gefüllte Gabel nach der anderen an seinen Mund. Sein glasiger, leerer Blick scheint nur noch auf den Nudelturm gerichtet, der aber nicht wirklich kleiner wird. Die Tische des Restaurants bilden mittlerweile eine Art Arena. Alles schaut nur noch dem Mann zu, diskutiert, Wetten werden abgeschlossen. Die meisten Gäste haben mittlerweile ihr Essen beendet, bestellen aber immer wieder Getränke nach, um nichts von dem Schauspiel zu verpassen. Mutter und Kind haben längst jeden Kontakt zu ihrem Familienmitglied verloren. Fassungslos starren sie ihn an. Die anderen sind sich einig: Dies ist das größte Ereignis in Rheine, seit Volker Schmidmann vor fünf Jahren beim Versuch, seine eigene Scheune anzuzünden, ums Leben kam.

Viele Stunden später, gegen Mitternacht, ist das Restaurant, das eigentlich um 22.00 Uhr schließt, immer noch völlig überfüllt. Es ist sehr laut. Mutter und Kellnerin geben Interviews für verschiedene Zeitungen und Radiosender, die mittlerweile Reporter geschickt haben. Die Nudelplatte ist jetzt fast leer. Der Mann ist längst nur noch ein Nudeln verzehrender Schatten. Seine Hand zittert, aus dem Innern seines Körpers kommen mannigfaltige, skurrile Geräusche. Dann sind es nur noch 5 Nudeln. Die mitfiebernde Menge zählt runter: 5-4-3-2-1 … es ist fast geschafft. Der Mann hält die letzte Nudel vor seinen Mund. Lässig schaut er zur Kellnerin und sagt: »Die Dessertkarte bitte.« Die Menge johlt. Dann aber legt er die letzte Nudel plötzlich wieder ab, lächelt zu seinem Kind hinüber: »Tut mir leid, aber ich schaff's nicht.« Steht auf und geht wie ein Herr zur Toilette. Er wird lange Zeit dort sein.

Ja, wir haben sie noch, die wahren Helden. In Rheine, da sitzen sie und essen Nudeln.

Horst Evers

Berliner Idyll II

Am Morgen des 14. März war Heinrich Pallmann etwas albern zumute. Nachdem er aufgestanden war und sich angezogen hatte, stellte er den Wecker seiner Frau um zwei Stunden vor, weit über ihre normale Weckzeit hinaus, um sie dann gleich aufgeregt zu wecken: Ob sie denn nicht zur Arbeit müsste, es sei schon nach 9.00 Uhr, sie käme doch viel zu spät ins Büro!

Ingrid Pallmann erschrak beim Blick auf den Wecker, sprang aus dem Bett, rannte sofort planlos durch die Wohnung, griff wahllos nach jedem herumliegenden Kleidungsstück, versuchte diese im Laufen irgendwie über ihren Körper zu bugsieren und rief dabei mit sich überschlagender Stimme unablässig: »Oh Gott, oh Gott, das kann doch nicht sein, oh Gott, der Wecker hat nicht funktioniert, oh Gott, oder ich habe ihn nicht gehört, oh Gott! Oh Gott!«

Dann fiel sie beim Versuch, im Laufen eine Strumpfhose anzuziehen, in den Altpapierstapel.

Heinrich Pallmann lächelte. Er mochte es, wenn seine Frau so völlig aufgelöst und hektisch war. In diesem Moment war sie für ihn noch schöner als sonst schon. So jung, so lebendig, so liebenswert!

»Hilf mir mal, du Arsch!!!«, brüllte sie ihn an, als sie, in der Zimmerpflanze verheddert, mit dem BH kämpfte, und Heinrich verliebte sich direkt zum wahrscheinlich 183sten Mal aufs Neue in seine Frau.

Auch nach weit über 20 Jahren war ihre Liebe immer noch frisch. Nicht zuletzt auch aufgrund der vielen kleinen Neckereien, mit denen sie sich ihren Alltag versüßten. Wenngleich diese zeitweilig auch schon mal ein wenig aus dem Ruder liefen.

Was mal mit Zahnpasta in den Schuhen oder Salatsoße in der Shampooflasche angefangen hatte, war irgendwann ausgeartet zu Abführmitteln in den Rühreiern, Cayennepfeffer in der Frühstücksmarmelade oder kleinen, lebenden Tieren in den Büroaktentaschen. Während er es liebte, wenn sie von der Arbeit krankgemeldet zu Hause lag, mal eben im Büro anzurufen und nach ihr zu fragen, hatte sie großen Spaß daran, im Frühling, bei offenem Fenster, fröhlich, ansatzlos und sehr laut durch den Innenhof zu rufen: »Verdammt, Heinrich, räum gefälligst die Windeln und den Schnuller weg, wenn du mit deinen Rollenspielen fertig bist!«

Diese kleinen Späße entfremdeten sie immer mehr von ihrer Umwelt, schweißten sie aber auch umso inniger aneinander, je mehr ihre gesellschaftliche Isolation wuchs. Lebensmittelvergiftungen, Haushaltsunfälle, fristlose Kündigungen – die Menge der gemeinsamen, unvergesslichen, einmaligen Erlebnisse, sie wuchs von Jahr zu Jahr. Einen gewissen Höhepunkt erreichten sie vor einigen Jahren, als Heinrich Ingrids Unterlagen aus dem Architekturbüro, in dem sie damals arbeitete, vertauscht hatte. Genau ging es um zwei Ausschreibungen für ein Heizkraftwerk in Ungarn und für ein Bürogebäude am Potsdamer Platz. Tatsächlich führte Heinrichs kleiner Streich dazu, dass heute auf dem Potsdamer Platz dieses sehr an ein Heizkraftwerk erinnernde Bürogebäude steht, während man sich irgendwo in Ungarn über ein architektonisch äußerst anspruchsvolles Heizkraftwerk freut.

»Wieso hast du mich nicht geweckt, du dumme Sau? Na ja, jetzt auch egal. Tschüss, Schatz!« Ingrid stürmte aus der Wohnung. Verliebt schaute Heinrich seiner fluchend und polternd durchs Treppenhaus scheppernden Frau hinterher. Schon bald würde sie seine kleine Verlade bemerken. Sicher würde die Rache nicht lange auf sich warten lassen. Heinrich freute sich schon darauf. Bestimmt würde sich Ingrid etwas ganz Wunderbares einfallen lassen. Immerhin hatte sie ja jetzt fast zwei Stunden unverhoffte Freizeit dafür.

Dietmar Wischmeyer

Weekend-Rebellen on Wheels – Biker

Als das Motorrad noch Krad genannt wurde, verfluchten die durchnässten Männer in den Sätteln mehrfach am Tag ihre Maschinen, die nicht ansprangen, auf denen man fror wie ein Schneider und wo man sich dauernd ölige Griffel holte. Was sich heute »Biker« nennt, muss nirgendwo mehr hin, sondern rast »nur so« wie eine gesengte Sau durch die Landschaft. Damit die Sinnlosigkeit der Ortsveränderung nicht sofort ins Auge springt, gibt's überall Motorradgottesdienste und Bikertreffen. Da stehen die Heinis 'ne Zeitlang rum wie eine Horde ausgebauter Ledersitze und dann orgeln sie wieder heimwärts. Gerne wird sich bei der Gelegenheit auch totgefahren, besonders von Bikern, die mehr PS zwischen den Beinen haben als IQ in der Birne. Gewagte Manöver in der Horde, mit 140 über den Rollsplit und Oma zu Hause darf sich schon mal den Arsch rasieren, damit der Onkel Doktor was zu transplantieren hat. Doch nicht alle Biker rasen sich den Brägen aus dem Helm, daneben gibt's auch noch die Cruiser. Das sind lächerliche Schwachmaten, die wie eine kackende Lesbe auf einer japanoiden Harley-Replika hocken und von Eisdiele zu Eisdiele bummeln. Man, die sehen scheiße dabei aus! Fast so scheiße wie die haarigen Daddys auf den verchromten Kirmeskisten, die immer eine Pestwolke Countrymusik hinter sich herziehen. Am scheißigsten sind aber die Bekloppten, die sich via Jackenstickbild für was Besonderes halten: »Harley-Owners-Group« oder »Women-on-wheels« heißt beides übersetzt: »Combo eingebildeter Schweine«. Denn 'ne doofe Harley kaufen kann sich jeder, der gerne 30 große Zettel verbrennt, und Frau zu sein haben immerhin auch die Hälfte aller Menschen ohne Probleme geschafft. Bei aller Markenrivalität der Motorrad-User untereinander überwiegt doch das einigende Gefühl, ein Biker zu sein, quasi ein Outlaw, und irgendwo auch ein Cowboy. Man ist schweinemäßig individuell und total nonkonformistisch. Logisch! Dabei rennen die ganzen Affen alle in dieselben Bikershops, und sobald Sonnenschein und Feiertag eine unheilige Allianz bilden, drücken alle wie auf Kommando auf den E-Starter ihrer Eierfeile. Und dann bügeln hunderttausend Individualisten auf denselben Straßen zu denselben Naherholungszielen, labern 10 Minuten Bikerscheiße, fummeln vorm Pissen 20 Minuten an ihren Kombis rum und kämmen sich 'ne halbe Stunde die platten Haare wieder hoch. Zack, fertig und wieder nach Hause. Nur weiter als 20 Kilometer sollte es nicht sein, damit das Biken nicht in Anstrengung ausartet. Insgesamt ist die ganze Motorradfahrerei so eine Luschennummer geworden, dass man sich wundert, warum es noch nicht massenweise von Mümmelgreisen betrieben wird.

Dietmar Wischmeyer

Das Paradies der Deutschen – mit Zapfanlage

Die Vorstellungen des deutschen Menschen vom Paradies sind schlicht und ganz von dieser Welt: scheißegal wo, Hauptsache mit Zapfanlage. Um diese höchstmögliche Form der Glückseligkeit schon hienieden antesten zu können, hämmert der Bekloppte reihenweise Bierhähne ins irdische Jammertal. Der ehemalige Heizungskeller, notdürftig mit Fichtenrauspund zur

Haifischbar genagelt – die Zapfanlage macht ihn zum deutschen Himmel. Noch die müdeste Sofaparty mit Kleinerts von gegenüber wird zum Bacchanal, wenn das Partyfässchen auf dem Servierwägelchen sintert. Gipfel des Zapfwahns sind diese merkwürdigen Planwagen, die im Sommer durch die Naherholungsgebiete zuckeln. Unter schwitziger LKW-Plane hocken in sengender Mittagshitze die feisten Touris und lassen sich vom dampfenden Gnadenbrötler durch die Heide wackeln. Allein, es lohnt die Tortur. Denn was wohl haben wir da zusätzlich zum Kassettendeck mit Blu-Bo-Mucke auf dem Entertainment-Hänger? Richtig! Eine Zapfanlage! Fern vom angestammten Platz an der Theke wird das Wunder des Zapfhahnes erst richtig offenbar. Man stelle sich vor: Ein Hahn kommt aus der Wand oder einem Möbel, und anstelle des erwarteten schnöden H_2O sprudelt erquickender Gerstensaft aus dem Absperrventil. Größtmöglichstes aller vorstellbaren Wunder! Die Germanen wären 1000 Jahre früher durchchristianisiert worden, hätte der Nazarener, statt Wasser in Wein zu verwandeln, einen Zapfhahn in den Sinai gehämmert und »Ozapft is« gebrüllt.

Der Deutsche wird niemals müde, sich alltäglich dieses Wunders zu vergewissern: Ein Hahn wird geöffnet, und ohn' Unterlass ergießt sich die blonde Labsal in die Welt – gezähmt nur vom noch größeren Durst des Biertrinkers. Drum ist der Zapfhahn *das* religiöse Symbol des deutschen Menschen. Und was in den Kellern geschieht, in den sommerlichen Baumarktpavillons – das ist der deutsche Gottesdienst. Die Vierteldrehung am Messinghahn, das sich nachfolgend schäumend ins Glas ergießende Bräu – das ist gelebtes Heidentum, das sind archaische Saturnalien über Jahrhunderte weitergereicht an die nächste Generation. Andere Völker können das nicht verstehen. Wer das Bier nur aus der Flasche kennt, wird nie begreifen, dass im Zapfhahn das Versprechen der Ewigkeit verborgen ist. Hier wohnt der Traum vom nie versiegenden Quell. Und – sind wir mal ehrlich – es ist die schönste Religion, die sich je ein Mensch erdacht hat. Und wir Deutschen, wir fürchten nichts auf der Welt, außer dass vor ihrem Ende das Bier alle ist – das wäre dann der übelste Zapfenstreich, den man uns gespielt hätte.

Dietmar Wischmeyer

Ausgelagertes Sekundärbedürfnis – Nächstenliebe

Als der Nazarener das Theorem von der Nächstenliebe ersann, dachte er sicher nicht daran, die Nachbarin zu poppen. Dennoch lohnt es sich, einen Moment bei diesem verlockenden Gedanken zu verweilen. All das, was den landestypischen Beziehungsalltag in eine erotische Ödnis verwandelt, entfällt beim GV über die Wohnungsgrenze hinaus: Qua definitionem unterhält man mit Frau Nachbarin keinen gemeinsamen Haushalt, diesen ewigen Quell kleinkarierter Sticheleien, man teilt sich nicht die Aufzucht einer undankbaren Brut und muss auch nicht die Abende mit ihr vor der Braun'schen Röhre verplempern. Kurz und gut: All das, was die gelebte Erotik des Beziehungsalltags in einen zwar handwerklich sauber ausgeführten, aber dennoch unbefriedigenden Event auspimpeln lässt, all das kommt nicht zum Tragen. Sollte es sich bei dem Gatten besagter Sexanrainerin auch noch um einen jähzornigen Baggerführer handeln, na prima, da hätten wir dann auch noch 'ne Prise brutaler Gewalt im Programm. Im Zuge drohenden Auftauchens des Tiefbaugorillas verbietet sich die langwierige Anwendung von Rotwein- und Bolerogeschwiemel nur zu selbstverständlich. Da heißt es zur Sache kommen, bevor der zementverkrustete Polyphem die Szene betritt. Dieses Gratisprickeln lässt auch über den leicht angegriffenen Phänotyp der Sexgehilfin hinwegsehen. Logischerweise kommt beim wohnungsübergreifenden Verkehr die zugemüffelte Ehesasse nicht in Frage. Dieses Mahnmal nichtgelebter Erotik würde noch dem aufgegeiltesten Pavianhäuptling das Skrotum veröden. Da Eile geboten, stellen sich den GV-Leistungswilligen allerlei Möbelstücke zum Vollzug dar. Das Beistelltischchen von Tante Irmgard – längst überfällig – kann en passant sperrmüllbereit genagelt werden, die labile Wandgarderobe »Trollhättan« fällt dem wüsten Anlehnsex zum Opfer, der beknackte Duschvorhang mit den Segelohr-Elefanten, den die blöden Kinder so lustig fanden – zappzerapp in Fetzen gepoppt! So dient der außerhäusige Geschlechtsverkehr nicht nur dem drüsischen Wohlbefinden, sondern bereinigt auch noch die zugemüllte Wohnungseinrichtung. Ist dann orgasmusmäßig Ende im Gelände, kann der geordnete Rückzug angetreten werden. Sollte unvermutet der Zementmorlock auf den Plan treten, entfällt sogar die verlogene Abschiedsfloskel: »Wir telefonieren, hähä.« Doch auch ohne Auftauchen der gewaltbereiten Unterschicht kann der Rückzug kommentarlos angetreten werden. Kein theoretisches Nachbereiten der abgelieferten Leistungen, kein sinnentleertes Après-Gekuschel. Tür zu, auf Wiedersehen. Andere Tür auf, Glotze an: Dirty Harry mit Clint Eastwood. Und während man noch im bläulichen Schein des Macho-Krimis die vergangene Viertelstunde geistig nachbereitet, ist die eigene Frau eine Tür weiter beim Dachdeckermeister unter Beschlag: So witzig kann Ehe sein, wenn eine Prise Nächstenliebe dabei ist.

Katinka Buddenkotte

Damenoberbekleidung

Ich weiß, warum ich nicht mehr raus in die feindliche Welt gehe. Ich habe nichts zum Anziehen. Ich meine jetzt nicht nur wegen des Wetters, sondern ich besitze an und für sich weder *Street Basics* noch *Büroschick*.

Mein Kleiderfundus besteht nur aus den beiden anderen Kategorien, nämlich *Fummel* und *Leisure Wear.* Letztere sind meist Werbegeschenk-T-Shirts mit hanebüchenen Aufdrucken, Erstere eher die Kleidchen, die man sich, ohne anzuprobieren, kauft und denkt: »Notfalls kannste es ja noch als Nachthemd anziehen.« Auf diese Weise ist auch eine beachtliche Schnittmenge der beiden Kategorien entstanden, sozusagen *Leisure-Fummel.* So gibt es durchaus Nächte, in denen ich wie eine Königin zu Bett gehe. Vielleicht nicht wie die Königin von Saba, aber wie die Königin der Hummeln oder so. Die Sachen, die ich auf der Straße trage, habe ich entweder offiziell geerbt, oder irgendjemand hat sie mal bei mir liegen gelassen.

Ich möchte aber betonen, dass es nicht aus meinem Mangel an Stilbewusstsein herrührt, dass ich ab und an wie Karl Arsch rumlaufe, sondern dass die Schuld bei den Personen liegt, die mir über die Jahre hinweg deutlich zu verstehen gegeben haben, dass ich körperlich nicht der menschlichen Gattung zuzurechnen bin: Einzelhandelsverkäuferinnen im Bereich Damenoberbekleidung. Und genau wie Klamotten lassen sich auch die

Weibchen, die die Textilien feilbieten, schön in Gruppen aufteilen:

Die einen sind die *Hilfsbereiten.*

Auf sie traf ich schon in frühem Alter, als ich das letzte Mal mit Mammi shoppen ging. Sie nehmen ihren Job sehr ernst, heißen Frau Terges, finden schöne Worte für pubertäre Verwachsungen und reißen abwechselnd mit Mammi die Kabinentür auf, um nach dem Rechten zu sehen oder noch mal eine Größe »drüber« reinzureichen. In den Kabinen dieser Geschäfte befinden sich keine Spiegel. Da muss man dann raus. Zu Mammi und Frau Terges, die über dich reden, als seiest du eine Pflanze. Das geht dann so:

Mammi: »Zieh das doch mal richtig an.«

Frau Terges: »Das ist jetzt schon L, sie hat halt eine starke Mitte … Ist der Vater auch so gebaut?«

Mammi: »Zieh das doch mal richtig an.«

Frau Terges (näher tretend): »Sieht auch schön aus, wenn man das an den Ärmeln so aufschoppt.«

Mammi: »Genau, zieh das doch mal richtig an.«

Frau Terges: »Da haben wir jetzt ganz schöne Hosen zu reingekriegt, ich weiß aber nicht, ob wir die noch in der Größe dahaben … Die jungen Dinger sind aber auch kräftiger gebaut heutzutage.«

Mammi: »Zieh das doch mal …«

Und so weiter.

Irgendwann hat auch die liebevollste Mutter keinen Bock mehr, mit einer Tochter in die Stadt zu gehen, die unfähig ist, vorne von hinten und Umkrempeln von dem beliebten »Aufschoppen« zu unterscheiden.

Ich dachte noch, es sei ein guter Tag, an dem ich statt Taschengeld nun »Bekleidungsgeld« bekam. Endlich dreizehn und erwachsen, sollte ich für fünfzig Mark im Monat einen eigenen Modegeschmack finanzieren. Nichts leichter als das, dachte ich.

An diesem Tag ging ich in den total angesagten Secondhandladen mit dem total coolen Namen »Kaufrausch«. Bis dahin wusste ich nicht, dass man die Schwellen solcher Schuppen nur dann übertritt, wenn man ganz und gar in der eigenen Retrokollektion dieses Ladens eingekleidet ist. Wenn man diesem ungeschriebenen Gesetz nämlich nicht folgt, geschieht es, dass man dem ganzen widerlichen Wesen der zweiten Sorte von Verkäuferin ausgeliefert wird:

der *Szeneprinzessin.*

Die Szeneprinzessin ist um die zwanzig, aber schon sehr reif, um nicht zu sagen faltig für ihr Alter. Sie studiert eigentlich romanische Sprachen und jobbt nur für die Kohle, um aus diesem unerträglichen Kaff endlich wieder ab nach Formentera zu düsen, »da sind die Leute einfach freundlicher, eine ganz andere Mentalität haben die«.

Es gelingt der Szeneprinzessin nur selten, diese freundliche Mentalität mit nach Hause zu nehmen. Sie sitzt da und raucht, trinkt Milchkaffee aus einer dreckigen Metalltasse und befiehlt ihrem gelangweilten Labrador, von den Kunden wegzubleiben, die sind nämlich »pfui«. Wenn jemand in den Laden kommt, der nicht ihr Musikerfreund ist, dem sie stundenlang von ihrem Elend erzählen kann, lupft sie höchstens mal eine Augenbraue, um dann so zu tun, als ob sie in einem wirklich erbaulichen Buch läse.

Und obwohl diese Frau ein absolut unerträgliches Biest ist, beten alle 14-Jährigen der Stadt sie an wie eine Göttin. Wenn das Szeneprinzesschen mal etwas anderes zu ihnen sagt als »Hängste das bitte wieder richtig auf«, ist der Tag gerettet. Wenn die Prinzessin beispielsweise einen wirklich anerkennenden Satz spricht wie etwa: »Sitzt doch ganz gut am Arsch, ich würde die nehmen«, hat man es geschafft.

Ich konnte es nicht schaffen. Ich hatte es mir mit der ortsansässigen Prinzessin gleich am ersten Tag verscherzt; eine ganz dumme Sache war das gewesen. Ich nahm eine echt tolle Jeans mit in die Kabine, toll deshalb, weil die Prinzessin das gleiche Modell trug. Und weil das alles schon total aufregend war, nahm ich die Hose auch gleich in ihrer Größe – nicht in meiner. So erbaulich kann ihr Buch an dem Tage nicht gewesen sein, denn sie hörte, wie es ratsch machte, stürmte in die Kabine und kreischte: »Biste bescheuert, oder was? Die Hose ist aus Amerika importiert, die haben die da extra so cool kaputt gemacht. Und du hast sie jetzt … uncool kaputt gemacht! Ich bekomme 140 Mark von dir!« Ich gab ihr kleinlaut das Geld und ging mit meinen Jeansstreifen nach Hause.

Mein Quartalsbudget war aufgebraucht, also lief ich den ganzen Winter in einem langen Parka aus der Altkleidersammlung herum. Im Sommer trennte ich einfach das Futter heraus.

Seitdem mache ich mir nicht mehr viel aus Klamotten. Ab und zu gehe ich in einen Secondhandladen, um die Prinzessinnen zu schocken: Ich stelle mich in die Kabine und ratsche am Klettverschluss meines Rucksacks herum. Das Geräusch macht sie immer noch fertig. Neulich hat eine beim Aufspringen ihren Milchkaffee umgeworfen. Direkt auf ihre blöde Jeans. Das war ein schöner Tag.

Katinka Buddenkotte

Zu Kreuze gekrochen

Meine Eltern sind sehr früh aus ihrer jeweiligen Kirche ausgetreten, beide aus völlig unterschiedlichen Gründen.

Mein Vater las kurz vor seiner Konfirmation die Bibel durch, befand einige Stellen für interessant und kurzweilig, ließ aber anschließend den Pfarrer wissen, dass ihm die Sache mit Gott dann doch zu weit ginge. Schließlich wollte er schon immer Lehrer werden, und die glauben nicht, die wissen besser. Man entließ meinen Vater daraufhin relativ unkompliziert aus seiner Gemeinde.

Meine Mutter hingegen hatte ihre Probleme mit dem stellvertretenden Management. Sie konnte nicht auf den Papst, den sie als ihren persönlichen Erzfeind betrachtete, wenn es um ihr Lieblingsthema ging: die Verhütung schlimmer Krankheiten und noch schlimmerer Kinder.

Was also macht das Kind dieser Eltern, wenn es merkt, dass es Zeit wird, Grenzen auszutesten und seine eigene Persönlichkeit zu entwickeln? Wie tut so eine Achtjährige, die den wunden Punkt ihrer Ahnen entdeckt hat und daraus ihren Vorteil ziehen will? Genau, sie fragt beim Abendessen, fast beiläufig und in unschuldigem Ton: »Könnten wir nicht vorher mal beten?«

Und sieht dann mit unverhohlener Freude zu, wie ihre Eltern in die Pasta speien.

»Kind, für wen willst du denn beten?«, fragte mich meine Mutter misstrauisch, als sie sich von ihrem Schluckauf erholt hatte.

»Und vor allem an wen?«, erkundigte sich mein Vater mit seltener Strenge im Ton.

Ich beschloss, ihnen nun volle christliche Breitseite zu geben.

»Ich möchte dem Herrn Jesulein danken für das schöne Mahl und ihn bitten, auch etwas Bolognese für die armen Kinder in Äthiopien zu zaubern.«

Mein Vater blieb relativ gelassen. »Solche Bolognese kann nur dein Papa zaubern, also iss, solange noch da ist.«

Meine Mutter nahm die Warnsignale ernster. Sie suspendierte mich am nächsten Tag vom Religionsunterricht, als erstes Kind einer Münsteraner Grundschule überhaupt. Das stachelte mich natürlich noch weiter an, aber ich arbeitete zunächst im Untergrund weiter an meinen Plänen. Weihnachten 1986 ließ ich die erste Bombe platzen: Ich gewann das Bibelquiz der Jugendgemeinde Apostelkirche, der Pfarrer teilte meinen Eltern persönlich seine Glückwünsche mit.

Von da an änderte meine Mutter ihre Taktik. Sie zeigte mir ein Bild von Helmut Kohl.

»Das ist der Chef von der CDU, dem Verein, den deine Eltern noch weniger mögen als Bayern München. Möchtest du mit dem unter einer Decke stecken?«

Der grausame Anblick fror meinen Drang nach Mission für einen kurzen Moment ein. Dann aber kam ich auf eine neue, bahnbrechende Idee: Ich würde das Christentum reformieren, indem ich ganz einfach genau wie Jesus würde. Nachdem ich noch einmal das Neue Testament nach durchführbaren Wundern durchforstet hatte, entschied ich mich für ein Potpourri seiner größten Erfolge, die ich im elterlichen Wohnzimmer nachzuspielen gedachte.

Der Coup war perfekt geplant, aber irgendwo musste eine undichte Stelle gewesen sein. Ich vermute, dass mein damals vierjähriger Bruder, den ich als Komplizen angeheuert hatte, den Mund nicht hatte halten können, konnte ihn aber nie überführen.

Denn als meine Eltern am Tag X das Wohnzimmer betraten, verloren sie gar nicht so schön den Verstand, wie ich es mir ausgemalt hatte. Sie setzten sich ganz cool auf die Couch neben die Aussätzigen und Siechenden, die ich mit ein paar Tetrapacks Aldi-Rotwein aus dem Stadtpark gelockt hatte.

Meine Eltern schienen überhaupt keine Notiz von den mit Wasser und Muttis *Chanel Nummer 5* gefüllten Putzeimern zu nehmen, die ich aufgestellt hatte, um im Verlaufe des Nachmittags unseren beiden Stadtpennern Erwin und Stucki die Füße zu salben.

Mein Vater steckte sich ganz ruhig eine Zigarette an und sagte trocken: »Hast du keine Zöllner finden können? Und mit dem einen oder anderen gefallenen Mädchen wäre die Party etwas stimmungsvoller, meinst du nicht?«

Erwin und Stucki brummten zustimmend. Sie sollten mich verraten, ehe der Hahn dreimal krähte.

Meine Mutter köderte die beiden mit dem ältesten, heidnischsten Trick der Welt: »Also, was wollt ihr lieber? Ein heißes Bad oder zwanzig Mark zum Saufen?«

Erwin und Stucki diskutierten nicht lange, bedankten sich bei meinen Eltern für die Gastfreundschaft und schlurften zurück in den Park. Meine Segnungen verhallten im Hausflur.

Dann endlich sprach meine Mutter aus, was seit Jahren der eigentliche Hintergrund unserer interfamiliären Glaubenskriege war und mich zur sofortigen und endgültigen Aufgabe meines Kreuzzugs bewegte: »Tochter, egal was du als Nächstes anstellst, und wenn du damit drohst, zu den Zeugen Jehovas überzulaufen, ob du ins Kloster gehen willst oder dich von Jürgen Fliege taufen lässt – wir werden kein schlechtes Gewissen bekommen und dir deswegen einen Hund schenken. Vergiss es!«

Mist, sie hatten mich durchschaut. Blut ist einfach dicker als Weihwasser und wird es immer bleiben.

Katinka Buddenkotte

Warum es der Gastronomie so schlecht geht

Frauen sollten gar nicht in Kneipen gehen. Sie machen alles verkehrt:

Eine Frau, die alleine in eine Kneipe geht, um dort Alkohol zu trinken, fällt je nach Konsum in eine der folgenden Kategorien:

Trinkt sie ein Glas Prosecco, ist sie eine Tussi, die keine echten Probleme kennt.

Trinkt sie ein Glas Wodka, hat sie Probleme, die keiner hören will.

Trinkt sie ein Glas Bier, ist sie wahrscheinlich eine Emanze.

Trinkt sie eine Flasche Prosecco, wird sie bald Probleme bekommen.

Trinkt sie eine Flasche Wodka, ist sie das Problem.

Trinkt sie mehr als vier große Bier, ist sie ein Kerl.

Frauen, die alleine in Kneipen gehen und keinen Alkohol trinken, sind Spaßbremsen.

Was gar nicht geht, sind gemischt-geschlechtliche Paare in Kneipen. Wir unterscheiden hier Angeber und Aufgeber. Aufgeber-Paare kommen nach dem Fernsehgucken am Samstagabend, um sich den anderen vor dem Geschlechtsverkehr noch mal schönzutrinken. Obwohl beide gleich schlecht aussehen, trinkt er mehr. Dann nörgelt sie. Dann wird er erst richtig hässlich. Daraufhin wollen sie miteinander reden. Beide gehen nach Hause, wo er weder zu sich noch mit ihr kommt. Unschön, auch für die anderen Gäste.

Angeber-Paare hingegen machen genau das, was der irische Volksmund als »sein Geld vor den armen Leuten zählen« bezeichnet: Sie knutschen. Vor den gescheiterten Existenzen an der Theke. Sie trinken zu wenig. Sie lachen dabei und knutschen noch mehr. Das macht die gescheiterten Existenzen schon vor dem amtlichen Siedepunkt (zehn Bier, vier Kurze) aggressiv, sodass diese vor der Zeit vor die Tür gesetzt werden müssen, also bevor sie ihren täglichen Beitrag zur Kneipenerhaltung trinken und zahlen konnten. Ganz schlecht fürs Geschäft. Manch ehrlicher Trinker und Stammkunde, der zu viel Geknutsche beobachten musste, nahm sich gar daraufhin das Leben und kam gar nicht mehr wieder. Oder ging woanders trinken. Beides sehr, sehr schlecht fürs Geschäft.

Schwule tanzen zu viel und trinken nicht genug Bier, Lesben reden zu viel darüber, wie gerne sie doch tanzen und trinken täten.

Am allerwenigsten jedoch ist der alleinstehende oder sich alleinstehend gebärdende Mann in Kneipen zu ertragen. Er versinkt in Selbstmitleid und Gin Tonic, versucht auf wortkarg zu machen, allerdings so laienhaft, dass man ihn nicht mit einem Barhocker verwechseln und so behandeln kann. Er heult im schlimmsten Fall, erzählt von wilden Racheplänen, die er hegt und pflegt, und schaut sich dabei mit einem Auge nach einem neuen Opfer um. Kurzum, der alleinstehende Mann kommt in die Kneipe, um Säufer zu werden, wird dort aber zur Frau. Männerrudel dagegen müssen nicht in Kneipen gehen. Männer sind schon betrunken, sobald mehr als drei von ihnen aufeinandertreffen. Frauen in Rudeln müssen nicht sein. Bleibt allein der Wirt. Und sein Hund. Vielleicht besser so, beißt der wenigstens keinen.

Linus Reichlin

Warum pinkeln Männer im Stehen?

Zur Beantwortung dieser Frage muss ich ein wenig ausholen. Im Jahr 1991 stellte ich mich bei einer Wohngemeinschaft in Zürich vor. Sie hatte ein Zimmer zu vermieten, und ich wollte dieses Zimmer unbedingt, denn es war riesig, hell und billig. Ich brauchte ein riesiges, helles Zimmer für meinen Käfig. Weil ich nicht so sehr gut aussah und folglich außerordentlich solo war, hatte ich einen Kanarienvogeltick entwickelt: Ich besaß sechs solcher Vögel, drei Männchen und drei Weibchen, die alle sehr promiskuitiv waren. Die drei Männchen balzten den ganzen Tag um die Weibchen der anderen Männchen – und männliche Kanarienvögel balzen nicht leise. Sie kreischen in schrillen Tonlagen. Es klingt wie kleine Kreissägen. Wenn man einen Schuh an den Käfig wirft, verstummen sie für einige Minuten, aber dann geht es wieder los.

Oft zeigten die Weibchen, obwohl sie stundenlang angekreischt und umflattert worden waren, dennoch kein Interesse an den drei Männchen. Das war für mich immer das Schlimmste. Denn nun begannen die frustrierten Männchen, sich gegenseitig anzubalzen, und weil das jeweils andere Männchen natürlich nicht hinhörte, kreischten sie ein Drittel lauter als beim Balzen um die Weibchen. Ich lernte in jener Zeit Death-Metal-Musik lieben: Mit aufgesetztem Kopfhörer hörte ich mir auf Volumenmaximum Death-Metal-Songs an und genoss gewissermaßen die Ruhe in meinem Zimmer, die völlige Absenz des Kanariengekreischs.

Das Problem war aber nicht unbedingt der Lärm, den meine Kanarienvögel verursachten. Das Problem war vielmehr mein schlechtes Gewissen ihnen gegenüber. Nur weil ich keine Freundin hatte, sperrte ich sechs freiheitsliebende Vögel ein! Um mein Gewissen zu beruhigen, baute ich ihnen einen wirklich sehr großen Käfig, zwei Meter breit und eineinhalb Meter hoch. In den kleinen WG-Zimmern, in denen ich damals wohnte, blieb neben dem Käfig nur noch Platz für meine Matratze, die Death-Metal-Musikanlage und ein zusammengerolltes *Playboy*-Heftchen. Das ist der Grund, weshalb ich jenes erwähnte riesige WG-Zimmer wie gesagt unbedingt haben wollte.

Das Vorstellungsgespräch fand in der Küche statt. Drei Frauen und zwei Männer saßen mir gegenüber und stellten die üblichen Fragen: ob ich ein sozialer Mensch sei, ob ich gern Putzpläne einhalten würde und welche Partei ich wähle. Als ich sagte, durch das viele Hören von Death-Metal-Musik sei ich politisch in die Nähe des Ku-Klux-Klans gerutscht, drohten meine Chancen, das riesige Zimmer zu bekommen, im Bodenlosen zu versinken. In meiner Verzweiflung griff ich zu einem Trick. Ich sagte: »Das mit dem Ku-Klux-Klan war nur ein Scherz, denn diese Faschos pinkeln immer im Stehen. Und wenn ich etwas nicht ausstehen kann, sind es Männer, die sich beim Pinkeln nicht setzen.« Mit den drei Stimmen der Frauen der WG gegen die zwei Stimmen der Männer bekam ich das Zimmer.

Eine Woche später zog ich zusammen mit meinen kreischenden Kanarienvögeln ein. Als ich das erste Mal in meinem neuen Zuhause pinkeln musste, klappte ich wie üblich die Klobrille hoch und wollte es im Stehen tun. Aber dann fiel mir ein, dass das vielleicht keine gute Idee war. Vielleicht lauschten die drei Frauen draußen, um zu überprüfen, ob ich wirklich der fanatische Sitzpinkler war, für den ich mich ausgegeben hatte. Man hört es ja am Geräusch, ob ein Mann es im Stehen oder im

Sitzen tut. Also klappte ich die Klobrille wieder hinunter und setzte mich. Es gefiel mir gar nicht. Es war anstrengend, und es war unhygienisch. Ich verstand damals nicht und verstehe noch heute nicht, weshalb Frauen nicht fähig sind, sich in die Anatomie des Mannes hineinzudenken.

Ich will es hier nun ein für alle Mal in aller Deutlichkeit sagen: Männer besitzen ein längliches, nach außen hängendes Geschlechtsorgan. Dieses Organ muss, wenn man im Sitzen pinkelt, etwas nach hinten gedrückt werden, denn sonst droht es, den Innenrand der Toilettenschüssel zu berühren. Es mag Männer geben, denen es nichts ausmacht, wenn ihr Zipfelchen gegen diesen kalten, bakteriell gut besuchten Emaille-Rand schlägt wie ein kleines Glöcklein. Aber das sind vermutlich Männer, denen es auch nichts ausmacht, im Bett die Socken anzubehalten. Beides ist nicht mein Stil, und so sehe ich für dieses Problem nur zwei Lösungen: größere Toilettenschüsseln oder chirurgische Verkleinerung des männlichen Geschlechtsorgans. Ich überlasse die Wahl den Frauen.

David Sedaris

Mordskerl

An einem Ostersonntag in Chicago waren meine Schwester Amy und ich zum Kaffee im Haus unseres Freundes John eingeladen. Wegen des herrlichen Wetters hatte John einen Tisch im Hinterhof aufgestellt, damit wir draußen in der Sonne sitzen konnten. Alle saßen bereits, als ich noch mal kurz zur Toilette musste und dort beim Blick in die Schüssel mit dem unbestritten riesigsten Schiss meines Lebens konfrontiert wurde – kein Fetzen Toilettenpapier oder sonst was, nur diese lange, gekringelte Wurst, dick wie ein Burrito.

Ein Zug an der Spülung ließ den Haufen herumwirbeln. Er wechselte die Position, aber mehr auch nicht. So leicht würde den niemand versenken. Ich überlegte kurz, einem anderen die Aufgabe zu überlassen, doch dazu war es zu spät. Zu spät, weil ich so blöd gewesen war und beim Aufstehen vom Tisch allen erzählt hatte, wo ich hinwollte. »Bin gleich wieder da«, hatte ich gesagt. »Ich flitz nur noch mal kurz ins Bad.« Ich hätte sagen sollen, ich müsse nur mal eben telefonieren. Eigentlich wollte ich nur pinkeln und mir eine Handvoll Wasser übers Gesicht laufen lassen, und jetzt durfte ich mich mit dem hier rumschlagen.

Während der Spülkasten nachlief, tat ich heimlich ein Gelübde. Sollte das Teil verschwinden, würde ich mich der Welt gegenüber mit einem nie da gewesenen Akt der Wohltätigkeit revanchieren. Ich betätigte ein zweites Mal die Spülung und verfolgte, wie der Kaventsmann einen gemächlichen Kreis zog. »Na los«, flüsterte ich, »schieb ab! Husch!« Ich wandte mich zum Gehen, fest entschlossen, meine Tat zu tun, doch als ich noch einmal nach unten sah, war er immer noch da und kämpfte sich gegen den Frischwasserstrahl nach oben.

Genau in dem Moment klopfte es an der Tür. Panik ergriff mich.

»Einen Augenblick.«

Bereits in frühen Jahren hatte meine Mutter mich zur Seite genommen und erklärt, jeder habe Verdauung. »Jeder«, hatte sie gesagt. »Selbst der Präsident und seine Frau.« Sie hatte unsere Nachbarn, den Pfarrer und einige der Schauspieler erwähnt, die wir jede Woche im Fernsehen sahen. Ich hatte die Botschaft verstanden, aber trotzdem: Natürlich oder nicht, den hier ließ ich mir nicht anhängen.

»Kleinen Moment noch.«

Ich überlegte ernsthaft, den Haufen aus der Toilette zu heben und aus dem Fenster zu werfen. Der Gedanke kam mir tatsächlich, aber John wohnte im Parterre, und keine drei Meter entfernt saßen ein Dutzend Leute um einen gedeckten Tisch. Sie würden sehen, wie das Fenster aufging und irgendwas rausgeworfen wurde. So wie ich diese Leute kannte, würden sie garantiert aufstehen und nachsehen. Und dann stände ich da mit eklig beschmierten Pfoten und wollte denen weismachen, der wäre gar nicht von mir gewesen. Warum machte ich mir denn die ganze Mühe, ihn aus dem Fenster zu befördern, wenn er gar nicht mir gehörte? Keiner würde mir die Geschichte abkaufen, außer dem Mistkerl, der das Teil tatsächlich verbockt hatte, wobei die Chancen schlecht standen, dass die betreffende Person vortreten und sich zur Täterschaft bekennen würde. Ich saß in der Falle.

»Ich bin gleich so weit!«

Ich schnappte mir die Saugglocke, um den Mordskerl in

kleine Stücke zu zerhacken, und dachte die ganze Zeit, das ist *gemein,* das ist wirklich nicht *meine Aufgabe.* Doch auch nach dem dritten Spülen war das Teil immer noch da. *Komm schon, Baby, beweg dich.* Während ich darauf wartete, dass der Spülkasten volllief, überlegte ich, mir die Haare zu waschen. Sie hatten es zwar nicht nötig, aber ich brauchte eine Ausrede für meine lange Leitung im Bad. *Schnell,* dachte ich, tu was.

Die anderen Gäste hielten mich inzwischen vermutlich für jemanden, der sich bei Einladungen aufs Scheißhaus verzieht und sein Lektürepensum aufholt.

»Sofort fertig. Ich wasche mir nur noch schnell die Hände.«

Ein letztes Spülen, dann hatte ich es geschafft. Das Ding war verschwunden. Als ich die Tür öffnete, stand draußen meine Freundin Janet und sagte: »Mensch, wurde aber auch Zeit.« Dann stand ich allein im Flur und überlegte, dass der Verantwortliche mit dem Riesenschiss offenbar kein Problem gehabt hatte. Warum also ich? Wieso die ganze Aufregung? Sollte ich daraus etwas lernen? Hatte ich etwas gelernt? Hatte es etwas mit Ostern zu tun? Ich beschloss, die ganze Geschichte zu vergessen, bevor ich in den Hof hinaustrat, um einen genauen Blick auf die Verdächtigen zu werfen.

P. J. O'Rourke

Auf Bummeltour im Libanon, Oktober 1984

Den Libanon besuchte ich im Herbst 1984, ungefähr im letzten Augenblick, wie sich wenig später herausstellte, in dem ein Amerikaner dort noch reisen konnte und dabei nur Gefahr lief (aber nicht sicher sein musste), entführt zu werden. Ich wollte einfach Ferien machen. Irgendwie hatte ich die Zeitschrift Vanity Fair *überredet, mich einen Text über Urlaubsfreuden in Beirut und Umgebung schreiben zu lassen. Hier folgt mit ein paar eingeklammerten Nachträgen mein Artikel für* Vanity Fair, *den sie dann aber – vernünftigerweise, wie ich finde – nicht gebracht haben, weil er ihnen zu verrückt war.*

»Baasboot.« »Bissport.« »Passburt.« »Pisspott.« Jeder Libanese kennt das Wort, aber keiner kann es aussprechen. Der erste, tiefste und dauerhafteste Eindruck von einem Besuch im Libanon ist der einer endlosen Reihe von Gesichtern, die sich zusammen mit dem Lauf einer Maschinenpistole durchs Wagenfenster hereinschieben und einem die Reisedokumente falsch aussprechen.

Einige von diesen Gesichtern gehören zur libanesischen Armee, andere zur christlichen Phalange, wieder andere gehören zornigen Schiiten oder aufbrausenden Drusen oder syrischen Wehrpflichtigen mit mürrischen Mienen oder israelischen Reservisten, die alle aussehen, als stammten sie aus Scarsdale, New

York, und weiß der Himmel wem noch. Wer im Libanon eine Schusswaffe besitzt, der hat auch einen Kontrollpunkt. Und man muss schon ziemlich verrückt sein, im Libanon ohne Schusswaffe herumzulaufen. Aber ich kann Ihnen versichern, auch die Verrückten laufen dort alle mit einer Schusswaffe herum.

Also kramt man Pässe und Papiere hervor und fragt sich: »Bin ich jetzt auf dem Gebiet der Sozialistischen Fortschrittspartei oder auf dem Territorium der Syrischen Sozialistischen Nationalpartei? Ob mich die Amal-Miliz erschießt, wenn ich ihnen einen Presseausweis der libanesischen Armee zeige? Und was heißt eigentlich auf Arabisch ›*Amerikaner? Ich?* Dass ich nicht lache!‹?«

Die Läufe der Maschinenpistolen haben alle dieses bläuliche, abgewetzte Ende, wahrscheinlich weil sie den Leuten ständig unter die Nase gehalten werden. Aber das Interessanteste an diesen Leuten ist, dass das Loch, aus dem die Kugel kommt, so klein ist und die Auswirkung, die sie auf die weitere Lebensplanung hat, so groß. Nicht, dass die Leute dauernd auf einen schießen würden, aber sie fuchteln mit ihren Waffen, knallen sie aufs Pflaster, stochern damit im Dreck herum oder kratzen sich mit dem Visier die Ohren aus … Verdienstabzeichen für umsichtigen Waffengebrauch dürften bei den libanesischen Pfadfindern schwer an den Mann zu bringen sein.

Andererseits stößt man im Libanon so gut wie nie auf Reisegruppen oder Nikon-belastete Japaner. Die Strände sind nicht überfüllt, dafür allerdings bisweilen vermint. Ruinen von historischem Interesse sind reichlich vorhanden und versperren sogar die meisten Straßen. Hotelzimmer sind leicht zu haben. Selbst im beliebtesten Restaurant braucht man nicht zu reservieren (man sollte sich allerdings erkundigen, ob möglicherweise im Laufe des Abends ein Anschlag auf das Lokal verübt werden könnte). Aber alles in allem – was wäre elementarer und authentischer als eine uralte, bis an die Zähne bewaffnete Kultur, die auf nichts als Mord, Raub und Vergewaltigung aus ist?

Eine gewisse Schwierigkeit bei Reisen in den Libanon besteht allerdings darin, dass man nicht reinkommt. Touristenvisa gibt es nicht. Wenn Sie weder Journalist noch Diplomat noch Waffenhändler sind, lässt man Sie nicht rein. Und wenn Sie das wirklich glauben, werden Sie den Orient nie verstehen. Schreiben Sie also einen Brief, Sie seien ein Ökonom und befassten sich gerade mit der Stabilität des libanesischen Pfundes oder so. (Eine solide Währung ist das einzige Staatsziel, in dem sich alle verfeindeten Gruppen einig sind. Die Zentralbank ist das am besten bewachte und am seltensten beschossene Gebäude in Beirut.) In meinem Brief stand, ich würde mich mit der Tourismusbranche im Libanon befassen.

»Tourismusbranche?«, fragte die hübsche junge Frau im libanesischen Konsulat in New York.

»Jawohl«, sagte ich.

»Tourismus?«

Ich nickte.

Sie zuckte mit den Achseln. »Na prima, aber dann lassen Sie sich mein Heimatdorf nicht entgehen, Beit Mery. Es ist sehr schön. Falls Sie bis dahin kommen.«

Middle East Airlines ist die wichtigste Fluggesellschaft, wenn man nach Beirut will. Sie fliegt von London, Paris, Frankfurt und Rom aus – manchmal. Wenn der Beiruter Flughafen unter Beschuss liegt, kann man von Larnaka auf Zypern auch ein Schiff nehmen.

In Beirut gibt es eine ganze Reihe Hotels, die geöffnet haben. Am besten ist das Commodore in El Hamra, einem Distrikt von West-Beirut. Hier hat das internationale Pressecorps sein Hauptquartier. Wenn die Gefechte vorübergehend abflauen, sind immer reichlich Zimmer zu haben. In Zeiten heftiger Kampftätigkeit reservieren Sie am besten per Telex unter Beirut 20595. Der Keller des Commodore ist als Bunker hervorragend geeignet. Das Personal ist freundlich und tüchtig und wird stets bemüht sein, Sie zurückzuholen, wenn Sie entführt wurden.

In der Bar des Commodore gibt es einen Papagei, der eine anfliegende Haubitzengranate nachmachen kann und außerdem die »Marseillaise« pfeift. In zehn Jahren Bürgerkrieg ist diese Bar nur ein einziges Mal unter Beschuss genommen worden – von einer temperenzlerischen Schiitenmiliz. Und selbst bei dieser Gelegenheit war die Hotelleitung vorgewarnt, sodass nur ein paar Flaschen Pepsi und vielleicht ein versprengter Lokalkorrespondent der BBC zu Schaden kamen. Lassen Sie sich ein Zimmer auf der dem Pool abgewandten Seite des Hauses geben. Mit Artillerie ist sie schwerer zu erreichen. Der Zimmerpreis liegt bei fünfzig Dollar die Nacht. Falls Sie Spesen abrechnen können, wird Ihre Getränkerechnung in Wäschereikosten umgewandelt.

Auf den ersten Blick fehlt es Beirut an Charme. Der Müll ist seit 1975 nicht mehr abgefahren worden. Im Meer schwappt die Jauche, und die Brandung ist mit Unrat gesprenkelt. Trinken Sie kein Leitungswasser. Bisweilen sollen schon Blutegel aus dem Hahn geflutscht sein. Der Strom kommt phasenweise.

Beirut ist eine laute Stadt. Vor den meisten Läden stehen benzingetriebene Stromgeneratoren. Ihr Lärm vermischt sich mit ununterbrochenem Gehupe, gelegentlichem Geschützfeuer, dröhnender arabischer Musik von den Handkarren der Kassettenverkäufer, dem Geschrei der Einheimischen und dann und wann der Detonation einer Autobombe. An den meisten Nachmittagen kommen von der Seeseite israelische Kampfjets und durchbrechen auf dem Weg zu ihren Zielen im Bekaa-Tal die Schallmauer.

Ein dichter brauner Dunst aus Autoabgasen und dem Rauch brennender Müllkippen hängt über der Stadt. Die Luftverschmutzung liegt wahrscheinlich bei einer Million Teilchen auf eine Million. Aber irgendwann merkt man es nicht mehr.

Vor dem Commodore findet sich immer ein freies Taxi. Ich bat einen der Fahrer, Najib, mir die Stadt zu zeigen. Ich wollte das Nationalmuseum sehen, die Große Moschee, die Place des Martyrs, den Bois des Pins, die Corniche und die Hotelpromenade. Vielleicht hatte Najib etwas falsch verstanden, oder er hatte seine eigenen Vorstellungen von einer Besichtigungstour. Jedenfalls fuhr er mit mir an die Grüne Linie. Die vier Übergänge an der Grünen Linie werden von der libanesischen Armee gesichert – auf der einen Seite die muslimische Sechste Brigade, auf der anderen die christliche Fünfte Brigade. Sie stehen unter dem gleichen Kommando, aber ihre Waffen haben sie gegeneinander gerichtet. Für die politische Stabilität der Region verheißt das nichts Gutes.

Reisende sollen nicht vergessen, Hemden oder Blusen mit großen Brusttaschen einzupacken. Tief in eine Jacke nach dem Pass zu greifen könnte den Eindruck erwecken, man wollte etwas anderes ziehen, und bringt bewaffnete Leute leicht um ihre Zurückhaltung.

Am Übergang in der Nähe des Hafens, wo früher die besten Hurenhäuser standen, sind die Zerstörungen absolut bühnentauglich. Von den alten Gebäuden steht gerade noch so viel, dass man einen Eindruck von ihrer einstigen Größe bekommt. Mörser, Haubitzen und Raketen haben dem Bild alles überflüssige Beiwerk genommen. Hinter der nächsten Ecke, auf dem alten Markt, dem Souk, kommt man sich dann plötzlich wie auf einem verlassenen Filmgelände in Hollywood vor. Kleine Kaliber und Heckenschützen haben die Verwüstung überall sorgfältig verteilt. Jeder Quadratzentimeter ist gewissenhaft von Patronen beknabbert. Dekorativ ergießt sich der Schutt aus Hauseingängen. Dächer und Gesimse sind von Einschüssen gezackt. Alles scheint bereit für den Auftritt von Ernest Borgnine, John Cassavetes und Lee Marvin in einem Remake von *The Dirty Dozen* – bloß dass die Libanesen noch nicht wissen, wie sie die Landminen entfernen sollen.

Sechsmal überquerten wir die Grüne Linie, dann fuhren wir in die südlichen Vororte von Beirut. Früher standen hier Apartmenthäuser, in denen die muslimische Mittelschicht wohnte. Bei israelischen Luftangriffen während der Invasion von 1982 wurden diese Gebäude zerstört. Moderner Wohnungsbau und eine moderne Luftwaffe ergeben zusammen eine ganz neue Art von Ruinen. Balkone, Fenster und nichttragende Außenwände lösen sich vollständig in ihre Bestandteile auf. Die verstärkten Betondecken klappen herunter wie die Lamellen einer Jalousie und bleiben in ihrer Stahlarmierung an den Versorgungsschächten des Gebäudes hängen. Oder sie stürzen ab, und es entsteht ein gigantisches Kartenhausdurcheinander. Schiitische Hausbesetzerfamilien haben sich in den so entstandenen Dreiecken und Trapezen aus Betonplatten einquartiert.

In den Gebieten, die nicht von der libanesischen Armee kontrolliert werden, sind die Kontrollpunkte zahlreicher, weniger gut organisiert und mit Teenagern in Jeans, T-Shirts und Laufschuhen von Adidas besetzt. Sie haben keine amerikanischen, sondern russische Waffen. Manche gehören zur schiitischen Amal-Miliz, andere zur noch radikaleren Hisbollah. Alle haben sehr entschiedene Ansichten über Amerika. Aber zum Glück können sie nicht lesen. Einer von ihnen hielt meinen arabischen Presseausweis verkehrt herum, mit Bild und allem, und legte dann wie ein Wellensittich den Kopf auf die Seite, um zu prüfen, ob ich mit meinem kopfstehenden Foto übereinstimmte. An Kontrollpunkten, die besonders gefährlich aussahen, sagte Najib etwas, das die Wachposten dazu brachte, uns mit einem herzlichen Lachen einfach durchzuwinken.

»Najib«, fragte ich, »was erzählen Sie denen?«

»Ich sage ihnen, dass Sie zum Vergnügen herumreisen.«

Zuletzt kamen wir an eine Stelle, wo es nicht weiterging. Am Ende der Straße waren die sunnitische Mourabitoun-Miliz und die schiitische Amal-Miliz im Begriff, gewisse Meinungsverschiedenheiten zu klären – es ging um den alten Streit zwischen Sunniten und Schiiten, ob Mohammeds Onkel Abbas oder Mohammeds Schwiegersohn Ali der rechtmäßige Nachfolger des Propheten sei, und außerdem um die Frage, wer die Einnahmen aus den Spielhöllen im Süden der Stadt bekommt.

Man kann sich West-Beirut auch zu Fuß erschließen und wird dabei eine Stadt voller Überraschungen kennen lernen – beispielsweise eine saudi-arabische Botschaft, die sich wegen der langen Schlangen von Leuten, die ein Visum für Mekka haben wollen, mit Sandsäcken verbarrikadiert, oder ein nicht identifizierbares Kanonenboot, das gelegentlich das Hafenviertel beschießt, und mehrmals am Tag gehen Autobomben hoch. Besonders gern werden dazu Renaults verwendet. Halten Sie sich vor allem von in der zweiten Reihe parkenden R 5 fern. Aber glauben Sie nicht, die Einheimischen würden wegen solcher Phänomene trübsinnig umherschleichen. In den Geschäften werden Mengen von Schmuck und Make-up und die ausgefallensten italienischen Designer-Jeans, die man sich vorstellen kann, feilgeboten. Die Straßen sind überfüllt. Alle Leute sind sehr beschäftigt, wenn auch nicht unbedingt mit Arbeit. Sie hasten von einem Lokal zum anderen, sitzen dort bei Hunderten winziger Tassen türkischen Kaffees herum und plaudern aus vollem Hals. Das gesamte Wirtschaftssystem lebt, soweit ich erkennen konnte, davon, dass jeder jedem stangenweise geschmuggelte Marlboros verkauft.

Wie sich herausstellt, ist mir bei Najibs eigenwilliger Stadtrundfahrt nicht viel entgangen. Den Bois des Pins, von Emir Fakhr ed Din im siebzehnten Jahrhundert gepflanzt, um Beirut vor anrückenden Sanddünen zu schützen, haben israelische Kampfjets seines Blattwerks beraubt, sodass er jetzt aussieht wie eine Telefonmastenplantage. Die Place des Martyrs, so genannt, weil dort 1915 elf Nationalisten von den Türken gehängt wurden, liegt auf der Grünen Linie und trägt ihren Namen heute mit noch mehr Recht als früher. Und die meisten Gebäude auf der Corniche haben buchstäblich ihr Gesicht verloren. Die alte amerikanische Botschaft befindet sich in dem gleichen Zustand wie die amerikanische Nahostpolitik. Die britische Botschaft weiter unten ist vollständig in Anti-Bomben-Netze gehüllt, die man aus Belfast eingeflogen hat. Die Hotelpromenade wurde schon zu Beginn des Bürgerkriegs im Jahre 1975 gründlich verwüstet. Das Hochhaus des Holiday Inn ist eine Augenweide. Welcher Reisende, der auf unserem, mit Holiday Inns zugestellten Erdball unterwegs ist, hätte nicht schon davon geträumt, eines von ihnen in die Luft zu jagen? Das Nationalmuseum ist vermauert und von Panzern umstellt – so kommt kein schlechtes Gewissen bei dem Gedanken auf, dass man diese Schatzkammer eigentlich besichtigen müsste. Die Große Moschee habe ich gar nicht gefunden.

Überraschend viel von Beirut ist aber noch vorhanden. Hier ein Gebäude, dem bloß ein Stockwerk fehlt, dort ein Grundstück, dem das Gebäude fehlt – Trümmerberge neben Unberührtem, die bekannten Willkürspiele des Krieges, außer bei den guten Restaurants.

Das Summerland Hotel am Strand der zerstörten Südstadt bietet gute Hamburger. Hier verkehren die reichen Muslime, auch Schiiten. Nicht alle Schiiten sind strenge Glaubenseiferer. Manche tragen auch knappe Bikinis. Und so wie eine ganz aus der Nähe stammende amerikanische Volksgruppe tragen sie ihren Schmuck auch am Pool. (Im Summerland Hotel haben die Amal-Milizen dann übrigens auch ihre amerikanischen Gefangenen während des TWA-Geiseldramas von 1985 bewirtet.)

Sehr gut isst man im Hotel Saint Georges auf der Corniche, früher war es Beiruts bestes. Der Hotelbau selbst ist jetzt eine ausgebrannte Ruine, aber der Pool-Club hält weiter geöffnet. Man kann dort auch Wasserski fahren, selbst in Zeiten heftigster Kämpfe.

Ich fragte den Barmann: »Haben die Wasserskifahrer denn keine Angst vor Heckenschützen?«

»Ach, nein«, sagte er, »die Heckenschützen haben doch meistens Automatikwaffen – die sind nicht besonders treffsicher.«

Weiter unten am Kai, völlig unversehrt inmitten von Ruinen, wartet Chez Temporal mit vorzüglichen Speisen auf. Nach einem kurzen, aber bitte wachsamen Spaziergang durch ein schwer bewaffnetes Drusenviertel gelangt man zum Grenier. Früher drängte sich dort der Jetset, jetzt ist der Grenier ein stiller Zufluchtsort mit köstlichen landestypischen Gerichten. Nebenan im Quo Vadis gibt es eine erstklassige italienische Küche. Vergessen Sie nicht das Trinkgeld für den Mann, der mit vorgehaltener Pistole darauf besteht, Ihr Auto zu bewachen.

Die Spaghetteria ist vor allem bei der Auslandspresse beliebt. Die italienischen Spezialitäten sind gut, und man hat einen großartigen Blick auf die Militärpatrouillen und die nächtlichen Schießereien am Strand. Setzen Sie sich ruhig in die Nähe des Fensters, wenn Sie glauben, Sie hätten einen Glückstag.

Adressen braucht man nicht. Die Taxifahrer kennen die Wege, und sie wissen auch, wann sie sicher sind. In allen Etablissements ist der Service gut, sogar besser als gut. Es kann vorkommen, dass sich zehn bis zwölf Kellner um Sie bemühen. Wenn es brenzlig wird, gibt Ihnen die Direktion einen oder zwei Angestellte mit, die Sie nach Hause begleiten. Die meisten einheimischen Weine sollten Sie meiden, vor allem die weißen. Der 75er Mousar, ein Roter, ist allerdings hervorragend. Lassen Sie sich von den Kellnern nach dem Essen keinen zypriotischen Branntwein kredenzen. Er schmeckt schauderhaft.

Auch im Commodore gibt es Restaurants. Sie sind besonders zu empfehlen, wenn in der Stadt gekämpft wird. Dem Commodore gelingt es immer, Nahrungsmittel heranzuschaffen, egal, wie die Lage draußen ist.

Das Nachtleben in Beirut beginnt spät. Die Cocktailstunde im Commodore ist um acht, wenn die Zeitungs- und Fernsehleute in Amerika gerade gemütlich beim Mittagessen sitzen (der Zeitunterschied beträgt sieben Stunden). Das Commodore ist streng neutrales Territorium, und es gibt nur eine einzige Regel: keine Schusswaffen an der Bar. Alle möglichen verwegenen Gestalten hängen da herum, Palästinenser, Libyer, Iraner, die es hierher verschlagen hat, Offiziere beider Seiten der libanesischen Armee in Zivil, aber auch Kämpfer anderer Gruppierungen. Einmal hörte ich, wie ein schwarzer Vietnam-Veteran zwei britischen Mädchen lauthals schilderte, wie er orthodoxen muslimischen Frauen das Kämpfen mit dem Messer beibringt. Außerdem trifft man Diplomaten, Spione und Leute, die mit Gold, Waffen und anderem handeln. Jedenfalls sehen sie so aus. Niemand sagt klar und deutlich, was er beruflich so treibt – ausgenommen die Journalisten natürlich.

Ich lernte eine junge Dame aus Atlanta kennen, die für ein Kamerateam von CNN arbeitete. Sie war sechsundzwanzig, hübsch, ein bisschen rundlich und sah aus wie die ideale Anführerin einer Cheerleadertruppe in Georgia. Ich saß an der Bar des Commodore neben ihr und sah zu, wie sie fünfundzwanzig Gin Tonics hintereinander trank. Sie wurde davon nicht betrunken und nuschelte bei keinem einzigen Wort, aber ungefähr bei G&T Nummer zweiundzwanzig kamen die Geschichten von zerstückelten Babys und herumfliegenden Leichen heraus und wie das Rote Kreuz Hände und Füße und Köpfe von Bombenexplosionen aufliest und alles in Müllsäcke stopft. »Da hab ich die Leute vom Roten Kreuz gefragt«, sagte sie mit ihrem niedlichen Südstaatenakzent, »was macht ihr denn damit? Hebt ihr die auf, sammelt ihr die, tauscht ihr die mit euren Freunden?«

Alle Leute in Beirut vertragen eine Menge Alkohol. Und wenn einem doch mal übel wird, hat Muhammad, der Barmann im Commodore, ein Mittel, das es mit dem von Jeeves in den Romanen von P. G. Wodehouse ohne Weiteres aufnehmen kann. Es beruhigt den Magen, sodass Sie weitertrinken können. Und das werden Sie wollen. Denn in diesem Teil der Welt läuft Ihnen niemand über den Weg, der keine Horrorgeschichte zu erzählen hat, und an der Bar des Commodore werden Sie die meisten von ihnen zu hören bekommen.

Zu Abend isst man, falls man es nicht vergisst, gegen zehn. Man geht in Gruppen aus. Blond und allein nach Einbruch der Dunkelheit in der Gegend herumzulaufen ist keine gute Idee. Entführungen sind die große Neuerung im libanesischen Bürgerkrieg. Auf diese Weise war der Reuters-Korrespondent Jonathan Wright auf seinem Weg ins Bekaa-Tal, ein paar Tage bevor ich in Beirut ankam, verschwunden.

Wenn man Sie überfällt, machen Sie so viel Lärm wie möglich. Steigen Sie zu niemandem ins Auto, den Sie nicht kennen. Wenn man Sie hineinzwingt, greifen Sie den Fahrer an. Das waren jedenfalls die Ratschläge, die ich bekam.

Seien Sie vorsichtig, wenn Sie nachts mit dem Auto unterwegs sind. Andere Wagen sollten Sie weiträumig umfahren. Durch Aus- und Wiedereinschalten der Scheinwerfer signalisieren Sie eine freundliche Annäherung. Schalten Sie auch die Innenbeleuchtung ein, wenn Sie bei einem Kontrollpunkt vorfahren. Es kann vorkommen, dass die Milizionäre ein paar Salven in Ihre Richtung abgeben, um anzuzeigen, dass Sie Ihr Tempo verlangsamen sollen.

Clubs wie das Backstreet in der Nähe der australischen Botschaft haben so lange geöffnet, wie Sie durchhalten. Es wird ein bisschen getanzt und viel getrunken, und wenn Sie die Direktion anschreien, dann legen sie auch keine Kassetten mit arabischer Musik ein. Kokain bekommt man für fünfzig Dollar das Gramm, und es ist nicht schlechter als das, was einem in New York angeboten wird.

Das Nachtleben von Beirut ist eher schlicht, aber es macht Spaß. Wenn die Gefahr den Tisch deckt und der Tod den Hilfskellner mimt, bekommen die einfachen Freuden des Lebens eine ganz neue Würze. Jeder Zug aus einer Zigarette und jeder Schluck Martini erfüllt einen mit tiefer Zufriedenheit. Die Witze sind komischer, die Drinks stärker und die Gefühlsbindungen kräftiger, als sie im Club Med je sein werden.

In Ost-Beirut soll es ebenfalls gute Restaurants und Nachtclubs geben. Aber der Besucher, der auf der Westseite wohnt, wird sie wahrscheinlich nicht zu sehen bekommen. Niemand überquert die Grüne Linie gern bei Nacht. Und ehrlich gesagt, der Osten ist bei den Leuten auf der Westseite auch nicht besonders beliebt. Alle Fensterscheiben sind dort mit Klebestreifen gesichert, und vor den Geschäften stapeln sich die Sandsäcke. Das verleiht dem Stadtbild ein tristes Aussehen. Auf der Westseite käme es niemandem in den Sinn, solche Maßnahmen zu ergreifen. Es wäre ein Verstoß gegen die orientalische Tradition des Fatalismus, und außerdem könnte dann niemand mehr all die Stangen geschmuggelter Marlboros sehen, die sich in den Schaufenstern stapeln. Aber wie dem auch sei, die Christen auf der Ostseite sind zu blasiert und zu pseudo-französisch, und sie sind noch zu wenig beschossen worden, um richtige Nachtschwärmer zu werden.

Wenn Sie den übrigen Libanon bereisen wollen, winken Sie einfach ein Taxi herbei. Das Land ist bloß hundertneunzig Kilometer lang und fünfundsechzig Kilometer breit. Kein libanesischer Taxifahrer muss erst zu Hause anrufen und seine Frau fragen, ob er ein paar Tage wegbleiben kann. Vereinbaren Sie als Erstes den Preis. Leicht wird es nicht werden. Schnell zur Sache zu kommen ist an der Levante nicht üblich. Ich fragte Akbar, einen der Taxifahrer vor dem Commodore, was er für eine Fahrt durch die israelischen Linien in den Südlibanon verlange.

»Ich bin seit siebenundzwanzig Jahren in diesem Gewerbe«, lautete die Antwort.

»Ja«, sagte ich, »und wie viel kostet mich das?«

»Das sage ich Ihnen später.«

»Ungefähr?«

»Möchten Sie einen Kaffee?«

»Wie viel nehmen Sie für die Stunde?«

»Da drüben, auf der anderen Straßenseite – herrliche Teppiche zu günstigen Preisen. Ich verschaffe Ihnen Rabatt.«

»Was berechnen Sie für eine Meile?«

»Ein Vetter von mir wohnt in Detroit.«

»Akbar«, rief ich, »was soll es kosten?«

»Also«, verkündete er mit großer Geste. »Wenn Ihnen mein

Preis nicht gefällt, nehmen Sie beim nächsten Mal einfach einen anderen.«

Vergewissern Sie sich, dass Ihr Fahrer so viel Englisch versteht, dass er dolmetschen kann. Im libanesischen Englisch triumphiert das Auswendiggelernte oft über das Verstandene. »Ich komme aus dem Dorf Baabdat«, erzählt Ihnen der Fahrer mit einer ganz passablen Aussprache. »Es liegt sehr schön in den Bergen.«

»Fein«, werden Sie vielleicht antworten, »aber vielleicht fahren Sie ein bisschen auf die Seite da rüber, der Kerl hinter den Sandsäcken zielt mit seiner Panzerfaust auf uns.«

»Tatsächlich«, antwortet der Fahrer. »Liegt das in Texas? Ein Neffe von mir lebt in Houston.«

Egal, wohin Sie wollen – brechen Sie früh auf. Wer den Krieg für gefährlich hält, kennt den Verkehr in Beirut noch nicht. Es ist eine Millionenstadt mit drei Ampeln, und diese drei sind außer Betrieb. Es gibt auch ein paar Verkehrspolizisten, aber deren Anweisungen darf man unter keinen Umständen befolgen, denn sie winken einen in den Weg von Kipplastern, die mit neunzig Stundenkilometern unterwegs sind. Der Straßenverkehr wird in Höchstgeschwindigkeit abgewickelt, und zwar zu einem ganz erheblichen Teil auf den Gehwegen, weil in der Straßenmitte meistens geparkt wird. Die einzige unumstößliche Verkehrsvorschrift lautet: Gepanzerte Mannschaftswagen haben Vorfahrt.

Sobald man Beirut verlassen hat, tauchen natürlich andere Schwierigkeiten auf. Die einzige Landroute in den von Israel besetzten Süden führt über die Chouf-Berge sechzig Kilometer durch schwer bewaffnetes Drusengebiet zu einem Übergang in der Stadt Bater. Man kann auch in dem von der Phalange kontrollierten Hafen von Ost-Beirut ein Schiff nach Sidon nehmen, wenn man Christ ist. Ich bin einer, aber aus irgendeinem Grund klappte es trotzdem nicht. Zuerst hieß es, sie müssten bei den Israelis eine Genehmigung einholen, weil ich Journalist sei. Dann sagten sie, sie sprächen kein Englisch. Und schließlich hörten sie auch auf, Französisch zu sprechen.

Auf dem Weg nach Bater machte mein Fahrer einen Abstecher zum Green Beach, dem früheren US-Marinestützpunkt – für Leute, die sich mit Militärgeschichte befassen, sehr interessant. Diese Stellung lässt sich genauso gut verteidigen wie die Sohle des Luftschachts im Plaza Hotel. Es gibt kaum eine Stelle im Libanon, von der aus man sie nicht beschießen und treffen könnte. Verlassen Sie Ihr Fahrzeug hier nicht. Der Strand ist jetzt eine Militärbasis der Amal-Miliz und wird scharf bewacht, weil gleich nebenan das Badegebiet der orthodoxen schiitischen Frauen liegt. Im Wasser tragen sie knöchellange Tschadors, was vielleicht auch erklärt, dass es eine schiitische Frauenschwimmmannschaft von Weltklasseformat nicht gibt.

Die Chouf-Berge sind grün und großartig und werden von tiefen Schluchten durchschnitten. Aber selbst die steilsten Hänge sind terrassiert – für Obstbäume, Rebstöcke, Olivenhaine und Feuerstellungen. Die Straße ist schmal und ohne Seitenstreifen, und man kommt nur langsam voran, weil dort die Drusen meistens mit ihrer Artillerie unterwegs sind, um die Phalangisten an der Küste zu beschießen. Merken Sie sich solche Einzelheiten im Vorüberfahren. Es gehört zum guten Ton, Informationen über Bewegungen von Militäreinheiten im weiteren Verlauf der Straße der nächsten Partei mitzuteilen. Im libanesischen Smalltalk ersetzen sie den Prominentenklatsch.

Die Männer der Drusenmiliz waren gutmütig. »Sprechen Sie Arabisch?«, fragte einer. Ich schüttelte den Kopf, und er sagte etwas zu einem anderen Soldaten, der daraufhin sein Gesicht und den Lauf seiner Maschinenpistole zum Wagenfenster hereinschob und rief: »Er hat gerade gesagt, er will Ihre Mutter ficken!« Ich vermute zumindest, das sollte Gutmütigkeit ausdrücken.

Die Dörfer der Drusen sind im osmanischen Stil gebaut, hübsche quadratische Sandsteinhäuser mit Balkonen, Bogenfenstern und vier Meter fünfzig hohen Decken. Die tief heruntergezogenen Walmdächer sind mit roten Ziegeln gedeckt. Gepflegte Gärten umgeben die Häuser. Bauern mit weißen Käppis reiten in Pluderhosen auf Eseln die Straße entlang. Ziegenherden wandern durch die Gassen. Alles wirkt ziemlich zeitlos, bis auf die Videotheken, die Friseursalons für Damen und Herren und die Mercedeslimousinen überall.

Am Übergang von Bater sah es anders aus. Ein paar hundert Libanesen, hauptsächlich Alte, Frauen und Kinder, standen hinter Stacheldraht dicht gedrängt in einer Schlange und warteten auf die Öffnung des Übergangs. Hunderte anderer hockten auf dem nackten Boden oder wanderten verzweifelt in der Gegend herum. Anscheinend war mit ihren Papieren etwas nicht in Ordnung. Manche waren schon seit Tagen da. Man hatte ein paar Zelte für sie aufgestellt. Aber Toiletten gab es nicht, fließendes Wasser auch nicht und nichts zu essen, außer dem, was sich die Leute mitgebracht hatten. Die Soldaten der von den Israelis aufgestellten Südlibanesischen Armee schrien herum und bedrohten die Leute mit ihren Waffen. Die Sonne brannte. Einige Frauen und alle Babys weinten. Der Gestank war fürchterlich.

Niemand konnte sagen, wann der Übergang öffnen würde. Auch Akbar, mein Fahrer, hatte keine Ahnung, und ich hatte keine Lust, hinter Stacheldraht Schlange zu stehen. Die Ähnlichkeit mit Bergen-Belsen war mir zu groß. Soweit ich erkennen konnte, war niemand in Sicht, dessen Aufgabe in etwas anderem bestand als darin, mit einer Pistole herumzufuchteln.

Hundert Meter weiter, auf der anderen Seite des Übergangs, wehte über einem Maschinengewehrnest der Davidstern. Ich zog meinen Pass heraus, hielt ihn hoch und marschierte zwischen Stacheldraht und Panzersperren hindurch. Ich fixierte die Wachposten der Südlibanesischen Armee mit einem Blick, der sie hoffentlich an Grenada erinnerte.[1] *»American«*, sagte ich. Sie

1 Im Oktober 1983, nach dem gewaltsamen Sturz einer linken Regierung, hatten die USA mit Marinesoldaten auf der Karibik-Insel interveniert (Anm. d. Übs.).

traten zurück, und ich stiefelte so gelassen, wie ich konnte, auf die Mündung des israelischen Kaliber .50-MGs zu, das jetzt auf meine Brust zielte.

In West-Beirut sind die Israelis nicht sonderlich beliebt. 1982 haben sie den muslimischen Teil der Stadt belagert. Es gab keinen Strom und kaum Nahrungsmittel oder Wasser. Manchmal zogen sich die Beschießungen und Luftangriffe ohne Unterbrechung über zwölf Stunden hin. Die Beiruter Journalisten nennen die Israelis »Schlomos« und halten sie für Kriegsverbrecher und obendrein für verrückt.

Ich persönlich war froh, dass ich es mit den einzigen bewaffneten Verrückten in Nahost zu tun hatte, denen es verboten ist, auf US-Bürger zu schießen. Ich hoffte bloß, dass sie es nicht vergessen hatten.

»Das ist *mein* Helm, den ihr da tragt«, dachte ich. »Das sind *meine* Stiefel, und *ich* habe euch das Maschinengewehr bezahlt, also richtet es auf jemand anderen.« Das sagte ich natürlich nicht laut. Das Loch, aus dem eine Kugel vom Kaliber .50 kommt, ist nicht klein. Es sieht aus, als könnte man seinen ganzen Fuß hineinstecken.

Die Israelis winkten mir, ich sollte näher kommen, und ich kletterte die Böschung hinauf. Das MG hielten sie auf mich gerichtet, bis klar war, dass ich kein mit Wasserstoffsuperoxid blondierter Iraner war. »Sie müssen mit dem Oberst sprechen«, hieß es.

Der war, wie sich zeigte, ein junger Kerl von fünfundzwanzig Jahren. »Sprechen Sie Englisch?«, fragte ich.

»Na klar«, sagte der Oberst.

Die Libanesen waren in respektvollem Abstand hinter mir geblieben, bis sie mich mit ihm reden sahen. Nun stürmten sie heran, wobei sie mit seltsamen Papierfetzen wedelten und sich in endlosen orientalischen Erklärungen ergingen. Die Eskorte des Oberst vertrieb sie mit Stößen und Flüchen. Frauen, Kinder und Alte wichen zurück, ohne erkennbare Angst. Aber zuletzt drängten sie den Offizier und mich unter einen Wachturm. »Willkommen im Libanon« ist eine Redensart für alle Situationen, in denen irgendetwas Unerwartetes oder Unübersichtliches vor sich geht.

»Willkommen im Libanon«, sagte der israelische Oberst. Er sah sich meine Papiere an und lächelte. *»Tourismus?«*

»Ja«, sagte ich, »ich bin der einzige Tourist im Libanon.«

Der Oberst lachte. »Durchaus nicht. Ich bin Reservist, verstehen Sie, und das hier ist auch mein Urlaub.«

Meinen Wagen wollten die Israelis allerdings nicht durchlassen. Ich bat Akbar, mich in zwei Tagen wieder hier abzuholen, und wanderte durch das Niemandsland zu einer Taxischlange auf der anderen Seite.

Die Überquerung der israelischen Linien geht in drei Schritten vonstatten. Nachdem ich den Kontrollpunkt in Bater passiert hatte, musste ich mit dem Taxi ein paar Kilometer weiter zu einer Vernehmungsstelle fahren. Dort nahm ich dann einen Bus für die zehn oder fünfzehn Kilometer bis zu einem anderen Kontrollpunkt in Jezzine.

In einer Vernehmungsstelle wurde ich vom Schin Bet, dem israelischen FBI, durchsucht und befragt. Ein Unteroffizier entschuldigte sich für die Unannehmlichkeiten. Weniger vertrauenerweckend aussehende Reisende wurden abgeführt und in fensterlosen Hütten ausgequetscht.

In Jezzine wurde ich von der Südlibanesischen Armee noch einmal verhört – eine interessante Erfahrung, zumal uns keine gemeinsame Sprache zur Verfügung stand.

Für die fünfzehn Meilen von Jezzine nach Sidon nahm ich dann wieder ein Taxi.

Ich brauchte fünf Stunden, um den Übergang Bater-Jezzine zu passieren, und für die Strecke von Beirut nach Sidon alles in allem acht Stunden. Vor dem Krieg ließ sich das Gleiche mit dem Auto auf der Küstenstraße in einer Stunde erledigen.

Sidon und Tyrus, die beiden Küstenstädte im Südlibanon, waren die Hauptstädte des alten Phönizierreiches. Von hier erstreckte sich ein Handelsimperium bis in die Türkei und auch nach Spanien. Umfangreiche archäologische Ausgrabungen, die an beiden Orten ausgeführt wurden, haben deutliche Spuren von sechstausend Jahren menschlichem Fehlverhalten zutage gefördert. Den Libanon überfielen nacheinander die Kanaaniten, die Ägypter, die Assyrer, die Babylonier, die Perser, die Griechen, die Römer, die Araber, die Kreuzfahrer und wieder die Araber, die Türken, die Franzosen, noch einmal die Araber, die Israelis und vereinzelte US-Marines. Vielleicht kann man die Gegenwart ja tatsächlich mithilfe der Vergangenheit besser begreifen. Oder man bekommt heraus, in welcher Richtung man am besten vor der Zukunft davonläuft.

Ich nahm mir einen Fahrer, einen christlichen Palästinenser namens Simon, und ließ mich von ihm die vierzig Kilometer bis Tyrus durch die Küstenebene mit ihrer üppigen Vegetation kutschieren. Dabei passierten wir zehn oder zwölf israelische Wachposten – Anhäufungen von Sandsäcken, aus denen ängstliche Augen und eine Menge Gewehrläufe hervorlugten. Sie haben eine Reihe sogenannter Khomeini-Gates im Visier, Betonsperren, die wie ineinandergreifende Zahnradzähne in die Straße vorragen und alle Fahrzeuge zwingen, sich langsam, im Zickzack-Gänsemarsch hindurchzuschlängeln. Wer mittendrin stecken bleibt, ist ein toter Mann.

Überall im Libanon türmt sich neben den Straßen der Müll, vor allem an der Küstenstraße. Noch schlimmer ist es nur an den Stränden und in Parks. Bürgerkrieg scheint etwas zu sein, das den Schmutzfink im Menschen zum Vorschein bringt.

Tyrus ist ein abscheulicher Wirrwarr aus moderner Architektur, Abfall und Trümmerschutt. Das Elissa Beach Club Hotel an der Südseite der Landzunge von Tyrus ist vermutlich eines der ganz wenigen Strandhotels dieser Welt, in dem es kein einziges Zimmer mit Blick aufs Meer gibt. Aber es ist sauber, das heiße Wasser ist nicht ganz kalt und das Essen annehmbar. Im Übrigen gibt es auch gar keine andere Unterkunft weit und breit.

Simon fuhr für die Nacht wieder nach Hause, und ich blieb auf der Dachterrasse des Hotels zurück, tausend Meilen von der nächsten freiheitlichen Verfassung entfernt. »Ein Vetter von mir wohnt in Cincinnati« war das Einzige, was man hier auf Englisch sagen konnte. Ich sah zu, wie die Sonne hinter den Ruinen versank, die von einem früheren Versuch, die Gesetzesherrschaft in diese Gefilde zu bringen, übrig geblieben waren.

Ich hatte gehofft, wenigstens gut zu schlafen. In Beirut waren die Bombenexplosionen doch ziemlich zahlreich gewesen. In der Nacht vor meiner Tour in den Süden hatte ich fünf gehört, die erste gegen Mitternacht in einer Bar, ein paar Blocks vom Commodore entfernt, und das steigerte sich dann bis zu einem groß angelegten Attentat auf den Erziehungsminister um sechs Uhr morgens, bei dem Fenster im Umkreis von drei Blocks in die Brüche gingen und in meinem Zimmer die Möbel wackelten. Der Minister überlebte, meine Nachtruhe nicht.

Auf diesen Abend nun fiel, wie sich herausstellte, der Beginn des großen muslimischen Fests zur Heimkehr der Mekkapilger, und die Jungs aus dem Viertel um das Hotel feierten mit – ein sechsstündiges Straßengefecht mit Feuerwerkskrachern. Um zwei Uhr morgens gab es dann eine wirklich fürchterliche Explosion. Am nächsten Tag nachzusehen, was in die Luft gegangen war, hatte keinen Zweck. Es war ja schon alles kaputt.

Später las ich in den Beiruter Zeitungen, dass es, während ich im Süden gewesen war, vier Angriffe von Heckenschützen auf israelische Patrouillen gegeben hatte; die Südlibanesische Armee hatte einen Teil von Sidon gestürmt; in einem palästinensischen Flüchtlingslager bei Jezzine waren Unruhen ausgebrochen, und die Küstenstraße war von schwerer Artillerie beschossen worden. Von alledem hatte ich nichts mitbekommen. Andererseits war von einer Explosion in Tyrus nirgendwo die Rede. Daran sieht man, wie schwierig es im Libanon ist herauszufinden, was passiert – sogar einem selbst.

Am Morgen besuchte ich die wichtigsten archäologischen Ausgrabungen. Sie sind alle mit kleinen blauweißen Schildern verziert, auf denen steht, die Ruinen seien nationale Kulturschätze und ständen unter dem Schutz der Haager Konvention vom 12. Mai 1954 und im Falle eines bewaffneten Konflikts müsse die UNESCO benachrichtigt werden. Vielleicht hätte ich anrufen sollen.

Bei den frühesten und ausgedehntesten Grabungen in der Nähe des alten Hafens sind Grundmauern phönizischer Häuser, ein Theater aus hellenistischer Zeit, ein langer, römischer Säulengang und Teile einer Kreuzfahrerfestung ans Licht gekommen. Der Anschein, sie würden geschützt, wird immerhin erweckt. Ein einzelner Mann mit Fez hält Wache. Nachdem ich schon eine Stunde jenseits der Absperrungen herumgewandert war, pfiff er mich zurück. Bei einer neueren Grabung in der Nähe wurde ein römischer Tempel freigelegt, der jetzt als Müllkippe dient.

Einen knappen Kilometer landeinwärts stößt man auf ein viel größeres Gelände, das ich in keinem Reiseführer erwähnt fand. Nicht dass es für den Libanon viele Reiseführer gäbe. In amerikanischen Buchhandlungen konnte ich keinen einzigen auftreiben. Und der Führer von Hachette, den ich in Beirut kaufte, war zwanzig Jahre alt. Außer diesem benutzte ich noch einen Baedeker von 1876, den ich in einem Secondhandladen für wohltätige Zwecke in Neuengland gefunden hatte. Er enthielt ein paar nützliche Hinweise:

Das Abwickeln von Geschäften ist im Orient stets mit ungeheurem Zeitaufwand verbunden, und da die Orientalen ihrer Zeit keinerlei Wert beimessen, wird die Geduld des Europäers hierbei oft sehr strapaziert.

Viele Reisende machen sich ein Vergnügen daraus, einen Vorrat an Revolvern und anderen Waffen zur Schau zu stellen, die in den Augen der Einheimischen erheblich zu ihrem Ansehen beitragen, auch wenn sie nicht häufig zum Einsatz kommen.

Auf dem größeren Grabungsfeld gibt es etwas, das wie ein Aquädukt aussieht, außerdem ein zweites Theater und eine riesige römische Nekropole. Simon hatte mich beim Hotel abgeholt und bis zwischen die Ruinen gefahren. Auch sie dienten als Müllkippe. Verbrannte Autositze, Pepsi-Dosen und Munitionshülsen mischten sich mit antiken Tonscherben und Mosaiksteinen. Simon hob den Henkel einer Amphore auf. »Wie alt, glauben Sie, ist der?« Ich sagte, zweitausend Jahre. Er nickte. »Zweitausend Jahre alter Müll.«

In Tyrus waren Raubgräber am Werk gewesen. Alle römischen Grabmäler waren aufgebrochen, und oft waren die Bruchkanten an den Marmorblöcken noch frisch. Ich spähte in eines der Gräber und sah einen Wirrwarr antiker Knochen. Es war wohl bloß ein Zufall, aber dies war die einzige Leiche, die ich im Libanon zu Gesicht bekam.

Jemand hatte mir den Namen eines libanesischen Amerikaners genannt, Billy Hadad, der an der Küste bei Sidon ein Landgut besitzen sollte. Wir fuhren herum und suchten danach. Oft versteht man nicht, was der Fahrer, mit dem man unterwegs ist, eigentlich tut, wenn er mit Einheimischen spricht. Er stoppt den Wagen irgendwo und beginnt eine Ansprache, die fünf oder sechs Leute ans Wagenfenster lockt. Anschließend ergreifen alle, einer nach dem anderen, das Wort. Es folgt eine Phase des Gestikulierens mit viel Gelächter und Am-Arm-Packen und Händeschütteln und dann eine lange Rede des Ältesten oder Angesehensten aus dem Grüppchen. Anschließend gibt der Fahrer einen leidenschaftlichen Monolog zum Besten. Darauf antwortet lang und ausführlich jeder Einzelne aus dem Publikum sowie auch all jene, die sich unterdessen noch eingefunden haben. Dann noch einmal aufgeregtes Armgreifen, Schulterklopfen, Händeschütteln und zuletzt ein langer, gefühlsbewegter Abschied.

»Was haben Sie gefragt?«, fragt man den Fahrer.

»Ob sie Ihren Freund kennen.«

»Und was haben sie gesagt?«

»Nein.«

Schließlich wies man uns zu einem Gutshaus, das wie eine Festung aussah. Auf der Terrasse saß ein großes Kind, ein frischgebackener amerikanischer Student in Jeans und Button-down-Hemd. Er sah mich an und sagte: »Klasse, Mann. Seit Monaten habe ich kein Wort Englisch mehr gehört!«

Das Gut bei Sidon gehört den Hadads seit den Tagen des Osmanischen Reiches. Die neunzig Hektar werden aus Brunnen bewässert und sind mit Avocados, Bananen und anderen Obstbäumen bepflanzt. Das Haus stammt aus dem siebten Jahrhundert, mit arabischen und türkischen Anbauten. Es steht auf einem Felsvorsprung über einem Bassin, das seit den Tagen der Phönizier genutzt wird. Jahrhundertealte Feigenbäume wachsen über die Mauern, und überall blühen Blumen.

Billys Vater war Druse, seine Mutter stammt aus Oregon. Die beiden lernten sich auf dem College in Kalifornien kennen. Während des Bürgerkriegs kam Mr. Hadad ums Leben – und zwar bei einem Skiunfall. Mrs. Hadad ging mit den jüngeren Kindern zurück nach Amerika, und Billy, der gerade sein Internat in Connecticut absolviert hatte, kam in den Libanon und kümmerte sich von nun an um das Gut. Es gibt fünf Familien, ungefähr fünfunddreißig Leute, die für ihn arbeiten.

Wir aßen bei einem seiner Pächter, saßen unter einer Loggia an einem niedrigen Tisch und ließen uns die arabischen Tischsitten gefallen. Es sind die besten auf der ganzen Welt oder jedenfalls die, die am meisten Spaß machen. Zum Mittagessen wurde ein Dutzend großer Schalen mit allem Möglichen aufgetragen – Salat, Pfefferschoten, Joghurt, ein Brei aus Hühnerfleisch und Kichererbsen, den man Hummus nennt; Kubbeh, eine Art Fleischbällchen, und andere Gerichte, deren Namen ich nicht kenne. Man bricht ein flaches Pitabrot in Streifen, mit denen man die Speisen nimmt. Dieses Brot dient gleichzeitig als Serviette und als Teller. Wir tranken zu viel Arrak, die landeseigene Variante des Absinth, und außerdem unendlich viele winzige Tassen vom allerstärksten Kaffee. Man darf sogar beim Essen rauchen, niemand findet das unhöflich.

Der Pächter zeigte uns seine Waffen. Es war, wie wenn eine Engländerin einem ihre Rosen zeigt. Er besaß eine Kalaschnikow, eine spanische 9-Millimeter Astra-Automatikpistole, einen .38er-Revolver von Smith & Wesson, ein altes britisches Militärgewehr und eine sehr hübsche doppelläufige Schrotflinte von Beretta. Diese Sammlung war eher bescheiden. Militantere Leute verfügen auch über Mörser und dergleichen. Der seriöse Waffennarr zieht dem Mörser allerdings raketengetriebene Granaten vor, die ungefähr wie Panzerfäuste funktionieren. Sie sind nicht besonders treffsicher, aber dafür furchtbar laut, also die ideale Waffe für den Libanon.

Nach dem Mittagessen gingen wir schwimmen. So weit südlich von Beirut ist das Meer sauber. Vom Wasser aus hörte man in der Ferne ein Grummeln. Ich dachte, es sei die Artillerie in Chouf. Aber Billy sagte: »Da fischen sie mit Dynamit.« (Dynamit ist der Köder, der jeden Fisch nach oben holt.)

An diesem Abend wurde im Nachbardorf eine Hochzeit gefeiert. Libanesische Hochzeiten finden am Abend vor der Eheschließung statt. So hat der Bräutigam eine gute Entschuldigung, wenn er vor dem Altar ein bisschen grün aussieht. Hinter dem Haus der Braut waren an die hundert Stühle im Kreis aufgestellt. In die Weinstöcke hatten sie ein paar Glühbirnen gehängt, und auf einem großen Tisch standen die Speisen, der Scotch und der Arrak. Im Libanon dauert es seine Zeit, bis die Feste wirklich losgehen. Zuerst sitzen alle steif auf ihren Stühlen, niemand isst oder trinkt etwas, und man unterhält sich leise. Meistens jedenfalls. Diesmal jedoch mussten alle Männer und Jungen mit dem Amerikaner über Politik debattieren. Und alle hatten einen Vetter in Texas.

»Sagen Sie ihnen einfach, was Sie denken«, riet mir Billy. Aber das war nicht gut möglich. Was ich nach einer Woche Libanon dachte, war für die Unterhaltung an einer Hochzeitstafel ziemlich ungeeignet.

Wir waren in einem christlichen Dorf. »Wenn die Muslime hier die Macht übernehmen«, sagte ein junger Mann (Billy spielte den Dolmetscher), »dann werden sie während des Ramadan die Bars zumachen. Dabei zwingen wir sie doch auch nicht, an Weihnachten zu trinken, wenn sie partout nicht wollen.« Dann folgte eine Flut von Rechtfertigungen. Sich rechtfertigen ist im Libanon eine Hauptbeschäftigung. Und die Hauptbeschäftigung eines amerikanischen Besuchers im Libanon besteht darin, die amerikanische Außenpolitik zu rechtfertigen. Die Landung der Marines war immer noch das Thema des Tages. Die Muslime wollten wissen, warum man die Marines geschickt hatte. Die Christen wollten wissen, warum sie wieder abgezogen waren. Und die Drusen wollten wissen, warum sie es während ihres kurzen Aufenthalts für nötig befunden hatten, das Chouf-Gebirge unter Dauerbeschuss zu nehmen.

Meine Antwort auf all diese Fragen lautete, Präsident Reagan wisse wohl selbst nicht recht, warum er die Marines in den Libanon geschickt habe, sei jedoch entschlossen gewesen, sie dort zu lassen, bis er es herausgefunden hatte. Aber dann habe er auch das wieder vergessen.

Niemand nahm es mir persönlich übel. Libanesen nehmen niemandem etwas persönlich übel. Und es gilt nicht als unhöflich, wenn man die eigene Mannschaft anfeuert. Es waren auch einige Muslime zu dem Fest eingeladen. Die Leute aus dem Dorf hegten für den Drusen Billy Hadad, der die meisten von ihnen überragte, nichts als Zuneigung. Ein Teenager raffte all sein Englisch zusammen und erklärte mir: *»Billy, il est… l'homme vert, tu connais, ›Credible Hulk!‹«* Billy erzählte, nur ein einziges Mal habe er mit den Nachbarn und Pächtern wirklich Ärger bekommen – als er sie davon überzeugen wollte, dass beim Wrestling alles nur vorgetäuscht ist. Im Libanon sind das die beliebtesten Fernsehsendungen.

Gegen zehn schlug die Stimmung um. Auf irgendein Zeichen hin, das ich nicht mitbekommen hatte, begann die ganze Gesellschaft plötzlich zu trinken und lauthals zu schwatzen. Wenig später wurde der Bräutigam von seinen Freunden unter Trommel- und Flötenklängen und den schaurigen Klagegesängen, die arabische Frauen bei jedem gefühlsbewegten Anlass anstimmen, auf den Schultern hereingetragen. Fürchterliche Kassetten wurden in einen großen Ghettoblaster geschoben. Die arabische Musik war schon schrecklich, aber der französische Rock war noch schlimmer, und die israelische Disco-Musik war das Abscheulichste, was ich je im Leben gehört habe. Eine Schwester der Braut trat in die Mitte des aus Stühlen gebildeten Kreises und gab einen ziemlich schockierenden traditionellen Tanz zum Besten.

Das Ganze hatte etwas von einer Kennenlernparty im ersten Semester auf dem College. Junge Männer und Frauen hielten auf Abstand und bildeten Grüppchen, zwischen denen verstohlene Blicke hin und her flogen, und erst nach langem Gekicher und Geflüster im Kreis der Freunde oder Freundinnen wurden einzelne Tänzer und Tänzerinnen auf die Tanzfläche geschubst.

»Seit letzten Juni in Beirut war ich mit keiner Frau mehr im Bett«, sagte Billy. »Hier auf dem Land gilt: Ehe oder Tod.«

Kameradschaftlicher Umgang kann einem im Nahen Osten leicht auf die Nerven gehen. Am besten, Sie gewöhnen sich von vornherein daran, dass man Sie ständig anfasst, umarmt und sogar streichelt. Mir verschlug es die Sprache, als ich zum ersten Mal zwei schwer bewaffnete Milizionäre Händchen haltend eine Straße entlanggehen sah. Große Mengen Arrak helfen bei der Akklimatisierung. Auch die allgemeine Herzlichkeit und das aufkommende Zusammengehörigkeitsgefühl tragen zur Beruhigung bei, vor allem, wenn einem im Laufe des Abends klar wird, wie viele der Männer, die einen da ständig umarmen, Pistolen im Hosenbund stecken haben. Ein Mercedes voll solcher Revolverhelden hielt auf der Straße Wache.

Schließlich wurde auch ich auf die Tanzfläche geschoben und mit einem stämmigen Mädchen verbandelt, das mich in arabische Tänze verwickelte. Ein Heiterkeitserfolg, mehr nicht. Meine Disco-Tänze dagegen machten Eindruck. Woraus ich schließe, dass sich die Leute in dieser Gegend mit Watusi, Jerk und Mashed Potatoes nicht auskennen.

Die ganze Feier wurde mit einer Videokamera aufgenommen, und hin und wieder benutzten die Festgäste die Quarzlampe von Sony auch dazu, das Fell einer arabischen Trommel zu trocknen.

Gegen Morgen kehrten Billy und ich zu seinem Gut zurück. Aus dem ersten Stock unterzog uns seine Haushälterin einem längeren Verhör. Sie wollte sicher sein, dass wir wir waren, bevor sie uns die Hausschlüssel herunterwarf. Mit fünf todsicheren Riegeln sperrten wir hinter uns wieder zu.

Zu den historischen Sehenswürdigkeiten in Sidon habe ich es dann nicht mehr geschafft.

Die Rückfahrt nach Norden war ein einziger Horror. Der Kontrollpunkt in Bater und die Vernehmungsstelle in der Mitte unterstehen den Israelis. Die Verhältnisse dort sind übel, aber immerhin geordnet. Der Kontrollpunkt in Jezzine dagegen ist in der Hand der unfähigen, gewalttätigen Südlibanesischen Armee.

Als ich ankam, drängten sich auf dem kleinen Platz in der Stadt vielleicht tausend wütende, panische Leute. Die meisten waren arme Schiiten, und alle schienen schreiende Kinder und obendrein ihre gesamte Habe bei sich zu haben. Zwei- oder dreihundert von ihnen schlugen sich um Plätze in einem Bus. Dazwischen liefen Soldaten herum, schrien die Leute an und feuerten ihre Uzis in die Luft. Es war erst zehn, aber schon über dreißig Grad heiß. Ich sah mich nach israelischen Offizieren um. Es gab keine. Ich schickte Simon in die Menge. Nach wenigen Minuten kam er zurück.

»Geht nur mit Bus auf andere Seite«, sagte er.

»Und wie komme ich da rein?«

»Kann nicht.«

Ich zahlte ihm, was er noch zu bekommen hatte, und schickte ihn nach Hause. Die Ruhr, die keinem Ausländer im Libanon erspart bleibt, machte mir zu schaffen. In meinem Kopf dröhnte der Hochzeitsarrak. Mir war, als sähe ich vor mir einen Mann mit einer Pistole, der Busfahrscheine verkaufte. Aber jedes Mal, wenn er einen zu verkaufen versuchte, stürmten dreihundert Leute auf ihn los, und es gab ein Gedränge wie beim Rugby. Der Mann feuerte seine Pistole dicht über den Köpfen der Leute ab. Die Kugeln schlugen im Mauerwerk der Umgebung ein. Erschrocken, einander niedertrampelnd, zogen sich die Leute zurück. Doch bald sammelten sie sich von Neuem und stürmten wieder auf den Fahrkartenverkäufer los. Er war ganz rot im Gesicht vor lauter Gebrüll, lud seine Waffe und schoss noch einmal um sich. Die Menschenmenge wogte hin und her. Und dann plötzlich scheuchte sie den Mann mit einem einzigen Schwapp auf das Dach eines Lastwagens.

Die meisten dieser Leute hatten in Jezzine Camping gemacht, falls man es so nennen kann, wenn Menschen tagelang mit ihren Kindern, aber ohne Essen auf der Straße übernachten. Sie waren verzweifelt und völlig durchgedreht. Sie fingen an, übereinander herzufallen, sie rannten gegen Mauern, sie gingen die Wände hoch.

Auch ich wusste nicht weiter. Und vielleicht wäre ich heute noch in Jezzine, hätte mich nicht plötzlich jemand am Arm gefasst und gesagt: »Ich sehe, dass Sie hier neu sind.« Eine hinreißende Schottin, groß, schlank, kerzengerade, die ein sanftmütig dreinblickendes libanesisches Mädchen bei sich hatte. Die Frau hieß Leslie Phillips und leitete die Schwesternschule einer Klinik bei Sidon. Sie wollte nach Beirut, um Lehrbücher zu besorgen. Das Mädchen hieß Amal, genau wie die Miliz. Es bedeutet nämlich »Hoffnung«. Sie wollte nach Amerika aufs College.

Miss Phillips schob uns in eine geschützte Ecke und sagte: »Ich gehe jetzt zu dem Mann mit der Pistole und rede mit ihm. Ich halte mich immer an den Mann mit der Pistole. Anders kommt man in diesem Land nicht weiter.« Sie verschwand im Gedränge. Wieder geriet die Menge in Aufruhr und tobte jetzt direkt auf Amal und mich zu. Hätte ich im ersten Stock eines Hauses am Fenster gestanden, wäre vermutlich Mitleid über mich gekommen. So jedoch überkam mich das Verlangen, Leute zu treten, und ich gab diesem Verlangen nach.

Miss Phillips blieb zwei Stunden weg. Dann tauchte sie aus dem Menschengewühl wieder auf, vollkommen gefasst, mit drei Busfahrscheinen in der Hand. Ich fragte sie, was die ganze Schießerei eigentlich bezweckte. »Nichts Besonderes«, sagte sie, »es ist libanesisch und bedeutet: ›Stellt euch bitte in einer Reihe auf.‹« Ein scheußlicher alter Bus von mexikanischer Anmutung schob sich in die Menge, klatschte gegen die Leute und drückte sie beiseite. Amal hatte ihre komplette Studentinnenausstattung in zwei riesigen Koffern verstaut. Ich übergab Miss Phillips meinen Seesack, schnappte mir die beiden Koffer und marschierte auf den Bus zu. Oder versuchte es. Aber nach drei Schritten steckte ich in einem Aufruhr aus Kratzen und Kreischen. Menschliche Raserei türmte sich um mich und über mir zu einer Pyramide. Hinter mir hörte ich Miss Phillips' Stimme sagen: »Nur zu, es ist nicht unhöflich, wenn man Libanesen ein bisschen schubst.« Ich holte tief Luft, packte die Koffer noch fester und drosch mit meinen Samsonite-Knüppeln auf die Menge der Frauen, Alten und Kinder ein. Ehrlich gesagt, es war ziemlich unhöflich – aber entweder so oder wir würden den Winter im Südlibanon verbringen. Ich kämpfte mich zum Bus durch. Auf dem Dach stand ein Mann, der Gepäck verstaute und Möchtegern-Schwarzfahrer, die einen Platz auf dem Dachgepäckträger zu ergattern versuchten, vor den Kopf trat und in die Menge zurückstieß. Ich hievte einen von Amals Fünfzig-Pfund-Koffern auf meinen Kopf, winkte dem Packer mit einer Handvoll libanesischer Banknoten, hielt mit der anderen Hand Amal fest und wehrte gleichzeitig mit beiden Beinen den Mob ab. Ich weiß, das klingt wie eine physiologische Unmöglichkeit, aber es handelte sich auch um eine extreme Situation.

Schließlich waren beide Koffer oben, und wir mussten uns zur Tür des Busses durchrangeln, in Keilformation, Miss Phillips vorne weg. Gerade als wir einsteigen wollten, brach irgendwo in der Menge eine furchtbare Schlägerei los. Einer der Wachposten der Südlibanesischen Armee warf sich mitten hinein und fing an, die Leute mit dem Kolben seiner Pistole ins Gesicht zu schlagen. Die Menge explodierte. Miss Phillips wurde in den Bus gedrückt. Ich flog gegen die Bustür und konnte Amal nicht mehr halten, die plötzlich vom Gewühl der Libanesen wie von einem Strudel angesogen wurde. Da streckte Miss Phillips einen Arm aus dem Busfenster und klopfte dem Soldaten, der mit seiner Pistole um sich schlug, auf die Schulter. »Entschuldigen Sie«, rief sie, »aber die beiden da gehören zu mir.«

Der Soldat unterbrach für einen Moment sein Geprügel, schob mich in den Bus und fischte Amal aus dem Getümmel. Ich zog sie nach drinnen, und der Soldat prügelte weiter. Alle Leute riefen etwas. Ich fragte Amal, was sie wollten. – »Alle behaupten, sie seien der Vetter von jemand«, seufzte sie.

Ungefähr zweihundert Leute wurden in einen Bus gestopft, der für fünfzig gebaut war. Und etliche andere schoben sich noch durch die Fenster herein. Drinnen war es an die vierzig Grad heiß. Gelegentlich kletterte ein Soldat über die Leute hinweg, um irgendwo in dem Gedränge einen illegalen Passagier zu verprügeln. Draußen wurde weiter geschossen. Ich stellte fest, dass ich mit vollem Körperkontakt an ein schiitisches Mädchen gepresst stand. Sie hatte eine gute Figur, aber sie war vor Platzangst ganz außer sich und schrie wie am Spieß. »Was heißt ›Beruhigen Sie sich‹ auf Arabisch?«, rief ich.

»Soviel ich weiß«, antwortete Miss Phillips, »gibt es dafür kein Wort.«

Schließlich fuhren wir los. Beim Zurücksetzen überrollte der Bus ein paar Leute, dann ging es mit schrecklichem Geschaukel in einer Staubwolke, die jede Sicht nahm, die schmale Bergstraße entlang. Nur wenige Male wurden wir angehalten, ausgeladen, durchsucht, verhört und mit vorgehaltener Waffe in Schach gehalten.

Zum Glück sind die Libanesen saubere Leute, auch die ganz armen. Es war nicht so, wie wenn man sich mit einem Haufen schwitzender Franzosen oder so in einen Bus quetschen muss.

In Bater wartete Akbar auf mich. Später erfuhr ich, dass er auch tags zuvor aus der Stadt gekommen war und den ganzen Nachmittag gewartet hatte, für den Fall, dass man mich ausweisen oder evakuieren würde, oder falls ich versuchen sollte, zu Fuß wieder nach Beirut zu gelangen.

Eine Tour in den Norden ist weniger mühselig. George Moll vom Beiruter ABC-Studio und ich machten einen Ausflug zu den Zedern von Bischarri. Auf der Küstenstraße, die nach Norden aus der Stadt führt, wird der Verkehr durch Kontrollpunkte abgewürgt. Erstaunlich, wie ein paar Kerle, die mit ihren Waffen irgendwo herumstehen, alles lahmlegen können. Bei den Autofahrern sind »I ♥ Lebanon«-Aufkleber sehr beliebt. Die Leute der Milizen lieben T-Shirts, auf denen steht: *»Kill them all – let God sort them out. Bringt alle um – soll Gott sie sortieren.«*

Wenn man es mit diesen Milizen zu tun bekommt, sollte man immer daran denken, dass ihre Bewaffneten größtenteils noch Kinder sind, denen die ganze Veranstaltung einen ungeheuren Kick verschafft. Ich vermute, das ist nur natürlich und kann gar nicht anders sein, solange es an Freizeitangeboten fehlt, die dafür sorgen, dass junge Menschen nicht auf dumme Gedanken kommen. Sie brauchen dringend unser Mitgefühl und unser Verständnis. Oder eine Fünfunddreißig-Zentimeter-Granate vom Schlachtschiff *New Jersey.*

Ich wollte die Schlucht des Nahr al Kalb, des Hundeflusses, besuchen, einen strategisch wichtigen Punkt an der libanesischen Küste nördlich von Beirut, wo seit mehr als dreitausend Jahren die verschiedenen Invasionsarmeen zur Erinnerung an ihren Durchmarsch Bildnisse und Inschriften in den Fels gemeißelt haben. Ein Tunnel der Küstenstraße durchschneidet jetzt die Steilwand der Schlucht, und man erreicht die Felsbilder auf einem schmalen Weg, der gleich hinter dem Tunnelausgang rechts abbiegt. Die Keilschriftzeichen Nebukadnezars II., die Stele des Pharao Ramses, die assyrischen Flachreliefs, eine lateinische Inschrift des Kaisers Marc Aurel, die griechischen Reliefs aus der Zeit des Seleukidenreichs – die Luftverschmutzung hat sie alle weggeputzt.

Meiden Sie auch die berühmten Jeita-Grotten an der Quelle des Hundeflusses. Sie wurden in ein militärisches Ausbildungslager umgewandelt. Was für eine Art von Ausbildung da zwischen all den mit farbigen Spotlights illuminierten Stalaktiten vor sich geht, kann ich allerdings nicht sagen.

Ein paar Meilen nördlich des Nahr al Kalb an der Bucht von Jounieh liegt das Casino du Liban. Vor dem Krieg wollte der Libanon hier sein eigenes Monte Carlo etablieren, und es gab aufwendige Varietévorstellungen mit rundlichen Blondinen, die in Europa keine Arbeit mehr fanden. Dem Glücksspiel kann man hier immer noch frönen, obwohl den meisten Menschen der bloße Aufenthalt in diesem Teil der Welt schon Glücksspiel genug ist. Die Blondinen sind weg.

Weiter oberhalb an der Küstenstraße, vierzig Kilometer von Beirut entfernt, liegt Byblos. Seit die Christen vom Beiruter Flughafen vertrieben wurden, lässt die Phalange hier Flugzeuge auf der Straße landen. Rechnen Sie also mit weiteren Staus. In der Antike galt Byblos als die älteste Stadt der Welt. Und tatsächlich ist es seit mindestens sechstausend Jahren eine Großstadt. Trotzdem sieht es auf der Hauptstraße so aus wie im ältesten Teil von Fort Lauderdale.

Am Hafen jedoch erhebt sich eine arabische Festung über einem fränkischen Kastell, gebaut aus den Blöcken römischer Tempel, die ihrerseits über einer auf den Fundamenten eines neusteinzeitlichen Dorfes gegründeten phönizischen Stadt errichtet wurden – eine ziemliche Ballung von historischem Vandalismus.

Der Krieg hat Byblos verschont, wenn man davon absieht, dass er die Touristen fernhält. In einer Hütte am Eingang zum Ruinenfeld fanden wir einen schwindsüchtigen Fremdenführer bei einer Partie Solitaire. Er zeigte uns die verlassenen Überbleibsel, wobei er eine endlose Litanei von Kaisern, Katastrophen und sonstigen Großereignissen herunterrasselte und nur zum Husten mal eine Pause einlegte.

Die Libanesen platzen vor Wissen über ihre Vergangenheit. Und diejenigen, die wirklich etwas aus ihrer Geschichte lernen, werden dabei offenbar von einem unwiderstehlichen Verlangen gepackt, sie aus freien Stücken zu wiederholen. In mir weckte das Ganze nur zwiespältige Gefühle und die Lust auf Lunch.

Im Fischer-Club von Byblos auf einer Kaimauer aus der Kreuzritterzeit gibt es vorzügliches Essen, aber kaum Gäste. Wir waren die einzigen an diesem Tag. Man spricht hier kein Englisch mehr, deshalb suchte ich mir in der Küche selbst aus, was ich haben wollte. Mit Dynamit geerntete Meeresfrüchte sind anscheinend besonders zart. An den Wänden im Fischer-Club hängen verstaubte Fotos aus besseren Tagen – Ray Milland, Ann-Margret, David Niven, Jean-Paul Belmondo. »Das ist die Archäologie von heute«, sagte George.

In Byblos gibt es ein erstklassiges Hotel, das Byblos-sur-Mer, dessen Besitzer schon so lange keinen Fremden mehr gesehen hatte, dass er uns einen Drink spendierte, als wir anhielten, um das Münztelefon zu benutzen.

Man kann auf der Küstenstraße noch weiter nach Tripoli fahren, aber ratsam ist es nicht. Die Arabische Demokratische Partei, die die islamische Einheit unterstützt, liefert sich dort heiße Gefechte mit der Partei der Islamischen Einheit, die für die arabische Demokratie ist. Und die Syrer schießen auf beide.

Wir bogen bei den syrischen Linien in der Nähe von Batrun nach Osten in Richtung der Berge ab. Hier gibt es ein sehenswertes arabisches Kastell aus dem Mittelalter. Es steht mitten auf dem Gelände einer Zementfabrik.

Auf dem von Syrien besetzten Gebiet werden die Durchsuchungen an den Kontrollpunkten sehr streng. Achmed, unser Fahrer, fing an, den finster dreinblickenden Soldaten lange Vorträge zu halten. Uns wollte er nicht sagen, was er erzählte, aber ich stelle mir vor, es hörte sich ungefähr so an: »Ich habe hier den Bruder eines hohen Tiers aus Amerika und den Neffen des Präsidenten von England. Sie reisen als Journalisten getarnt, um sich ein Bild davon zu machen, wie gerecht der Kampf der glorreichen syrischen Armee gegen die zionistischen Unterdrücker ist und wie groß ihre Entschlossenheit. Sie werden bald in ihre Heimat zurückkehren und den reichen Männern dort sagen, sie sollen eine Bombe auf Tel Aviv werfen.«

Die syrische Armee verfügt über Dutzende von lustigen Hüten – meistens Barette in Gelb, Orange und knalligem Rosa, aber auch winzige Pillbox-Hütchen, Schirmmützen mit einem halben Meter Goldlitze vorne dran und klobige russische Helme, die den Leuten drei Nummern zu groß sind. Die Fallschirmjäger tragen golden schimmernde Springeranzüge, und die Eliteeinheiten verfügen über hautenge Drillichmonturen in den Tarnfarben Violett, Pfirsichrosa, Fleischfarben und Zinnober auf einem Hintergrund von knalligem Purpur. In Palm Beach, in einem Saal voller geschiedener Frauen in Kleidern von Lily Pulitzer, müssen sie in diesen Tarnanzügen praktisch unsichtbar sein.

Auch sonst ist die Landschaft spektakulär – man könnte fast sagen: kalifornisch, aber so, als hätte sich die Sierra bis nach Santa Barbara vorgeschoben. Dreißig Kilometer hinter der

Küste erhebt sich das Libanongebirge zu einer Höhe von dreitausend Metern. Morgens kann man da oben Ski fahren und nachmittags im Meer schwimmen. In dieser Jahreszeit jedoch regnet es am Strand, und die Schneeverhältnisse sind allenfalls mittelprächtig. Aber früher konnte man in libanesischen Reiseprospekten mit solchen Sachen natürlich viel hermachen.

Wir fuhren nach Bischarri am Rand des dramatischen Qadisha-Tals – zweihundert Meter tief und nur achthundert Meter breit. Es ist das Kernland der Maroniten, einer Gruppe christlicher Schismatiker, die sich im siebten Jahrhundert bildete und hier zwischen gefährlichen Haarnadelkurven ohne Leitplanken und Tempolimit Zuflucht fand.

In Bischarri lebte der Dichter und Denker Khalil Gibran, und von hier stammt auch die Familie des Showmasters Danny Thomas. So besteht zwischen den beiden bedeutendsten Repräsentanten der modernen libanesischen Kultur, auch wenn sie sonst wenig gemeinsam haben, doch eine Verbindung.

Wir besichtigten Gibrans Haus oberhalb des Ortes. Es ist weltweit wahrscheinlich das einzige Beispiel für einen kalifornischen Bungalow, der in den gewachsenen Felsen gehauen wurde. Interessant, aber etwas feucht. Die Räume sind mit rund hundert Gemälden von Gibran dekoriert. Er war ein furchtbarer Maler – die Unbekümmertheit eines Rodin kombiniert mit den technischen Fertigkeiten eines Blake, und das alles in schmutzigen Erdtönen. Ich weiß nicht, ob es etwas über diesen Mann sagt, aber Gibrans Sarg ist in die Wand seines Schlafzimmers eingemauert.

Als wir in Bischarri nach dem Weg fragten, schloss sich uns ein junger Mann namens Antoine an. Er verschaffte uns dann auch Zutritt zum Gibran-Haus, das angeblich wegen Reparaturarbeiten geschlossen war, und lud uns nachher zu einem libanesischen Herumsitzen mit Mutter, Tanten, Schwestern, Vettern, Cousinen usw. bei sich zu Hause ein. Gastfreundschaft ist im Nahen Osten ein Muss, ob man sie will oder nicht. Es wird Granatapfelsaft gereicht, es wird viel geraucht, und aus winzigen Tässchen wird Kaffee geschlürft, während sich alle immerzu anlächeln, weil man selbst kein Arabisch spricht und die anderen kein Englisch und weil die Libanesen als einziges Volk auf der Welt noch schlechter Französisch sprechen als die Amerikaner.

Antoines Haus war etwas Besonderes. Wie das von Gibran war es in einen Berghang gemeißelt. Das Hauptzimmer hatte keine Fenster, dafür war der Boden in mehreren Schichten mit Teppichen bedeckt, und an Wänden und Decken hingen gemusterte Stoffe. Überall standen Dinge herum, ausgestopfte Falken, Messinggefäße, Fotos, religiöse Figuren und ein Dutzend Esszimmerstühle im mediterranen Mafia-Stil. Antoine ließ durchblicken, dass das Haus von Khalil Gibran für seinen Geschmack zu wenig ausgeschmückt war, und Antoines Mutter erzählte, bisher habe sie im Krieg fünf Söhne verloren. Aber hier war vielleicht die übliche nett gemeinte Aufschneiderei der Levante im Spiel.

Achmed, obwohl Muslim, kam bei Antoines Verwandtschaft sehr gut an. Zuerst klärte er sie über die neuesten politischen Entwicklungen in Beirut auf, und dann erzählte er syrische Kontrollpunktgeschichten. Syrische Kontrollpunktgeschichten sind die Polenwitze des Libanon.

Ein syrischer Soldat hält einen VW-Käfer an und fordert den Fahrer auf, seinen Kofferraum zu öffnen. Der Fahrer will die vordere Klappe aufschließen. »Nein!«, sagt der Syrer. »Ich habe gesagt, den Kofferraum!«

»Das ist der Kofferraum«, sagt der Fahrer.

»Ich bin doch kein Esel«, sagt der Syrer und deutet auf die Heckklappe. »Machen Sie sofort den Kofferraum auf!« Der Fahrer tut, wie ihm befohlen, und zum Vorschein kommt der Wagenmotor.

»Aha!«, sagt der Syrer. »Sie haben also einen Motor gestohlen. Und zwar erst vor Kurzem, wie ich sehe. Er läuft ja noch.«

In einer anderen von Achmeds Geschichten – er schwört, diese sei wahr – geht es um einen Kontrollpunkt an einem Berg, wo ein syrischer Soldat den Kofferraum eines Wagens durchsuchen will.

»Ich kann nicht aussteigen«, erklärt der Fahrer. »Die Handbremse ist kaputt. Ich muss den Fuß auf der Bremse lassen, sonst rollt der Wagen weg.«

»Keine Sorge«, sagt der Syrer, »ich setze mich hinein und halte das Bremspedal.« Sie tauschen also die Plätze. »Und jetzt machen Sie den Kofferraum auf«, sagt der Syrer. Der Fahrer öffnet ihn.

»Gut«, ruft der Syrer aus dem Wagen. »Ist irgendwelche Schmuggelware drin?«

Übrigens, was die Syrer in Ihrem Kofferraum vor allem suchen, sind *Playboy*-Hefte. Denken Sie also daran, ein paar mitzunehmen.

Wir saßen da und rauchten. Wenn Sie das Rauchen aufgeben wollen, fahren Sie nicht in den Libanon. Alles, was älter als sechs ist, raucht hier Kette. Über langfristige Gesundheitsschäden macht sich hier derzeit kaum jemand Gedanken, und es gilt als hochgradig unhöflich, wenn man nicht bei jeder Gelegenheit Zigaretten anbietet. George verliebte sich in Carmen, Antoines Schwester, eine Schönheit von fünfzehn Jahren. Im weiteren Verlauf unserer Tour gab es für George dann nur noch ein Thema: Er wollte heiraten und Maronit werden. Vielleicht wurden seine Gefühle sogar erwidert. Jedenfalls nahm mich Antoine später an diesem Tag beiseite und fragte, ob George Christ sei. Ich versicherte ihm, die meisten blonden, blauäugigen Amerikaner über eins achtzig seien keine Drusen, worauf er mir und nicht George die zweihundert libanesischen Pfund abknöpfte, die es angeblich gekostet hatte, uns Zutritt zum Gibran-Haus zu verschaffen.

Wir fuhren hinauf in die Berge und besuchten einen der drei kleinen Zedernhaine, die es noch gibt. Einst bedeckten Zedernwälder das ganze Land – jeder Baum, wenn er ausgewachsen war, dreißig Meter hoch, mit einem Stamm von zwölf Metern Umfang. Aus ihnen machte man die hohen Masten der phönizischen Schiffe, die Dachbalken von Salomons Tempel und vieles andere mehr. Die Bäume im Hain von Bischarri sehen aus, als brauchten sie dringend ein Flohhalsband, und das ganze Gelände ist verwahrlost.

Fünfzehn Kilometer westlich von Bischarri, in Ehdene, fanden wir ein gutes Hotel, das La Mairie. Ehdene ist bekannt für die attraktivsten Märtyrerporträts im ganzen Land. Märtyrerporträts findet man überall im Libanon. Die Phalangisten plakatierten ihren ochsengesichtigen Baschir Gemayel, der 1982 zum Präsidenten gewählt und noch im selben Monat von einer Bombe zerrissen wurde. Die Schiiten bekleben die Wände mit dem Gesicht eines pummeligen Ayatollah, der in Libyen verloren gegangen ist. Die Drusen haben ihren Kamal Djumblat, der schon tot aussah, bevor die Killer seinen Wagen perforierten. Ehdene indessen ist das Hauptquartier der »Riesen«-Miliz, die von der außerordentlich fotogenen Familie Frangié angeführt wird. Im Jahre 1978 griffen die Phalangisten das Haus der Frangiés an und töteten einen gut aussehenden Sohn, seine hübsche Frau und auch ihre drei kleinen Töchter. Wenn man schon den ganzen Tag tote Leute betrachten muss, kann es nicht schaden, wenn sie wenigstens präsentabel aussehen.

Bei wenig Verkehr und unter der Voraussetzung, dass es an den Kontrollpunkten nicht zu Stimmungsumschwüngen kommt, sind es von Ehdene zurück nach Beirut nur zwei Stunden.

Die letzte große Sehenswürdigkeit im Libanon, die man sich nicht entgehen lassen sollte, ist Baalbek mit drei riesigen römischen Tempeln, die zu den größten der Antike gehören. Baalbek liegt allerdings im Bekaa-Tal, wo israelische und syrische Truppen einander gegenüberstehen und Israel von Zeit zu Zeit Luftangriffe auf syrische Raketenstellungen fliegt. Packen Sie daher widerstandsfähige, praktische Kleidung ein.

Baalbek selbst wird von einer Gruppierung ultra-radikaler, schiitischer Khomeini-Anhänger kontrolliert, die sich Islamische Amal nennen. Ihr Anführer ist Hussein Mussawi. Er unterhält enge Beziehungen zum Iran, und viele glauben, er selbst habe die Selbstmordanschläge auf die amerikanische Botschaft und die amerikanische Marinebasis Green Beach befohlen.

Die Leute von der Islamischen Amal sind so weit neben der Spur, dass sie Syrien für eine Marionette des internationalen Zionismus halten. Als ich in Beirut ankam, hatte die syrische Armee Baalbek gerade mit Panzern umstellt und beschoss die Innenstadt.

Nach Baalbek fuhr ich zusammen mit dem Beiruter Chefkorrespondenten von ABC, Charles Glass, und zwei Fahrern, einem Syrer und einem libanesischen Schiiten. (Glass wurde später von radikalen Schiiten entführt, möglicherweise von ebendieser Islamischen Amal; nach zwei Monaten Gefangenschaft entkam er mit knapper Not.) Die Fahrt über den Kamm des Libanongebirges ist atemberaubend. In der Ferne der Antilibanon mit seinen kargen Hängen und in der Tiefe die flache Mulde des Bekaa-Tals, wo sich die israelischen und die syrischen Linien inmitten von prächtig sprießendem Grün verlieren. Vor einem liegt das schmale Ende des fruchtbaren Halbmonds – Wiege jener Zivilisation, die Luftangriffe erst möglich machte. Es ist überwältigend.

Die Stadt Zahle am Fuß des Abhangs wird von Christen bewohnt – ein Vorposten der Phalange zwischen lauter Muslimen. Auch sie wird bisweilen von den Syrern beschossen. In Zahle gibt es ein gutes Hotel, das Kadri, und eine Promenade mit Gartenrestaurants an einem Flüsschen im Wadi Arayesh, dem »Tal der Reben«.

Die Straße nach Baalbek führt in nördlicher Richtung mitten durch das Bekaa-Tal. Auf beiden Seiten dehnen sich die Marihuanafelder meilenweit aus. Von hier stammt das berühmte libanesische Haschisch. Versuchen Sie nicht, es selbst zu exportieren. Bei der Ankunft durchsuchen die Zollbeamten am Flughafen Sie nicht, bei der Ausreise jedoch werden sie gründlich, und Haschisch auszuführen, ohne Schmiergeld zu entrichten, ist eines der wenigen Verbrechen, die im Libanon heute noch verfolgt werden.

Neben den Hanffeldern kampieren Beduinen aus der syrischen Wüste. Von Nahem sind sie nicht besonders romantisch. Ihre Zelte bestehen aus alten Getreidesäcken, und alles um sie herum riecht nach Ziege.

Die Ruinen der römischen Tempel von Baalbek sind – ein anderes Wort fällt mir nicht ein – riesig. Unvorstellbar ehrfurchtgebietend ist auch die Zahl der plattgehämmerten Daumen und der Nasen voller Steinstaub, die dieses Gemeißel gekostet haben muss. Der größte, der Jupitertempel, ist ungefähr hundert Meter lang und fünfundfünfzig Meter breit. Ursprünglich besaß er vierundfünfzig korinthische Säulen, jede achtzehn Meter hoch und zwei Meter zwanzig dick. Heute stehen nur noch sechs von ihnen. Dreihundert Jahre hat man an diesem Tempelbezirk gebaut, aber fertig geworden ist er nie. Der christliche Kaiser Theodosius befahl die Einstellung der Arbeiten in der Hoffnung, damit das Heidentum zu unterdrücken und der munter florierenden Tempelprostitution ein Ende zu machen.

Wieder stießen wir auf einen einsamen Fremdenführer, der in einem fort Namen und Zahlen herunterrasselte, während er auf Dinge zeigte, die besonders merkwürdig oder besonders groß waren.

Die Ruinen werden von Syrern bewacht, die in dieser Beziehung bessere Arbeit leisten als die Israelis in Tyrus. Der diensthabende Oberst kam gleich auf uns zu und stellte sich vor. Sein Englisch bestand aus »Hello«. »Hello«, sagte er und begrüßte uns mit einem Handschlag. »Hello«, sagte er und winkte zum Abschied.

Außerhalb der Ruinenfelder herrscht in Baalbek eine gespannte, unheimliche Atmosphäre. Alle Christen, Sunniten und Drusen sind geflohen. Überall hängen riesige Khomeini-Plakate. Auf den Straßen sieht man wenig Frauen, alle tief verschleiert und in Kleidern, die bis auf die Füße reichen. Die Männer warfen uns finstere Blicke zu und tasteten nach ihren Waffen. Die Straßen waren schmutzig und trist. Syrische Soldaten blieben immer in Gruppen zusammen. Die Panzer hatten ihre Stellungen und die Stadt noch nicht verlassen. Alkohol gibt es nicht, und man kann auch keine westliche Musik hören oder tanzen oder in ein Casino gehen. Und die amerikanische Nationalhymne pfeift man besser auch nicht.

Unser Cicerone führte uns von den Tempeln direkt zu einem Souvenirladen. Irgendetwas gefiel mir daran, bei einem Besuch in dieser Höhle voller bewaffneter Irrer mein Leben aufs Spiel zu setzen und gleich danach einen Andenkenladen zu betreten. Er machte den Eindruck, als sei seit den Tagen der Kreuzritter kein Kunde mehr da gewesen, bloß dass sämtliche Antiquitäten nagelneu waren, im letzten Monat hergestellt und dann eine Woche im Garten vergraben.

Der ganze Unsinn, den man über das Feilschen im Orient immer wieder hören kann, ist wie der meiste Unsinn über den Orient vollkommen wahr. Ich war noch keine drei Sekunden im Laden, da nannte mir der Besitzer schon Preise, die denen eines Ersatzteilhändlers im Dienst des Pentagon in nichts nachstanden, und rollte nach allen Richtungen speckige, schlecht gemachte Teppiche aus – wie jemand, der seinen Hund mit der Sonntagsausgabe der *New York Times* stubenrein zu machen versucht. Dies alles wird von charmantem Geplauder begleitet. Zumindest glaube ich, dass es charmant ist oder sein soll. Manche blumigen Wendungen der Levante kommen in dem minimalistischen Englisch, das man hier pflegt, allerdings nicht recht zur Geltung. »Gut, wie? Wirklich gut, wie? Gut Teppich! Sehr gut!«

»Er hat einen Vetter in St. Louis«, kam ihm der Reiseführer zu Hilfe.

Anscheinend musste ich bei diesem Duell der Schläue in der ehrwürdigen Tradition des Basars beide Rollen übernehmen. »Sagen Sie ihm«, bat ich unseren Führer, »seine Waren seien von der größten Herrlichkeit, und die Freude ströme mir in die Augen angesichts ihrer Pracht. Jawohl, und hocherstaunt sei ich auch über die Gerechtigkeit seiner Preise. Und dennoch müsse ich mich tief in den Staub erniedrigen wegen der Beschränktheit meiner Mittel. Ich, ein armer Reisender, viele Meilen weit aus der Ferne angereist...« Und schon kamen unechte ägyptische Statuen mit Hundeköpfen zum Vorschein, gefälschte römische Münzen, nachgemachter phönizischer Krimskrams und noch mehr, noch schlechtere, noch größere Teppiche. Nach anderthalb Stunden hatte ich das Gefühl, ich sei dem Mann für mein Vergnügen etwas schuldig. Ich entschied mich für eine kleine »babylonische« Bronzekuh mit ein paar entschieden unbabylonischen Feilspuren an den Gussgraten. Aber ich handelte den Ladenbesitzer von zweihundert Dollar auf dreißig herunter. Eine ordentliche Leistung, wäre die Kuh nicht null Dollar wert gewesen.

Charles Glass jedoch war schon seit Jahren im Nahen Osten und langweilte sich zu Tode bei diesem Schauspiel. Er meinte, wir sollten Hussein Mussawi besuchen.

Wir schickten unseren schiitischen Fahrer los, zur Kontaktaufnahme. Nach dem üblichen Hinhalten und Getrödel erklärte sich Hussein bereit, uns zu empfangen. Wir wurden in einen heruntergekommenen, teilweise zerstörten Teil der Stadt gebracht, wo sich einige nervöse junge Männer mit Maschinenpistolen um uns aufbauten. Ob sie wegen uns nervös waren oder weil sie damit rechneten, womöglich plötzlich als menschliche Feuerwerkskörper in die Luft zu gehen, weiß ich nicht. Man führte uns in ein winziges, verschmuddeltes Büro, wo wir uns setzen und warten sollten. Dann ging es in ein größeres Büro, das im arabischen Stil mit Sofas an den Wänden möbliert war. Überall hingen Khomeini-Bilder. Wir bekamen Tee serviert, und dann wurden Charles und ich, nicht jedoch unser muslimischer Fahrer, gründlich durchsucht. Besonders sorgfältig zerlegten sie Charles' Kassettenrekorder. Unsere Bewacher waren freundlich, aber Smalltalk stand offenbar nicht auf dem Programm. Schließlich tauchte ein anderer Trupp junger Bewaffneter auf und führte uns durch ein Labyrinth enger, schmutziger Gassen zu einem bescheidenen, gut gesicherten Haus. In einem kleinen Arbeitszimmer, das mit Büchern und weiteren Khomeini-Bildern ausstaffiert war, erwarteten uns zwei junge Männer, die Englisch sprachen. In liebenswürdigem Ton fragten sie uns, was eigentlich mit der amerikanischen Außenpolitik los sei. »Immerhin«, sagte der eine, »sind die Muslime in diesem Teil der Welt in der Mehrheit. Ist Ihre Regierung verrückt geworden oder was?«

Nach einer halben Stunde kam Hussein herein und gab jedem die Hand. Er war ungefähr fünfundvierzig Jahre alt, schlank, mittelgroß, trug eine Art paramilitärischen Freizeitanzug und gab sich sehr gelassen und würdevoll. Aber ich könnte schwören – in seinen Augen flackerte etwas.

Hussein befahl einem der Bewaffneten, Kaffee und Zigaretten für uns zu holen. Der junge Mann, der weniger gut Englisch sprach, betätigte sich als Dolmetscher.

»Waren Sie für das Bombenattentat auf den Marinestützpunkt verantwortlich?«, fragte Charles. Ich hätte mir fast die Nase angezündet statt der Marlboro. Aber Hussein antwortete gleichmütig, aus dem Angriff auf die Marines könnten viele Leute Nutzen ziehen, auch die Demokratische Partei in Amerika.

»Wie lange wird der Frieden im Libanon halten?«, fragte Charles.

»Es gibt keinen Frieden.«

»Wann wird es Frieden geben?«

»Wenn überall islamisches Recht gilt«, lautete die Antwort.

»Überall?«, fragte Charles. »Wird denn unter dem islamischen Recht auch Platz für Christen und Juden sein?«

»Im Islam ist für jeden Platz«, sagte Hussein. Der Dolmetscher zögerte und fügte dann von sich aus hinzu: »Außer für Zionisten, Imperialisten und solche Typen, verstehen Sie?«

»Die Zionisten sollen also vertrieben werden.«

»Ja.«

»Das kann lange dauern«, sagte Charles.

Hussein sah ihn lächelnd an. »Lange für euch. Für uns kurz.«

Dann kam er auf das Schicksal des Islam zu sprechen und den Platz der Gläubigen darin. Der Dolmetscher verhedderte sich bei »Allahs große Wünsche… Ich wollte sagen, Allahs Möchtegerne… oder vielmehr…«

»Gottes Wille«, schlug ich vor.

Hussein wandte sich mir zu und fragte auf Englisch: »Sie sprechen Arabisch?«

»Nein«, antwortete ich, »ich habe bloß verstanden, was gemeint war.« Hussein sagte dem Dolmetscher etwas, das für mich bestimmt war. »Er möchte wissen, ob Sie an Gott glauben.«

Ich dachte, es hat keinen Zweck, einen Streit vom Zaun zu brechen. »Aber gewiss«, sagte ich, worauf Hussein nickte. Eindringlicher Ernst lag in seinem Blick und nicht wenig mitmenschliche Besorgnis. Und weiter erging er sich in theologischen Betrachtungen.

»Um noch mal auf die irdischen Dinge zurückzukommen…«, sagte Charles schließlich. Hussein lachte.

»Oh«, sagte der Dometscher, »dies ist alles sehr irdisch.«

Charles fragte weiter, und ich sah Hussein weiter nachdenklich an. Er war praktisch der erste Libanese, der mir nicht erzählt hatte, er habe einen Vetter in Oklahoma City. Obwohl, wie sich später herausstellte, Husseins Bruder Erdölingenieur ist und früher in Dallas gearbeitet hat.

Charles fragte Hussein nach Jonathan Wright, dem vermissten Reuters-Korrespondenten. »Davon habe ich nichts gehört«, lautete die Antwort. »Außerdem war er gar nicht hierher unterwegs.«

Hussein empfahl Charles, den Koran zu studieren.

Schließlich verabschiedeten wir uns. Auf dem Weg zum Wagen sah ich eine Frau im Tschador, die auf einem Dach neben der Gasse schwarze Spitzenunterwäsche an die Wäscheleine hängte.

Keine Woche nach unserem Besuch ging das Nebengebäude der amerikanischen Botschaft in Ost-Beirut in die Luft. Ich hoffe, es war nicht wegen irgendwas, das wir gesagt hatten.

Das Hotel in Baalbek hieß Palmyra – ein solides osmanisches Gebäude, um 1870 herum gebaut, mit wertvollen, alten Teppichen und schweren viktorianischen Mahagonimöbeln. In dem ledergebundenen Gästebuch finden sich die Unterschriften Louis Napoléons, des Duc d'Orléans, der Kaiserin von Abessinien und Kaiser Wilhelms II. Alles hier scheint in Dämmerlicht getaucht und von Verflossenem zu künden. Nur der Besitzer und ein paar alte Angestellte sind noch da. Seit Monaten hat sich hier niemand mehr einquartiert, und nur gelegentlich kommt mal ein syrischer Offizier zum Abendessen.

Charles und ich saßen an diesem Abend allein in dem riesigen Speisesaal. Noch immer kehrten Pilger aus Mekka heim, und zu ihrer Begrüßung knallten draußen die Gewehre. »Freudenfeuer« nennt man das. Der elektrische Strom tröpfelte langsam in die Glühbirnen und tauchte die langen Tische und die hohe Decke in düsteres Licht. Rings um uns schienen sich die Mächte der Finsternis und der Barbarei zu sammeln. Wir kamen uns vor wie die letzten beiden Weißen in Asien. Bis nach Mitternacht blieben wir sitzen und tranken die Flasche Arrak, die uns ein ergrauter Kellner aus einer heimlichen Vorratskammer heraufgeschmuggelt hatte, unterhielten uns über Politik und Literatur und traktierten uns mit passenden Zitaten:

Kreisend und kreisend in immer weiterem Bogen
Entschwindet der Falke dem Ruf des Falkeniers.
Alles fällt auseinander, die Mitte hält nicht mehr;
Bare Anarchie bricht aus über die Welt.
Blutgeblendete Strömungen sind losgelassen, und …[2]

… und solche Reisen sind nun nicht mehr möglich.

2 William Butler Yeats, »The Second Coming – Der jüngste Tag«. Zitiert nach W. B. Yeats, *Werke 1. Ausgewählte Gedichte,* hrsg. v. Werner Vordtriede. Neuwied: Luchterhand 1970. Übers. Erich Kahler (Anm. d. Übs.)

Fanny Müller

La Palma (Olé)

Es fing schon damit an, dass die Nichten im Flugzeug nach La Palma angewidert auf das Essen starrten und dabei Brechgeräusche simulierten. Sie hatten ja recht, aber aus erzieherischen Gründen aß ich alles auf und sagte, sie sollten mich daran erinnern, dass ich nachher den Piloten nach dem Rezept frage.

Am Strand wurde es dann ganz furchtbar. Beide trugen Badeanzüge, die für eine Neuinszenierung der Versuchung des heiligen Antonius mehr als ausgereicht hätten. Deshalb hatte ich mich darauf eingerichtet, unter meinem Sonnenschirm als Fliegenklatsche aufzutreten, welche die Caballeros wegscheucht, aber das konnten sie viel besser als ich. Die Szenen, die sich abspielten, gaben mir einen erschreckenden Einblick in die eiskalte Psyche moderner junger Frauen.

Einmal z. B. näherte sich ihnen ein Einheimischer und bat höflich um Feuer oder um einen Kugelschreiber, jedenfalls um etwas, was er überhaupt nicht brauchte, denn er hatte weder eine Zigarette noch Briefpapier dabei. Das konnte man ganz genau sehen, denn er hatte gar nichts an. Die Nichten sprechen beide so schnell spanisch, dass ich noch nicht mal die Wörter erkenne, die ich kenne, aber ich ließ es mir übersetzen. Die eine hatte gesagt: »Hängen Sie mal ein Handtuch da rüber, das sieht ja schlimm aus.« Die andere: »Ach was! Ich habe schon Schlimmeres gesehen.« Danach zankten sie sich weiter auf Deutsch, welche von ihnen das Allerschlimmste gesehen hat.

Am Strand trafen wir noch zwei junge Männer aus Kiel wieder, die neben uns im Flugzeug gesessen hatten und die ich für Klempner und Elektriker hielt, was auch stimmte. Die stahlen meinen beiden so ziemlich die Show. Wir kriegten mit, wie sie zwei Frauen namens Sandra und Ramona erzählten, dass sie Gynäkologe beziehungsweise Hubschrauberpilot seien. Als der Rettungshubschrauber vorbeidonnerte, sagte der eine: »Ach, eine CS 304 Y, die bin ich auch schon geflogen.« Das konnten die Nichten nicht aushalten und nannten die beiden gleich »Hitler und Röhm«, bloß weil der eine ein bisschen dick war und der andere einen eigenartigen Schnurrbart trug. Immerhin freut es mich, dass sie heute im Geschichtsunterricht schon bis zum Dritten Reich kommen. Zu meiner Zeit war mit dem Ersten Weltkrieg Schluss, weil meine Lehrer den Zweiten selbst mit angeschoben hatten.

Jedenfalls nahm ich die Nichten dann ins Gebet und erinnerte sie daran, wie sie sich noch vor zwei Jahren auf Mallorca als Verlobte von Mitgliedern der hannoverschen Band »Platzende Pelikanpatronen« ausgegeben und Autogramme verteilt hatten. Das war diese Band, wo die Mädels alle in weißen T-Shirts erschienen, weil nach jedem Lied mit Tinte gespritzt wurde. Natürlich gab es die Band gar nicht; es hätte sie aber leicht geben können, wenn man bedenkt, dass es Gruppen gibt, die z. B. »Armaggedon Dildos« heißen.

Die beiden blieben meinen Vorhaltungen gegenüber verstockt und guckten mich an, als wollten sie sagen, dass sie niemals in mein Alter kommen möchten. Werden sie aber.

Nachdem sie die vorbeiziehende Männerwelt durchgecheckt und insgesamt für unangesagt erklärt hatten – dabei spielten die Art der Muskeln (Surfer- oder Bodybuildermuskeln – alles widerlich) und die Farbe sowie der Schnitt von Badehosen eine Rolle –, wandten sie sich ihrer Tante zu und erklärten, mir jetzt einen Kurschatten besorgen zu wollen. »In deinem Alter heißt das doch Kurschatten, Tantchen!« Mir ist es ganz egal, wovon einer seine Muskeln hat, und die Farbe seiner Badehose ist mir auch wurscht, Hauptsache er hat eine an. Das Problem ist nur, dass ich zu Hause schon einen Verehrer habe. Mit der Einschränkung, dass er – wie Männer eben so sind – noch nichts davon weiß. Diese Information behielt ich natürlich für mich, weil die Nichten ja sofort alles in der Verwandtschaft herumposaunen und meine Mutter schon lange auf einen Anlass wartet, mir den Rest meiner »Aussteuer« zu schicken, wie sie die Sammlung schockfarbener Frotteehandtücher nennt.

Als die beiden mir nach einer Reihe von Gigolos einen weiteren vorstellen wollten, der mir bei meinem letzten Aufenthalt auf der Insel schon gezeigt worden war und der »Carlos, der Stecher von La Palma« heißt, hatte ich die Nase voll. Ich teilte den Nichten mit, dass ich schon seit Längerem entschlossen sei, mich dem weiblichen Geschlecht zuzuwenden.

Da die menschliche Bereitschaft, eine Erklärung zu akzeptieren, direkt proportional zur tatsächlichen Unwahrscheinlichkeit zunimmt, hatte ich endlich meine Ruhe.

Fanny Müller

Nichten

Die Nichten sind jetzt in einem Alter, in dem sie nicht mehr kleine Stofftierchen als Geburtstagsgeschenke mitbringen (»Ist der nicht süß, Tantchen?«), sondern tonnenschwere, mit Leopardenfell bezogene Sonnenbrillen-Etuis, die, wenn man sie zuklappt, alle in der Nähe herumlungernden Personen zusammenzucken lassen. Im letzten Jahr bekam ich einen Handventilator, den man mit wenigen Griffen zu einem Mixer umbaut, womit man dann in etwa einer halben Stunde ein sechzehntel Liter Sahne vielleicht steif schlägt. Ich habe es aber noch nicht probiert.

Diesmal hat die jüngste Nichte ein riesiges Plastikauge mitgebracht, das man auf dem Tisch herumrollen lassen kann, falls man so was tun möchte. Ich solle mir wegen des Preises keine Gedanken machen, meinte sie tröstend, sie habe es sowieso in dem Laden geklaut, wo sie in den Ferien jobbe. Ich werde das Auge wohl in mein Büro mitnehmen. Die Kolleginnen haben schon ein paar Mal reingeguckt und nachgefragt, ob ich nicht ein Poster aufhängen will oder ob sie mir Topfpflanzen reinstellen sollen, damit es etwas persönlicher aussieht. Das Auge wird mich hoffentlich rausreißen. Persönlicher geht's ja wohl nicht.

Die Nichten sind auch aus dem Alter raus, wo sie sich für die Bahnfahrt eine *Bravo* kaufen. Sie kaufen jetzt eine *Amica* mit dem Sonderheft »100 Singles zum Verlieben«. Darin suchen 33 Frauen und die doppelte Anzahl von Männern, welche Frank und Andreas und Oliver und Boris heißen und alle in lustigen Posen abgebildet sind, einen »Partner«. Während die Nichte auf meinem neuen Computer Solitaire spielte und ihn hoffentlich nicht kaputt gemacht hat, sah ich alle Interviews durch. »Das kann ja wohl bald nicht wahr sein«, sagte ich schockiert, »hast du das gesehen?« Auf die Standardfrage nach der Vorstellung von einer »idealen Nacht« hatte Andreas aus Dorsten geantwortet: »Locker rein, locker raus.« Ich lese es ihr vor. Sagt sie: »Gott, muss der ein kleines Ding haben.« Das hätte ich nie gewagt, zu meiner Tante zu sagen. Allerdings hätte meine Tante mir so was auch nicht vorgelesen.

Fanny Müller

Rallye

Als ich vorletztes Jahr im Großraum Heidelberg-Mannheim zu meiner ersten Bikerhochzeit – verbunden mit einer Rallye – eingeladen wurde, wusste ich schon das Wichtigste:

1. Fast alle Mopeds (nie »Motorrad« sagen, oder man ist enttarnt), außer Harleys, sind *Reisbrenner – Wer Harleys nachmacht oder verfälscht oder verfälschte oder nachgemachte Harleys in Umlauf bringt, ist ein Japaner* –, solche mit zusätzlicher Plexiglasverkleidung vorne heißen *rasender Joghurtbecher.*

2. Wenn am Moped rumgemacht wird, dann heißt es nicht reparieren oder basteln, sondern schrauben. Tatsächlich wird auch meistens oben was abgeschraubt und unten was angeschraubt, oder umgekehrt. Warum, weiß kein Mensch.

3. Es gibt zwei Kategorien von Frauen: Hühner (unter zwanzig) und Schlampen (über zwanzig). Beide sind da zum

a) Aschenbecher sauber machen

b) kann man sich denken

c) Maul halten.

Diese Liste ist variabel.

Ehrlich gesagt, ganz so schlimm war's nicht. Es gab auch gar keine Aschenbecher, weil die ganze Geschichte in einem Wäldchen mit integriertem Grillplatz stattfand. Trotzdem – meinen Feministinnenausweis hätte ich da nicht vorzeigen dürfen.

Das Hochzeitspaar hatte einen kurzen Auftritt gleich nach der Titten-Show, danach tauchte es im schwarzen Gewühl unter.

Wirklich gut wurde es erst am zweiten Tag. Ferdi (von »fix und ferdi« – das ist Dialekt), Ferdi also hatte sein Jahr als *Prospect* abgerissen und sollte nun feierlich in den MC aufgenommen werden. Das geht natürlich nicht ohne Härtetest. Die Jungs hatten in der Fußgängerzone des nahe gelegenen Städtchens – verkaufsoffener Samstag! – eine Holzkiste von 1 x 1 x 1 Meter aufgestellt. Da hinein musste Ferdi und wurde sitzend bis zum Hals mit Sand zugeschüttet. Selbstverständlich war er splitternackt. Dann wurden an die Passantinnen kleine Plastikschaufeln ausgegeben.

Was soll ich sagen – da wurde gearbeitet! So schnell konntest du gar nicht kucken.

Guido Mingels

Wie kann ein Mann in Würde dick werden?

Eins dreiundachtzig, vierunddreißig, vierundneunzig. Das ist nicht meine Telefonnummer, sondern die Bilanz meines bisherigen Lebens: keine Traummaße. 1,83 Meter groß, 34 Jahre alt, 94 Kilo schwer. Mehr Masse als Traum. Im Dienstbüchlein, dort, wo die Resultate der Musterung eingetragen sind, steht dieselbe Zentimeterzahl, aber unter Gewicht steht 75 kg. Das ist 15 Jahre her, macht pro Jahr 1 ¼ Kilo Zunahme, mit vierzig werde ich also mehr als 200 Kilo wiegen. Leider ist dies keine Hypothese, sondern eine zukünftige Tatsache. Denn ich glaube nicht daran, dass Menschen sich ändern können.

Die Schwierigkeit der Frage liegt ja beim Zusatz »in Würde«. »Wie kann ein Mann dick werden?« – das wäre wesentlich einfacher zu beantworten, darin bin ich Experte. Denn ich bin und war immer ein Kampfesser. Ich esse schnell, ich esse ohne Gnade. Ich ruhe nicht, bevor der Feind vernichtet ist. Kein Gnocchi, kein Fettrand vom Schnitzel, keine Erbse darf übrig bleiben auf dem Teller. Ich schone weder mich noch die Nahrung. Einmal aß ich, weil Gäste nicht kamen, einen ganzen Hasen vollständig auf.

Also, dick werden: kein Problem. Es geschieht so oder so, man schaue sich auf der Straße um, die meisten Männer ab fünfzig sind dick. Aber »in Würde«? Die Vorstellung, in naher Zukunft auszusehen wie Otti Fischer, Michael Moore oder

Diego Maradona, kann auf den Magen schlagen. Geometrisch betrachtet liegt das Anstößige am Dickwerden in der zunehmenden Ovalisierung der Umrisse, dass man, aus der Ferne gesehen, immer mehr einem Rugbyball gleicht. Man verlässt die Strich- und nähert sich der Kreisform an. Würde man gleichzeitig weiter wachsen, würden also zudem Kopf und Füße proportional zur Hüfte anschwellen, so wäre das Dickwerden nicht der ästhetische Skandal, der es heute mit Recht ist. Die Kunst eines guten Schneiders besteht denn auch darin, durch einen perfekten Anzug die schmalen Schultern und dürren Beine mit dem Bauchumfang zu versöhnen, was manchmal nicht schlecht gelingt (Gerhard Schröder). Meistens aber stehen die so verpackten Ovale als plumpe Rechtecke in der Welt (Christoph Blocher, Kurt Beck, B. B. King).

Was tun? Zunächst ist der Gedanke hilfreich, dass schlanke Männer oft viel schlechter aussehen als beleibte. Ein Mann, der mit vierzig perfekt sportlich wirkt, ist ein Kindskopf. Weil er sich weigert, älter zu werden, reifer zu werden. Weil ihm die Souveränität fehlt, die es braucht, um stilvoll aus der Form zu geraten. Man sieht ihm an, dass er ein Jahresabo fürs Fitnessstudio besitzt. Wer, wie ich, manchmal mit Gewissensbissen vor dem zweiten Pastateller sitzt, erinnere sich an den letzten vierzigjährigen Jogger, den er im Wald gesehen hat, an dessen lächerlichen Kampf, an seine schmerzverzerrte Miene. Und schütte freudig noch etwas Käse über die Tagliatelle.

Tröstlich für korpulente Männer ist auch, dass es den Frauen noch viel übler geht. Ihnen ist es vollkommen unmöglich, stilvoll zuzunehmen. Coole dicke Frauen gibt es nicht (Hella von Sinnen, Nella Martinetti), coole dicke Männer schon (Bud Spencer, Marcel Reich-Ranicki, Winston Churchill). Das liegt an demselben geheimen Gesetz, das auch verlangt, dass Fernsehmoderatorinnen wie Models aussehen müssen (Nina Ruge, Michelle Hunziker, Eva Wannenmacher), Fernsehmoderatoren aber einen schrulligen Charakterkopf haben sollen (Thomas

Gottschalk, Stefan Raab). Frauen müssen schön sein, Männer dürfen. So ist das nun mal. Ich beklage mich nicht, nein, ich beklage mich nicht.

Der erste Schritt zum würdevollen Dickwerden ist die Akzeptanz des Unvermeidlichen, die Einsicht, dass der Körper selbst bestimmt, wie er aussehen will, und nicht der Kopf. Sodann helfen flankierende Maßnahmen. Anzüge richtig schneidern lassen, wie gesagt. Heiraten und Kinder zeugen soll ein guter Trick sein, man hat dann Besseres zu tun, als sich um sein Gewicht zu sorgen. Mehr Wein als Bier trinken, denn Bier enthält Hormone, die den Männern Brüste wachsen lassen, was definitiv würdelos ist (hier liegt der Unterschied zwischen dicken Bayern und dicken Franzosen). Es vielleicht mal mit einem Bart versuchen, der passt gut zum Bärenhaften des Dickseins. Nicht zulassen, dass die Geliebte ebenfalls dick wird, denn ein dickes Paar wirkt immer irgendwie verwahrlost. Dicke Männer aber, die eine schlanke Frau im Arm haben, sehen einfach großartig aus (Friedrich Dürrenmatt, Flavio Briatore, Michail Gorbatschow).

So könnte es klappen.

Horst Evers

Gott klingelt

Nach bislang unbestätigten Informationen aus Börsenkreisen planen verschiedene große Telekommunikationsunternehmen die Fusion mit einigen großen Religionsgemeinschaften.

Speziell die Glaubensgemeinschaft der Zeugen Jehovas wird – wegen ihres großen und effektiven Haustürberatungsnetzes – stark von den Kommunikationsunternehmen umworben. Erste Tests in Berlin sind sehr erfolgreich verlaufen.

Es klingelt. Ich öffne die Tür. Davor ein Mann, er redet.

– Guten Tag, ich bin Ihr Gebietsbeauftragter Kommunikation. Haben Sie einen Moment Zeit?

– Äääh, nein?

– Ich bin beauftragt, mit Ihnen über Ihre Telefonrechnung zu sprechen.

– Von wem beauftragt?

– Gott!

– Gott interessiert sich für meine Telefonrechnung?

– Gott interessiert sich für alles.

– Warum?

– Womöglich zahlen Sie zu viel.

– Und das stört Gott?

– Gott hat diese Welt, die Menschheit, die ganze Schöpfung und überhaupt alles nicht geschaffen, damit Sie heute zu hohe

Telefonrechnungen bezahlen. Er ist nicht mehr länger bereit, diesen Missstand hinzunehmen.

– Ach so. Und hat Gott denn keine anderen Probleme als meine Telefonrechnung?

– Natürlich, deshalb hat er ja auch mich und die Firma Arcor beauftragt.

– Verstehe, na, denn kommen Se mal rein.

Horst Evers

Was anders ist

Wenn ich früher nachts, vielleicht ein wenig angetrunken und vielleicht auch in eigenartiger Stimmung nach Hause kam, habe ich in der Regel noch ein wenig auf den Fernseher eingeredet, den einen oder anderen Wäschehaufen beschimpft, in alkoholseliger Spendierlaune zwei, drei Blumen bis an den Rand des Ertrinkens begossen und eventuell noch ein wenig obszöne Gesten vor dem Spiegel geübt. Dann bin ich aber irgendwann eingeschlafen und später auch ins Bett gegangen. Damit war's dann gut. Höchstens der Spiegel hat sich am nächsten Morgen gerächt. Das war oft nicht schön anzusehen, aber es blieb ja unter uns.

Wenn ich jedoch heutzutage nachts, angetrunken, in eigenartiger Stimmung nach Hause komme, kann ich noch mit der ganzen Welt Kontakt aufnehmen. Und das ist nicht gut.

Ich kann bei eBay einen Trecker ersteigern, langjährige Freundschaften mit einer E-Mail beenden oder auch Fotos von seltenen Hautkrankheiten auf meine Homepage stellen. Natürlich kann ich auch arglosen Freunden kleine Lieder auf ihren Anrufbeantworter singen: »Hallihallo, was hältst du von dieser Liedidee? Lall lala laaa … wir sind die lustigen … lall la laaa … und dann halt so weiter. Meinst du, die Ironie wird klar?«

Und wenn ich wirklich noch so richtig länger was von dieser Nacht haben will, kann ich auch der festen Überzeugung sein, dass ich zwar ein bisschen angetrunken bin, deshalb aber doch noch immer in der Lage, aber so was von aber hallo dermaßen in der Lage, den Anrufbeantworter absolut seriös und vollständig, aber so richtig neu zu besprechen …

Die Stimme der Anruferin klang etwas unsicher. Sie sei sich nicht sicher, ob sie wirklich die richtige Nummer gewählt habe. Aus der Anrufbeantworteransage gehe das nicht ganz deutlich hervor. Jedenfalls würde sie gerne mal mit mir über die Fotos auf meiner Homepage sprechen. Ihr habe sich der tiefere Sinn nicht erschlossen, aber vielleicht könne sie mir helfen.

Schaue auf die Homepage und scheitere gleichfalls beim Versuch, einen Sinn zu ermitteln.

Im Fax liegt die Bestätigung für einen Karibikflug. Was will ich da denn? Na ja, wahrscheinlich ist mir letzte Nacht irgendwie kalt geworden. So weit verständlich. Höre dann die Anrufbeantworteransage ab:

»Ja, hallo hier ist … hier ist … hier ist der Anschluss, hihi, … der Anschluss … wieso rufen Sie an? Mal sagen … jetzt … nach dem … ach, machen Se doch, wie Se wollen – piep.«

Rufe die Frau zurück und erkläre ihr, dass mein Cousin für ein paar Tage bei mir wohnt. Gestern hat er sich wohl etwas zu sehr dem Berliner Nachtleben hingegeben und hier dann noch einigen Unfug veranstaltet. Werde ihm die Nummer weitergeben, glaube aber nicht, dass er sich helfen lassen wird. Er ist sehr dickköpfig.

Hinterher storniere ich den Karibikflug und gehe dann in die Küche. Sehe, dass mein Cousin offensichtlich in der Nacht auch noch versucht hat, alte Nudeln mit Sauce aufzubraten. Die Saucenspur führt vom Herd zum Tisch, wo die halb leere Pfanne steht. Meine, an der Anordnung der Nudeln auch noch den Abdruck eines Gesichts zu erkennen. Gehe ins Bad und bekomme Gewissheit. Der Cousin hat auch noch versucht, sich zu waschen.

Will gerade den Anrufbeantworter neu besprechen, als das Telefon schon wieder klingelt. Mein Nachbar beschwert sich, ich hätte in der letzten Nacht im Treppenhaus eine halbe Stunde lang: »Lalla la la laaa wir sind die lustigen … lalalaaa …« gesungen. Er glaubt nicht, dass der Song was taugt, und droht mir im Übrigen Prügel an. Erkläre ihm alles und lege auf.

Rufe dann meinen Cousin an und frage, ob er nicht Lust hat, für ein paar Tage nach Berlin zu kommen. Ich zahle auch die Bahnfahrt. Er muss dafür nur behaupten, er sei schon seit drei Tagen hier, und ein kleines Liedchen lernen. Er ist skeptisch. Langwierige Verhandlungen folgen …

Man kann es drehen und wenden, wie man will, aber irgendwie ist das Leben anders geworden. Nicht wirklich besser, auch nicht wirklich schlechter, aber anders, anders schon.

Horst Evers

Der Ausdruck

Als ich das Kind von der Schule abhole, informiert es mich über die Ereignisse des Tages:

– Timo hat heute einen fetten Ausdruck benutzt. Zwei Striche!

Wenn die Kinder in der Schule Ausdrücke benutzen, bekommen sie Striche. Für besonders schlimme Ausdrücke auch schon mal zwei. So etwas ist dann ein fetter Ausdruck.

– Hm. Was hat er denn gesagt?

– Das kann ich nicht sagen. Der Ausdruck ist zu schlimm, und wenn ich ihn wiederhole, habe ich ihn ja auch benutzt.

Das macht neugierig.

– Nein, du informierst mich ja nur. Das ist was anderes. Das darfst du.

– Also gut. Timo hat gesagt: Fick deine Mutter!

– Ja, das ist allerdings ein fetter Ausdruck. Da kann man schon mal zwei Striche geben.

– Mmh, fand ich auch.

Wir gehen weiter. Das Kind denkt nach.

– Sag mal, Papa. Was ist eigentlich ficken?

– Was?

– Na, dies Ficken. Ist das was Schlimmes?

– Nein! Nein, Ficken ist nichts Schlimmes. Überhaupt nicht. Nein, nein.

– Ach so, na dann.

Das Kind beginnt zu singen.

– Ficken, ficken, ficken … ficken, ficken, yeah … Was ist nur ficken? Ficken, ficken, yeah …

Die anderen Passanten bleiben stehen und starren uns an. Ein Vater mit seiner siebenjährigen Tochter, die begeistert ein Lied übers Ficken singt. Bei so was würd ich allerdings auch stehen bleiben.

Das Kind wird wieder nachdenklich.

– Aber was genau ist denn jetzt ficken? Ich hab ja in der Pause auch schon Timo gefragt, aber der wusste es auch nicht.

Die Menschenmenge um uns herum wächst langsam an. Spüre, wie bei mir der Schweiß ausbricht.

Sage:

– Och, das besprechen wir vielleicht lieber zu Hause, wenn Mama auch dabei ist.

Die Menschenmenge versperrt uns den Weg. Einer brummt.

– Nix! Das Kind hat eine Frage gestellt!

Also gut. Ich hole aus.

– Ja, also …, »ficken« ist ursprünglich natürlich gar kein schlimmes Wort. Aber überhaupt nicht. Eigentlich kommt es ja aus dem Norddeutschen und bedeutet im Prinzip so viel wie

›machen‹. Umgangssprachlich jedoch wurde es dann mehr und mehr für Tätigkeiten verwendet, die man sonst nicht so gerne so direkt beschreiben wollte … also … also …

Ich rede wie im Fieber. Der Schweiß läuft jetzt in Strömen. Komme zu irgendwelchen Lautverschiebungen, aufgrund irgendwelcher Völkerwanderungen irgendwelcher Goten. Gleichzeitig suche ich nach einer Fluchtmöglichkeit. Wenn ich den offenen Gully 20 Meter weiter vorne erreichen würde, könnte ich da einfach reinspringen, und alles wäre gut. Aber die drei Rentnerinnen schräg links haben den offenen Gully auch schon bemerkt. Ganz geschickt decken sie ihn ab.

Ich bin gerade dabei zu erläutern, wie Hermann der Cherusker im Teutoburger Wald die Römer gefickt hat, als das Kind plötzlich sagt:

– Ah ja, jetzt weiß ich schon.

– Echt?

Ich kann mein Glück nicht fassen. Die alte Strategie des Solange-wirr-am-Thema-Vorbeiredens, bis niemand mehr weiß, worum es eigentlich geht, und entnervt aufgibt, hat wieder funktioniert. So habe ich auch schon mein Abitur gekriegt.

– Ja, ja, erklärt das Kind, ficken, das ist praktisch, wenn Mann und Frau sich nackig sehen.

– Na jaa. Obwohl, für den Moment lass ich das mal so gelten.

Das war gerade noch mal gut gegangen. Die Menschenmenge beginnt sich enttäuscht aufzulösen. Ich bin erleichtert. Das Kind strahlt mich an:

– Mensch Papa, dann haben wir ja auch schon oft gefickt!

Oh, bitte nicht. Die Passanten kehren zurück. Eine der Rentnerinnen fällt vor Schreck in den offenen Gully. Und ich spüre schon wieder das alte schmiedeeiserne Brückengeländer an meinen Halsmuskeln. Das sichere Gefühl, da kommste nie wieder raus. Wünsche mir, der Förster möge doch jetzt kommen und eine Hütte um mich herum bauen. Die Rentnerin ruft aus dem Gully:

– Mir geht's gut, schnappt euch den Schweinehund!

Immer enger wird der Kreis um uns herum gezogen. Jetzt ist alles egal. In völliger Verzweiflung nehme ich das Kind auf den Arm und rufe laut:

– Ooh nee, ich glaub, du hast schon wieder Kopfläuse!

Die Menge weicht zurück. Halte das Kind wie einen Schild vor mich, wuschel ihm möglichst wild durch die Haare und renne durch die entstehende Gasse, so schnell ich nur kann, mit ihm nach Hause.

Aber dort hat das Kind jetzt Fragen. Sehr viele Fragen, weshalb mir in den nächsten Tagen keine andere Wahl bleibt, als ihm mithilfe diverser Fachkinderbücher behutsam einen Großteil der Geheimnisse des menschlichen Körpers zu erläutern. Mit dem Ergebnis, dass wir jetzt ein siebenjähriges Kind zu Hause haben, das praktisch aufgeklärt ist, aber immer noch an den Weihnachtsmann glaubt.

Eigentlich hatten wir das anders geplant.

Horst Evers

Religiöse Orientierung

Das Telefon klingelt. Ich gehe ran.

– Ja.

– Ja, guten Tag. Spreche ich mit Herrn Evers?

– Ähm, sag ich nicht.

– Ach. Warum nicht?

– Na, weil ich noch gar nicht weiß, ob Herr Evers überhaupt mit Ihnen sprechen will. Falls nicht, ist es mir, glaub ich, lieber, wenn ich jemand anders bin.

– Verstehe, ich rufe an im Auftrag der Gemeinschaft der Globalen Erneuerungskirche. Herr Evers, dürfte ich Sie fragen, bei welchem Religionsanbieter Sie sind?

– Äh, evangelische Kirche.

– Ah, schön. Herr Evers, haben Sie schon mal daran gedacht, Ihren Religionsanbieter zu wechseln?

– Äh, ah, jetzt weiß ich, ich bin nicht Herr Evers.

– Was?

– Ach, war nur 'n Versuch.

– Herr Evers, wir denken, Ihre alte Kirche kassiert zu viel Glauben von Ihnen.

– Ach. Na, so viel ist das eigentlich gar nicht, was ich da glauben muss. An sich geht das, also das ist schon machbar. Was die so verlangen, das ist eigentlich schnell weggeglaubt. Nee, geht, geht echt.

– Herr Evers, Ihre Kirche verlangt von Ihnen erhebliche Gebühren und bietet Ihnen nur den Zugang zu einem Netz.

– Ach.

– Bei uns haben Sie schon in der Economy-all-Religion-Flat Zugang zu 6397 verschiedenen Göttern, darunter alle großen Weltreligionen. Alle Netze ein Tarif, verstehen Sie? Inklusive kostenloser Direkt-Hotline bei plötzlichen Glaubensstörungen und voller Geld-zurück-Garantie, falls Sie denselben Glauben irgendwo anders günstiger bekommen sollten.

Ich lege auf. Ich finde, man sollte nur an einen Gott nicht so wirklich glauben. Wer an ganz viele Götter nicht so wirklich glaubt, dem mangelt es meiner Meinung nach an religiöser Orientierung.

Harald Martenstein

Gemüse

Wie bekommt man Gemüse in die Kinder hinein? So lautet unsere heutige 500 000-Euro-Frage.

Ist es:

A. Die Methode »New Economy«? Das Gemüse wird gekocht, püriert, sodann mit viel Zuckersirup, am besten »Grafschafter Goldsaft«, gesüßt und braun gefärbt. Anschließend erklären beide Eltern dem Kind, es handele sich um einen schokoladehaltigen neuen Brotaufstrich, besser als das beste Nutella.

Oder ist es:

B. Die psychologische Methode? Man zeige dem Kind historische Kupferstiche von skorbutkranken Seeleuten, aus denen schwarze Galle herausfließt, dazu erschütternde Aufnahmen von Mangelerkrankungen aus der Dritten Welt. Man sage: »Diese Menschen wollten kein Gemüse essen. Jetzt müssen sie halt sterben.«

Sogar das Gemüse hat seine Geschichte. Beim Wort »Kohlrüben« zum Beispiel denkt der historisch gebildete Mensch sogleich an den Ersten Weltkrieg. Kohlrübenwinter! Gemüse unterliegt außerdem Moden wie die Form der Hemdkrägen oder die Rocklänge. Das naheliegendste Beispiel ist Broccoli, das typische deutsche Trendgemüse der Achtziger-, Neunzigerjahre. Die Ideologien sind weg, innere Leere, Suche nach Sinn, die große Zeit des Designs – mit einem Wort: Broccoli. Broccoli wird wegen seines gefälligen Äußeren verzehrt, wegen der hübschen grünen Röschen. Geschmacklich ist Broccoli nahezu neutral, man könnte genauso gut diesen Schleim essen, den man vor Magenspiegelungen kriegt. Um die Jahrtausendwende ist der zartbittere Fenchel in der Gunst der Massen aufgestiegen, ein Gemüse, das nach Medizin und Labor schmeckt, parallel zum Aufstieg der Naturwissenschaft als neuer Utopiestifterin. Die Eltern von heute gehören meistens zur Blumenkohlgeneration. Junge, Junge, was wir an Blumenkohl weggeputzt haben! Ein Blumenkohlwinter nach dem anderen. Heute ist der Blumenkohl ein Randgruppengemüse, beinahe wie die Kohlrübe. Was ist bloß aus all den Blumenkohlbauern von damals geworden? Die etwas jüngeren Eltern gehören zu einer kurzen, historisch besonders interessanten Zwischenphase, der Generation Zucchini, während die historisch belastete Generation Erbsensuppe … Aber wir schweifen ab. Zurück zu unserer 500 000-Euro-Frage. Wie kriegt man Gemüse in das Kind hinein?

Ist es:

C. Die katholische Methode? Man verstecke kleinere Mengen Gemüse in den Lieblingsgerichten des Kindes. Bis zu salzkorngroße Möhrenstücke bleiben in Nutella meist unbemerkt, wenn die Creme dick aufgetragen wird. Flach geraspelte Möhrenscheiben können seitlich in fertig gebratene Pfannkuchen eingeschoben werden. Blumenkohlstifte von etwa zwei Zentimetern Länge und zwei bis drei Millimetern Durchmesser werden von unten in die Schokoriegel gesteckt. Nicht vergessen, das Einsteckloch anschließend mit einem Tropfen Schokoladensoße zu kaschieren! Bei Kindern, die Fisch esssen, geht manchmal ein weich gekochtes, paniertes Stück Sellerie in Gänze als Fischstäbchen durch. Vorbild dieser Methode sind die mit Fleisch gefüllten Maultaschen, die in Süddeutschland von den gläubigen Mitbürgern auch während der Fastenzeit gerne gegessen werden.

Dann hätten wir noch:

Die pseudodemokratische oder stalinistische Methode. Man

lege vor das Kind eine Möhre, einen toten Vogel und einige Pfefferkörner. Man sage: »So, du bist jetzt groß, du bist der Chef, du darfst heute mal ganz alleine entscheiden, was du essen möchtest.«

Oder:

E. Die kapitalistische Methode. Man bezahle dem Kind für jedes halbe Möhrchen zwanzig Cent oder gewähre pro Scheibe Zucchini zehn Minuten zusätzliche Fernsehzeit. Schon bald wird das Kind versuchen, den Gemüsepreis zu erhöhen, während die Eltern ihrerseits versuchen, die Gemüsestückchen für den gleichen Preis unauffällig größer werden zu lassen. So findet eine spielerische Einübung in die Mechanismen der Marktwirtschaft statt.

Schließlich:

F. Die moderne Methode. Man produziere einen Werbespot, in dem eine Persönlichkeit mit hohem Prestige und hoher Glaubwürdigkeit in Kinderkreisen – zum Beispiel Oliver Kahn, Pikachu oder Britney Spears – mit sichtbarem Genuss Gemüse verzehrt.

Oder:

G. Die unrealistische Methode. Man versuche, das Kind mit vernünftigen Argumenten, freundlichen Worten und Schmeicheleien zum Verzehr von Gemüse zu bewegen.

Eine Möglichkeit, unseren Kindern auf moralisch einwandfreie Weise Gemüse zu verabreichen, gibt es nicht. Wer seinen Kindern Gemüse gibt, der muss lügen und betrügen. Er macht sich schuldig. Wer seinen Kindern aber kein Gemüse gibt, der ernährt sie ungesund, macht sich also ebenfalls schuldig.

Ein deutsches Dilemma. Die richtige Lösung weiß keiner. Ist ja immer so.

Harald Martenstein

Gott

Wir fuhren in die Berge. Wir gingen in den Bergen spazieren. Ein Ruck ging durch das Kind. Es breitete die Arme aus und rief: »Jesus! Ich sehe Jesus!« Das Kind hatte eine Erscheinung. Nun gut, wir waren in Bayern.

Es handelte sich um einen dieser Kreuzwege. Wir wandelten den Kreuzweg entlang, und ich erklärte, was es mit den vierzehn Stationen auf sich hat, das heißt, soweit ich es noch zusammenbekam. Veronika reicht Jesus das Schweißtuch, oder hieß sie Angelika? Der zufällig anwesende Passant Simon von Sirene, oder so, trägt aus Nettigkeit eine Weile das Kreuz.

Der christliche Bilderkosmos spricht weitgehend für sich selbst, und wenn ich etwas nicht mehr genau wusste, habe ich einfach drauflos erfunden. Das sollen die Evangelisten im Übrigen genauso gemacht haben.

Das Kind war auf dem Jesus-Trip. Abends beim Schlafengehen murmelte es: »Erzähl mir eine Geschichte von Jesus.« Und ich erzählte. Beim Warten an der Haltestelle oder vor dem Schwimmbad zupfte es am Ärmel und flüsterte: »Eine Geschichte aus der Bibel, ja?«

Und ich verkündete die frohe Botschaft. Die Menschen an den Haltestellen und vor den Schwimmbädern staunten nicht schlecht, als ihnen an dieser ungewöhnlichen Stätte von Jonas im Bauche des Wals berichtet wurde, vom brennenden Dornbusch, von der sündigen Stadt Sodom und von der wunderbaren Speisung der vierzigtausend, oder waren es dreitausendfünfhundert?

Wir besuchten die Dome von Mallorca, von Mainz und von Berlin, bei dieser Gelegenheit schauten wir uns aus weltlichem Interesse auch die Kaisergruft an. Ich kaufte eine Kinderbibel und las so manches Mal aus ihr vor. Du sollst das Kind in seinen religiösen Interessen nicht behindern, spricht der Herr.

Das Lieblingsfach des Kindes in der Schule ist selbstverständlich Religion. Wenn man das Kind fragt, wie es in der Schule gewesen ist, dann antwortet es: »Wir haben heute lange über Moses gesprochen.« Dann geht ein Engel durch die Küche.

Jetzt fragte das Kind: »Gibt es Gott wirklich? Oder ist Gott so ähnlich wie der Weihnachtsmann und der Osterhase?«

Ich sagte: »Niemand weiß, ob es Gott gibt. Die Antwort muss jeder in sich selber spüren. Man glaubt, oder man glaubt nicht. Auf jeden Fall kann man sagen, dass Gott in einer anderen Liga spielt als der Osterhase.«

Nun aber fragte das Kind: »Glaubst du, dass es Gott gibt?«

Ich antwortete: »Ich glaube, dass Gott eine schöne Idee ist. Die Menschen möchten, dass es etwas Besseres und Perfekteres gibt als sie. Gott bringt die Menschen manchmal dazu, gute Dinge zu tun und nicht nur an sich selbst zu denken. Deshalb bin ich für ihn. Aber ich glaube nicht, dass es ihn gibt.«

Das Kind war mit dieser Antwort nicht zufrieden. Es hat gespürt, dass mit mir etwas nicht stimmte, dass es eine taktische Antwort war, ein liberales Ausweichmanöver. Ein klares Nein hätte es eher zufrieden gestellt. Das wäre etwas gewesen, woran man sich halten kann.

Was hätte Jesus an meiner Stelle gemacht? Jesus hätte natürlich die Wahrheit gesagt.

Als einst mein Vater meine Mutter freite, war diese katholisch. Radikalkatholisch, extremkatholisch. Sie sagte: »Der Mann, dem ich gehören soll, muss rechten Glaubens sein, denn mit Ketzern gehe ich den heiligen Bund nicht ein.«

Mein Vater war mehr an Musik als an Religion interessiert. Diese Tatsache verschaffte ihm in religiösen Dingen Beweglichkeit. Er besuchte den katholischen Religionsunterricht, er schwor dem Protestantismus ab und wechselte achselzuckend in das Lager des Papstes, aus amourösen Gründen wäre er auch zu den Tanzenden Derwischen übergetreten. Aber so was fordern Frauen fast nie.

Kurz nach der Hochzeit wandte meine Mutter sich vom Glauben ab. Eines Morgens fiel es ihr wie Schuppen von den Augen, sie stand auf und verkündete: »Der Papst ist in meinen Augen das Letzte.« Sie war nunmehr Freigeist und trat später in die SPD ein. Mein Vater blieb aus Zerstreutheit noch eine Weile katholisch.

Jesus hätte diese Geschichte erzählt und, wie immer, ein Gleichnis gemacht. Glaubet, was immer ihr glaubet, nicht zu heftig, denn wisset, schon in zwanzig Jahren glaubet ihr womöglich etwas total anderes. Und wie steht ihr dann vor euch selbst da? Womöglich nicht gut.

Harald Martenstein

Insekten

Wir saßen in unserem Lieblingslokal, das Kind und ich. Unser Lieblingslokal hat einen Garten mit einem Baum darin und eine Theke mit einem Zapfhahn daran. Da ist gut sein. Für das Wohlbefinden des Kindes sind die Ameisen zuständig.

Das Kind setzt sich in eine Ecke und baut aus Steinchen ein Ameisengefängnis. Ameisen, die sich nicht vorschriftsmäßig verhalten, werden mit Steinchen zerquetscht. Ameisen, die durch Befolgung der Vorschriften Langeweile hervorrufen, werden ebenfalls mit Steinchen zerquetscht. Das Kind hat keinen aufgeklärten Rechtsstaat im Geiste Voltaires errichtet, sondern ein faschistisches Terrorregime.

Halt, was macht es jetzt? Oha, es holt sich Streichhölzer. Das Kind zündet ein Streichholz an. Es hält das Streichholz an die Ameisen. Scheiterhaufen, Inquisition – das Kind durchlebt die katholische Phase. Dazu juchzt es und gluckst vor Glück. Sollte man eingreifen?

Es gibt in dieser Familie eine Ameisentraditionslinie. Als ich ein Kind war, habe ich einmal Hunderte von Ameisen, das heißt, vielleicht waren es in Wirklichkeit nur fünfundvierzig, also diese unübersehbar große Ameisenmenge gesammelt und in ein mit Sand und Grünzeug gefülltes sogenanntes Einweckglas interniert. Die Ameisen sollten einen Staat gründen. Mir war nicht klar, dass die Ameisen dazu eine Königin brauchen. Ich dachte, die Ameisen könnten es ja mal mit einer Republik probieren. Aber um echte Republikaner sein zu können, fehlt den Ameisen doch einiges, nicht zuletzt der Wille. Das Glas mit dem sozialen Experiment darin stand eine Weile auf dem Fensterbrett, die Ameisen krabbelten unschlüssig umher, dann fiel das Glas hinab, es zerbrach, und das royalistische Pack suchte unter lauten »Hurra! Es lebe die Königin!«-Rufen das Weite.

Das gab im häuslichen Umfeld eine Menge Ärger, und noch so manchen Abend kratzte man sich vorm Schlafengehen verstohlen an der Halsbeuge oder im Schritt, weil man die Krabbelbeinchen einer Ameise auf der Haut zu verspüren meinte.

Soll ich nun die Ameisen retten, im Namen der Humanitas? Sind wir böse? Wir fragten eine Psychologin. Die Psychologin sagte: »Alle Kinder machen so eine Phase durch.« Es hat mit der Entwicklung des Gefühlslebens und der Individualität und diesem ganzen Kram zu tun. Insofern tut das Kind sich etwas Gutes, indem es Ameisen Ungutes zufügt. Individualität kann der Mensch nie genug haben.

Schweine geben ihr Leben an der Schnitzelfront, Stiere verbluten zum Amüsement des Spaniers, der Bernhardiner riskiert für das Lawinenopfer sein Zottelfell – da ist es von der Ameise vermutlich nicht zu viel verlangt, sich für die Individualität kleiner Jungs aufzuopfern. Je sensibler und kreativer ein Mensch ist, desto ausgiebiger hat er wahrscheinlich in seiner frühen Kindheit Ameisen gequält. Ich nehme an, dass die Ameisen um 1885 herum in Malaga und ein paar Jahre später in London eine schlimme Phase durchgemacht haben, als dort der kleine

Picasso und der kleine Chaplin ein Individualitätsmassaker nach dem anderen veranstalteten. In manchen Gegenden von London sind Ameisen bis auf den heutigen Tag Mangelware, wie mir Reisende glaubhaft versichert haben.

Mädchen sind da anders. Unsere Psychologin erwähnte, dass ihre kleine Schwester Weinbergschnecken in eine Sahnespritze zu stopfen pflegte. Dann quetschte das Mädel, und vorne kam Schneckenpüree heraus. Das wurde von den Erwachsenen nicht gerne gesehen, zumal im Wohnzimmer. Mädchen neigen offenbar dazu, weiche, schleimige Tiere unter ihre Fittiche zu nehmen. Das Zerreißen, Zerquetschen oder Zerschneiden von Regenwürmern ist deshalb ein typisches Mädchenvergnügen, während Jungs lieber Tiere mit harten Chininpanzern und flinken Beinchen quälen, Tiere, die sich jagen lassen und beim Zerquetschen gemütlich knacken wie Brennholzscheite im Kamin. Auch dazu gäbe es aus psychologischer Sicht sicher manches anzumerken.

Ein Tier, das keiner mag, ist die Wespe. Die Menschen haben die sonderbarsten Neigungen, es gibt Plastikbaggersammler und Herrenstrumpffetischisten, aber den Bundesverband der Wespenliebhaber wird man in den Telefonbüchern vergeblich suchen. Das hat sich die Wespe mit ihrem aggressiven, uneinsichtigen und lästigen Auftreten weitgehend selber zuzuschreiben. Die Wespe ist dabei nicht einmal hässlich, im Gegenteil, das Wort Wespentaille hat in vielen Sprachen einen guten Klang. Doch wie würde die Menschheit wohl zu den Kronenkranichen stehen, wenn sämtliche Gartenlokale dieser Erde von Horden aufgeregt summender Kronenkraniche umringt wären, die mit ihren Krallen ungeniert im Pflaumenkuchen herumwühlen, sich auf die Wurstbrote der Wurstbrotesser setzen, vor den Köpfen herumflattern und gutes Zureden mit schmerzhaften Stichen beantworten? Daran sieht man wieder einmal, dass der Charakter wichtiger ist als alle Äußerlichkeiten.

Im Gesamtgebäude der Natur wird die Wespe schon ihren

Sinn haben, so wie es ja auch in jeder Schulklasse und in jedem Betrieb einen Typ gibt, den keiner leiden kann, der aber durch sein negatives Vorbild eine heilsame solidaritätsstiftende Funktion besitzt. Die Kellerasseln, die Silberfischchen und die Stubenfliegen denken sich: Na, so toll wie die Wespen wollen wir es mal besser nicht treiben, die Wespen sind ja völlig unten durch bei allen, so ein Wespenimage wollen wir nicht kriegen, reißen wir uns zusammen, obwohl wir Insekten sind. Wenn die Wespe vom Aussterben bedroht wäre, würde ich deshalb über Wespenschutz mit mir reden lassen. Davon kann aber nicht ernsthaft die Rede sein.

Diese lange Vorrede soll behutsam darauf hinführen, dass wir Wespenjäger sind, das Kind und ich. Wir jagen und töten sie. Dazu bestellt der Vater sich ein Kristall-Weizen, in anderen Gegenden Deutschlands sagt man Weißbier. Das Weizenbierglas wird möglichst zügig zu etwa zwei Dritteln ausgetrunken. Dann heißt es warten. Nicht lange, und das erste Tier fliegt in den geöffneten Weizenbierkelch hinein, in der Absicht, dem Menschen die Freude am Biertrinken zu vergällen und sich selber eine gute Zeit zu machen. Jetzt aber klappt das Kind blitzschnell einen Bierdeckel über das Glas, und das Glas wird geschüttelt. Die Wespe schwimmt im Bier. Sie denkt: Ach, nicht weiter schlimm, da liegt ja eine eingeklemmte Zitronenscheibe. Da klettere ich einfach drauf, trockne mir ein bisschen die Flügel, und dann steche ich die. Aber sobald die Wespe die Zitronenscheibe erreicht hat, schütteln wir das Glas einfach noch mal. Damit hast du nicht gerechnet, alte Wespe, was?

Ich nehme aufgrund eigener Erfahrungen an, dass der Alkohol die letzte Lebensphase der Wespe in ein rosiges Licht taucht. Wir machen es auch so ähnlich wie die Römer mit den Gladiatoren in der Arena, gelegentlich wird einer besonders tapferen Kombattantin aus Fairness das Leben geschenkt, wir kippen dann den Bierrest inklusive halb zermatschter Wespe auf den Boden des Gartenlokals und entfernen uns rasch.

Wer unser Tun verwerflich findet und glaubt, uns verurteilen zu müssen, der möge bedenken: Ameisen quält das Kind nicht mehr. Es findet das Wespenquälen erfüllender. Die Ameisen sind der große Gewinner bei der Sache. Und ich persönlich bin keineswegs grundsätzlich gegen Gewalt, ich bin nur dafür, dass es die Richtigen trifft. Das sehe ich genauso wie der Bundesverteidigungsminister.

Rechtenachweise

Katinka Buddenkotte

Ach wär ich doch beim Erdbeersekt geblieben, Lenny oder der Mann ihrer Träume, Damenoberbekleidung, Zu Kreuze gekrochen, Warum es der Gastronomie so schlecht geht; alle aus: Buddenkotte, Katinka: Ich hatte sie alle

© Abdruck mit freundlicher Genehmigung des Satyr Verlages Volker Surmann, aus: Katinka Budenkotte „Ich hatte sie alle", erweiterte Neuausgabe 2019.

Horst Evers

YouTube und Brot, Der Ausdruck, Religiöse Orientierung; aus Evers, Horst: Mein Leben als Suchmaschine © Rowohlt, Hamburg 2010.

Was anders ist, Rheine, Gott klingelt, Berliner Idyll II, Selbstgemachtes Wissen, Innere Sicherheit; aus Evers, Horst: Gefühltes Wissen. © Rowohlt, Hamburg 2007.

Ich war der Appendix, Suppt's noch?, Gute Geschäfte, Als Deutscher auf Reisen; aus Evers, Horst: Die Welt ist nicht immer Freitag © Rowohlt, Hamburg 2006.

Frank Goosen

Alle meine Tiere, Dancing Kings, Herrje, Hochzeit mit Ginger Rogers, Was ist Schlaf; aus Goosen, Frank: Mein Ich und sein Leben © Kiepenheuer & Witsch, Köln 2015.

Kai Karsten

Im Freibad; aus Karsten, Kai: Das Leben ist kein Lolli © Fischer Taschenbuch Verlag in der S. Fischer Verlag GmbH, Frankfurt am Main 2007.

Harald Martenstein

Über Porno, Über Feminismus, Über die Rolling Stones, Über das Alter; aus Harald Martenstein, Männer sind wie Pfirsiche. Subjektive Betrachtungen über den Mann von heute mit einem objektiven Vorwort von Alice Schwarzer © 2007 C. Bertelsmann Verlag, München, in der Penguin Random House Verlagsgruppe GmbH.

Erziehung, Gemüse, Gott, Insekten, Das Reisen, Wurst; aus Martenstein, Harald: Wachsen Ananas auf Bäumen Copyright © C. Bertelsmann Verlag, München, in der Penguin Random House Verlagsgruppe GmbH.

Über Design, Über Dresscodes, Über Handys, Über Hitler, Über Sex; aus Martenstein, Harald: Vom Leben gezeichnet Copyright © Penguin Verlag, München, in der Penguin Random House Verlagsgruppe GmbH.

Fanny Müller

Rallye, Im Kino kann man was erleben, Im vegetarischen Restaurant, Sadisten, Husten, La Palma (Olé), Nichten, Rallye; aus Müller, Fanny: Keks, Frau K. und Katastrophen © Edition Tiamat, Verlag Klaus Bittermann

Guido Mingels

Wie kann ein Mann in Würde dick werden?; aus Ein Mann, eine Frage (Antje Kunstmann Verlag) © annabelle

P. J. O'Rourke

Auf Bummeltour im Libanon; aus O'Rourke, P.J.: Reisen in die Hölle und andere Urlaubsschnäppchen, Eichborn Verlag 2007, übersetzt von Reinhard Kaiser

Originalausgabe: A Ramble through Lebanon; aus O'Rourke, P.J.: HOLIDAYS IN HELL Copyright © 1988 by PJ O'Rourke

First published in the United States of America in 1988 by Grove Atlantic Inc.

Linus Reichlin

Warum pinkeln Männer im Stehen? Aus Reichlin, Linus In: Ein Mann, eine Frage (Antje Kunstmann Verlag) © Linus Reichlin

David Sedaris

Mordskerl; aus Sedaris, David: Ich einen Tag sprechen hübsch © 2005 Heyne Verlag, München, in der Penguin Random House Verlagsgruppe GmbH

Originalausgabe: Big Boy, aus Sedaris, David: Me Talk Pretty One Day.

Tilman Spengler

Belastungsstrukturwandel, Tarzan, Frühe Krümmung; aus Spengler, Tilman: Wenn Männer sich verheben © Tilman Spengler, aus: Wenn Männer sich verheben. Berlin Verlag 2003

Dietmar Wischmeyer

Die Frau als Haustier, Das Reich des Homo Pullundris, Nur der Schlüpfer war Zeuge, Der weiche Kern von Wohnmobilen, Wenig Geld allein macht nicht glücklich; aus Wischmeyer, Dietmar: Das Paradies der Bekloppten und Bescheuerten.

Abtransport mit der beigen Minna, Weekend-Rebellen on Wheels, Das Paradies der Deutschen, Ausgelagertes Sekundärbedürfnis; aus Wischmeyer, Dietmar: Dietmar Wischmeyers

Die Texte von Dietmar Wischmeyer entstammen den Büchern »Das Paradies der Bekloppten und Bescheuerten‹, und »Dietmar Wischmeyers Logbuch. Zweite Reise durch das Land der Bekloppten und Bescheuerten«, beide erschienen im Ullstein Verlag.